Sophus Bugge

Etrukisch und Armenisch; sprachvergleichende Forschungen

Sophus Bugge

Etrukisch und Armenisch; sprachvergleichende Forschungen

ISBN/EAN: 9783743607538

Hergestellt in Europa, USA, Kanada, Australien, Japan

Cover: Foto ©Thomas Meinert / pixelio.de

Manufactured and distributed by brebook publishing software (www.brebook.com)

Sophus Bugge

Etrukisch und Armenisch; sprachvergleichende Forschungen

Etruskisch und Armenisch.

Sprachvergleichende Forschungen

von

Dr. Sophus Bugge,
Professor an der norwegischen Universität.

Erste Reihe.

„Man darf mitten unter dem greifen nach der neuen frucht auch den muth des fehlens haben.“
JACOB GRIMM.

Universitäts-Programm für das erste Halbjahr 1890.

Christiania.
In Commission bei H. Aschehoug & Co.
1890.

Vorwort.

Keine sprachgeschichtliche Frage ist bis jetzt so streitig wie die, welche den Ursprung und die Verwandtschaftsverhältnisse der etruskischen Sprache betrifft. Im Jahre 1882 schrieb ein Historiker von den Etruskern: „Ihre Sprache ist uns immer noch ein Buch mit sieben Siegeln; und noch vor wenig Jahren hat die Sphinx ein neues Opfer gefordert, als einer unserer ersten Sprachforscher sich daran wagte, das Räthsel der etruskischen Sprache zu lösen, und mit seinem Leben dafür büssen musste, dass er das lösende Wort nicht gefunden[1].“ Die jetzige Stellung der Frage dürfte dadurch am deutlichsten bezeichnet werden, dass ich die Auffassungen der beiden ersten Kenner der etruskischen Sprache angebe.

Wilhelm Deecke endete seine erste Arbeit über das Etruskische, die Kritik von Corssen's Schrift über die Sprache der Etrusker (1875), mit folgenden Worten: „Die Etrusker sind und bleiben ein den übrigen italischen Stämmen fremdes Volk“. Nachdem Deecke dann zuerst an eine Verwandtschaft des Etruskischen mit den finnischen Sprachen oder mit den Sprachen der Jenisseier Sibiriens gedacht hatte, betrachtete er dasselbe lange als vollständig isolirt, als mit keiner bekannten Sprachgruppe verwandt, jedoch mit merkwürdigen Anklängen an das Indogermanische. Erst im Jahre 1881 weisen zwei Aufsätze Deecke's auf einen wesentlich veränderten Standpunkt hin, und in dem fünften Hefte seiner etruskischen Forschungen (dem zweiten Hefte der von Deecke und Pauli herausgegebenen etr. Forschungen

---

1) V. Gardthausen, Mastarna S. 1.

und Studien), 1882, ordnet er entschieden, wie früher Corssen, das Etruskische dem italischen Zweige des Indogermanischen ein. Diese Auffassung hat Deecke später in vielen Abhandlungen verteidigt und an derselben hält er noch in seiner Arbeit „Die Falisker", 1888, fest.

Carl Pauli hat dagegen in allen seinen Schriften (zuerst 1879) das Etruskische für eine nicht indogermanische Sprache erklärt. Ich hebe namentlich die folgenden Äusserungen aus der Vorrede zum vierten Hefte seiner Altitalischen Studien (1885 hervor: „Ich ... will ... hier in allerbestimmtester Form erklären, dass ich noch keinen Augenblick an den indogermanischen Charakter des Etruskischen geglaubt habe, auch jetzt nicht an denselben glaube und schwerlich jemals an denselben glauben werde"[1]). Pauli hat sich in den meisten seiner Abhandlungen über die Verwandtschaftsverhältnisse der etruskischen Sprache nur negativ geäussert; er hat dieselbe als eine völlig isolirte Sprache bezeichnet, welche mit keiner andern bis jetzt verglichenen Sprache verwandt sei. In seiner Schrift „Eine vorgriechische Inschrift von Lemnos" (1886) äussert er sich über die ethnographische Stellung der Etrusker zum ersten Mal positiv. Hier spricht Pauli die Vermutung aus, dass die Etrusker und die pelasgischen Tyrrhener des griechischen Gebietes Zweige eines vorderasiatischen, weder indogermanischen noch semitischen Völkerstammes seien, und dass die Lykier, Karer und Lyder ebenfalls zu demselben gehören. Die Etrusker sind nach Pauli aus Lydien gekommen. S. 60 bemerkt er, dass „das Etruskische ... suffixalen Bau, gleich den indogermanischen Sprachen" zeigt.

Um die Entstehung der gegenwärtigen Arbeit in ihr wahres Licht zu stellen, muss ich hier zugleich mein eigenes früheres Verhältniss zur etruskischen Frage erläutern. Ich habe das Etruskische immer als eine indogermanische Sprache bezeichnet. Zum ersten Mal in der Anzeige von Corssen's „Sprache der Etrusker" in der Jenaischen Literaturzeitung 1875, Artikel 259. Als viertes Heft der von Deecke herausgegebenen

---

1) Der Aufsatz Pauli's „Die Lösung der Etruskerfrage" im zweiten Hefte der Altit. Stud. S. 142—146, worin er behauptet, dass die Etrusker der litauischen Abteilung der Indogermanen angehören, war nicht ernsthaft gemeint, sondern nur eine Parodie meines Aufsatzes in The Academy vom 6. Mai 1882.

etruskischen Forschungen und Studien erschienen 1883 „Beiträge zur Erforschung der etruskischen Sprache. Von Sophus Bugge. Erste Sammlung.“ Hierin habe ich meine damalige Auffassung der etruskischen Sprache ausführlich, in den folgenden Worten, ausgedrückt: „Das Etruskische bildet eine eigene Abteilung der indogermanischen Sprachenfamilie und weicht von allen übrigen Abteilungen derselben stark ab. Dem Italischen und dem Griechischen steht es am nächsten .... Während ich einerseits festhalte, dass das Etruskische eine indogermanische Sprache ist, hebe ich andererseits stark hervor, dass es sich weit mehr, als irgend eine andere indogermanische Sprache der alten Zeit, von dem ursprünglichen Typus entfernt hat. Das alte System der Flexion ist zum grossen Teil zerrüttet; die alten Biegungsformen sind zum grossen Teil eingebüsst und durch die erweiterte Anwendung der wenigen erhaltenen Flexionsformen oder durch Neubildungen ersetzt .... In dieser Umänderung des alten lautlichen und flexionellen Systems zeigt das Etruskische mit den modernen Sprachen schlagende Analogien“. Diese Auffassung der etruskischen Sprache begründete ich zum letzten Mal in der folgenden Schrift: „Der Ursprung der Etrusker durch zwei lemnische Inschriften erläutert“, Christiania 1886, nur suchte ich hier — mit Unrecht — eine nähere Verwandtschaft des Etruskischen mit den italischen Sprachen wahrscheinlich zu machen. In dieser Schrift begründete ich zugleich die nahe Verwandtschaft des Etruskischen mit der tyrrhenischen Sprache der lemnischen Inschriften.

Im Jahre 1886 wurde meine Auffassung der etruskischen Frage wesentlich verändert. Der Anlass dazu war der folgende. Meine Abhandlung „Der Ursprung der Etrusker u. s. w.“ sandte ich mit einem Briefe vom 12. Mai 1886 an Professor Vilhelm Thomsen in Kopenhagen. Am 18. Mai schrieb mir Thomsen eine Antwort; darin fanden sich die folgenden Äusserungen, welche ich mit seiner Erlaubniss hier abdrucke: „At etruskisk er et indoeuropæisk sprog, bliver jeg også mere og mere tilböjelig til at tro, hvorimod jeg endnu på ingen måde er overbevist om noget særligt slægtskab med de italiske sprog; jeg vilde meget snarere tænke på noget sådant som armenisk eller noget lignende“.

Die hier geäusserte Vermutung von einer speziellen Verwandtschaft des **Etruskischen** mit dem **Armenischen** wirkte auf mich, als ich dieselbe las, augenblicklich ein; die Wahrheit dieser Annahme wurde mir sogleich einleuchtend, was ich sodann in einem Briefe vom 29. Mai 1886 Thomsen mitteilte. Und durch fortgesetzte Untersuchung bin ich in dieser Überzeugung immer mehr bestärkt worden.

Bereits 1883 war mir bei dem Durchlesen von Hübschmanns Grundzügen der armenischen Etymologie die Übereinstimmung einiger armen. Lautverhältnisse und Wortformen mit etruskischen aufgefallen. In den Beitr. z. Erforsch. d. etr. Spr. I, 233 schrieb ich: „Der Bedeutung nach stimmt etr. *arce* besonders trefflich zum armen. *ar̃-ne-m* „mache“, Aor. *ar-ar-i*, das Hübschmann Armen. Stud. I, 20 mit ἀραρίσκω, ἤραρον vergleicht. Hier finden wir also ein etruskisches Wort, das lautlich und begrifflich zugleich so genau wie möglich mit einem indogermanischen Worte übereinstimmt, ohne dass dies als Entlehnung erklärt werden kann. Zugleich spricht dies Wort dafür, dass das Etruskische nicht eine italische Sprache ist“. Ebenso stellte ich S. 237 etr. *turce* „schenkte“ mit arm. *tur* „Gabe“ zusammen. Allein wegen meiner geringen Kenntniss des Armenischen verfolgte ich damals nicht den Zusammenhang des Etruskischen mit dem Armenischen.

Der Engländer Robert Ellis hat das Verdienst, die besondere Verwandtschaft der etruskischen Sprache mit der armenischen zuerst (1861) öffentlich ausgesprochen zu haben[1]. Ellis hat zugleich mehrere einzelne etruskische Wörter, Suffixe und Lauteigentümlichkeiten mit armenischen richtig verbunden, was ich in der gegenwärtigen Arbeit bei der Behandlung der betreffenden Wörter überall angemerkt habe (während ich seine nach meiner Ansicht irrigen Zusammenstellungen meistens unerwähnt lasse). Allein Ellis' Untersuchung ist überhaupt so wenig methodisch geführt, seine

---

1) „The Armenian Origin of the Etruscans. By Rob. Ellis. London 1861“. Dieses Buch habe ich nie gesehen. „The Asiatic Affinities of the Old Italians. By Robert Ellis. London 1870.“ „Sources of the Etruscan and Basque Languages. By Robert Ellis. London 1886.“ Dieses Buch ist nach dem Tode des Verfassers herausgegeben. Er darf mit dem lateinischen Philologen Robinson Ellis nicht verwechselt werden.

Schriften enthalten so viele willkürliche und irrige Deutungen und er mischt so wilde Zusammenstellungen etruskischer Wörter mit Wörtern der verschiedensten Sprachen fast aller Weltteile hinein, dass er nicht als derjenige gelten kann, welcher für die Richtigkeit seiner Thesis einen wissenschaftlichen Beweis geliefert hat. Wie das Wahre bei Ellis mit Falschem verquickt ist, erhellt nicht am wenigsten aus seiner posthumen Schrift, wo er zwar das Etruskische für eine „thracische" Sprache erklärt, (worunter er eine „asiatisch arische", mit dem Armenischen speziell verwandte Sprache versteht), allein daneben im Etruskischen nicht nur ein „iberisches" (d. h. ein nicht indogermanisches kaukasisches), sondern auch ein africanisches Element annimmt. Dabei vergleicht er z. B. etr. *seχ* „Tochter" mit einem lappischen Worte, *clan* „Sohn" dagegen mit dem gaelischen *clann*, das aus lat. *planta* entlehnt ist, und so weiter in wildem Durcheinander.

Es kann daher nicht Wunder nehmen, dass die Arbeiten von Robert Ellis ohne Wirkung geblieben sind und dass man denselben wiederholentlich das blutige Unrecht getan hat, sie mit völlig misslungenen und jetzt wertlosen Versuchen über das Etruskische (von Betham, Kollar, Leoni, Stickel, Tarquini u. s. w., u. s. w.) zusammenzustellen.

Ich hatte das Buch „The Asiatic Affinities of the Old Italians" vor 1886 sehr flüchtig durchblättert, ohne von demselben einen dauernden Eindruck zu behalten. Es waren nicht die von Ellis herausgegebenen Schriften, welche mir das wichtigste Hülfsmittel zur Erforschung der etruskischen Sprache zeigten. Vielmehr war es der Umstand, dass ein so umfassender und zugleich so kritischer und besonnener Sprachforscher wie Vilhelm Thomsen die Vermutung von einer speziellen Verwandtschaft zwischen dem Etruskischen und dem Armenischen aussprach, welcher mich das Etruskische in einem neuen Lichte sehen liess [1]).

Das Etruskische gehört nach meiner jetzigen Ansicht zu derselben Gruppe der indogermanischen Sprachen

1) In „Studj sulle antiche lingue italiche" von Carlo Moratti Pavia 1886 (nur 8 Seiten) sind einige messapische und etruskische Wörter mit albanesischen und armenischen (wie mir scheint, ziemlich wild und unmethodisch) zusammengestellt.

wie das Armenische, welches, wie Hübschmann bewiesen hat, ein eigenes Glied der indogermanischen Sprachfamilie bildet und nicht zu den eranischen Sprachen gehört. Das Etruskische steht nach meiner Auffassung dem Armenischen ebenso nahe wie z. B. das Irische den britannischen Sprachen, ja noch näher, so dass ich fast versucht bin, das Etruskische einen stark abweichenden altarmenischen Dialekt zu nennen. In zahlreichen Fällen stimmt das Etruskische mit den modernen vulgär-armenischen Dialekten überein, wo diese von dem Classisch-Armenischen abweichen. Dies ist häufig auch dann der Fall, wenn das Classisch-Armenische das Ursprünglichere bewahrt hat. Hieraus folgt, dass ich noch jetzt aufrechthalte, was ich in meinen früheren Abhandlungen hervorgehoben habe, dass das Etruskische sich weit mehr, als irgend eine andere indogermanische Sprache der alten Zeit von dem ursprünglichen Typus entfernt hat und dass es in der Umänderung des lautlichen und des flexionellen Systems mit den modernen Sprachen schlagende Analogien zeigt[1].

Die von mir behauptete Verwandtschaft der etruskischen Sprache mit der armenischen suche ich in diesem Hefte durch die Zusammenstellung sprachvergleichender Einzelabhandlungen darzulegen. Die Zeit ist noch nicht gekommen, die etruskische Sprache als ein Ganzes unter Vergleichung der armenischen systematisch zu behandeln, oder die etruskischen Inschriften vollständig zu deuten. Alles muss zunächst für mich darauf ankommen, dass ich davon, dass die behauptete Verwandtschaft wirklich stattfindet, zu überzeugen vermag. Die Verwandtschaft zweier Sprachen ergiebt sich, wie von Brugmann (Techmers Zeitschr. I, 253) dargetan und von Pauli (Inschr. v. Lemnos 31) anerkannt worden ist, in erster Reihe aus der Massenhaftigkeit der Vergleichungspunkte. Daher fange ich nicht mit allgemeinen Übersichten, sondern mit Einzelnheiten an. Ich stelle aus der etruskischen Sprache den einen Punkt nach dem andern in langer Reihe mit entsprechenden Punkten aus dem Armenischen zusammen. Die

---

1) Vgl. Gustav Meyer Essays und Studien (1885) S. 47: „es bietet [das Etruskische sowol bei der Auffassung Deecke's als bei der Bugge's] ein ähnliches Bild dar, wie etwa das Armenische oder die neukeltischen Sprachen".

Reihenfolge der einzelnen Artikel ist nicht systematisch, sondern wurde durch äussere Rücksichten bestimmt. Ich griff eben dasjenige heraus, was mir selbst einigermassen fest stand und wodurch ich andere von der Richtigkeit meiner Auffassung zu überzeugen am ehesten hoffen durfte. In dieser Weise suche ich eine breite und sichere Grundlage für die Auffassung der Verwandtschaftsverhältnisse des Etruskischen nach und nach zu gewinnen. Je weiter meine Untersuchungen fortschreiten, um so weniger dürfte man, wie ich hoffe, in meinen Zusammenstellungen nur zufällige Anklänge finden oder unaufgeklärte Dunkelheiten im Einzelnen mir als Einwendungen gegen meine Gesammtauffassung entgegenhalten; um so leichter werden zugleich misslungene Einzelnheiten meiner Deutung wegfallen können, ohne dass das Ganze dadurch beeinträchtigt wird.

Wenn meine Methode zum Ziele führt, wird dieselbe dadurch gerechtfertigt sein. Nur der, welcher von der unbewiesenen Voraussetzung ausgeht, dass das Etruskische mit keiner andern jetzt bekannten Sprache verwandt sei, kann behaupten, dass die wahre Methode bei der Entzifferung der etruskischen Inschriften auf die Heranziehung irgend einer andern Sprache von vorn herein verzichten müsse (Pauli Altit. St. IV, 101). Pauli hat diesen Standpunkt selbst verlassen, denn er hat später das Etruskische mit dem Tyrrhenischen des lemnischen Steins verglichen und sogar zur Erläuterung der etruskischen Sprache das Lykische, Karische und Lydische herangezogen.

Ich erkenne es natürlich an, dass die etruskischen Inschriften in erster Linie aus sich selbst heraus erklärt werden müssen. Allein ich behaupte, dass es bei denselben, wie bei den meisten uns aus dem Altertume erhaltenen Inschriften, welche in ausgestorbenen Sprachen verfasst sind, gestattet, ja geboten ist, damit die vergleichende Methode zu verbinden. Der Umstand, dass diese Methode bei dem Etruskischen von den Forschern bisher wenig glücklich gehandhabt wurde (wobei auch ich viel zu bereuen habe), kann natürlich nicht beweisen, dass die Methode an sich auf die etruskischen Inschriften unanwendbar sei.

Ich spreche die Hoffnung aus, dass die von mir jetzt vertretene Auffassung, wonach das Etruskische seinem Ursprung nach eine vorderasiatische, mit dem Armenischen nahe verwandte

Sprache ist, sich dazu geeignet zeigen wird, die bisher einander so schroff gegenüberstehenden Meinungen der hervorragendsten Etruskologen zu vermitteln. Denn die armenische Sprache ist, obgleich entschieden indogermanisch, doch von dem ursprünglichen indogermanischen Typus früher als irgend eine andere uns bekannte Sprache stark abgewichen, und dies gewiss unter durchgreifendem Einfluss nicht-indogermanischer Sprachen Kleinasiens und des Kaukasus. Auch historisch scheint jetzt, besonders nach der Entdeckung der tyrrhenischen Inschrift auf dem Steine von Lemnos, die Verbindung der Etrusker und der Tyrrhener mit den Armeniern näher zu liegen.

Der neue Standpunkt, von dem aus ich das Etruskische jetzt betrachte, hat mich sehen lassen, dass meine früheren Deutungen etruskischer Wörter und Wortformen leider zum überaus grossen Teil irrig sind, so dass ich dieselben im allgemeinen nicht länger vertreten kann. Wo ich meine frühere Deutung der in der vorliegenden Schrift behandelten etruskischen Wörter aufrechthalte oder wenigstens für beachtenswert ansehe, ist dies ausdrücklich bemerkt. Dagegen habe ich frühere Deutungen, die ich jetzt verwerfe, mehrmals mit Stillschweigen übergangen.

Die hier vorliegende erste Reihe meiner Forschungen giebt nur einen Anfang, nichts Abgeschlossenes. Hoffentlich wird eine Fortsetzung bald folgen können. Später werde ich das Verhältniss der etrusk. Laute einerseits zu den armenischen, andererseits zu denen der idgerm. Ursprache im Zusammenhange behandeln. Vorläufig hebe ich hier einige der bedeutendsten lautlichen Abweichungen des Etr. vom Armen. hervor.

Das Etruskische hat das uridgerm. *s*, welches im Arm. geschwunden ist, mehrfach als einen stimmhaften Zischlaut erhalten. Dies findet erstens im Anlaute vor einem in der idgerm. Ursprache haupttönigen Vocale statt, z. B. etr. *śeχ* „Tochter“ = arm. *ēg* „Weib“. Zweitens im Auslaute, z. B. in der Genetivendung etr. *-iś* = arm. *-i*. Eine zweite wichtige Abweichung des Etr. vom Arm. lässt sich darin beobachten, dass die Zeichen der explosiven Mediae dem Etr. fehlen. Dem class.-arm. *d* entspricht etr. *ϑ* (zuweilen *t*), dem class.-arm. *g* etr. *χ* (zuweilen *c*), dem arm. *b* wenigstens im Anlaute etr. *f*. Aus dem Bereiche der Flexion hebe ich hervor, dass die Pronominalflexion im Etr. die

Nominalflexion stärker als im Armen. beeinflusst hat; aus dem der Wortbildung die umfassendere Anwendung der Suffixe -*ϑ* (= arm.-*d*) und -*s* im Etruskischen. Die starken Abweichungen des Etr. vom Arm. in Betreff der Bildung der Zahlwörter kommen in der hier vorliegenden ersten Reihe nur wenig zur Sprache.

Zuerst muss die nach meiner Ansicht richtige Auffassung der etruskischen Sprache auf sprachlichem Wege sicher begründet sein, ehe man die sonstigen Beziehungen der Etrusker zu den Armeniern erörtern kann. Daher halte ich alles, was die Geschichte und die sonstigen Lebensverhältnisse des Volkes betrifft, hier zurück. Ich bemerke nur, dass aus meiner Annahme einer besondern Verwandtschaft der etrusk. Sprache mit der armen. folgt, dass ich das Etruskische jetzt als eine vorderasiatische Sprache betrachte. Ich finde es jetzt (wie bereits 1886 in einer kurzen Mitteilung in einer nordischen Zeitschrift bemerkt) wahrscheinlich, dass die Etrusker aus Lydien wirklich gekommen sind, wie alte Berichte dies behaupten.

Ich nehme, wie schon gesagt, an, dass das Etruskische in vielen Beziehungen auf einer weniger ursprünglichen Entwickelungsstufe als die classisch-armenische Schriftsprache steht (während es in anderen Fällen mehr ursprünglich ist), und dass es oft mit den in diesem Jahrhundert aufgezeichneten vulgär-armenischen Dialekten näher übereinstimmt. Allein es dürfte richtig sein, dass ich mich vorläufig auf den Versuch beschränke, diese auffallende Annahme durch viele Belege sicher zu stellen, und dass ich in der hier vorliegenden ersten Reihe darauf verzichte, dies Verhältniss zu erklären.

Ich bin mir leider nur allzu wol bewusst, dass meinem Versuche viele Fehler und Mängel anhaften werden. Einerseits sind meine Kenntnisse der armenischen Sprache sehr mangelhaft. Andererseits habe ich auf etruskischem Gebiete mit vielen Schwierigkeiten, die ich nicht überwinden kann, zu kämpfen. Ich bin genötigt, etruskische Inschriften, die nur in unvollkommenen oder fehlerhaften Abschriften herausgegeben sind, zu benutzen. Ich fürchte, dass hierdurch, trotz aller Vorsicht, Fehler verursacht sind, die namentlich Pauli, dessen Sammlung etruskischer Inschriften wir sehnlichst erwarten, schon jetzt wird nachweisen können. Allein ich hoffe, dass man die Fehler im Einzelnen mit Nachsicht beurteilen wird, wenn ich die Hauptsache nicht verfehlt habe. Es schien mir richtig, meinen Versuch ohne längere Verzögerung zur Prüfung vorzulegen: denn wenn es wahr ist, dass wir in dem Armenischen ein Hülfsmittel zur Erläuterung der Herkunft und der Sprache der Etrusker haben, so ist es wichtig, dass dies Hülfsmittel bald allgemein benutzt wird.

Mit Dankbarkeit erinnere ich hier an den umfassendsten neueren Versuch, die Etruskerfrage zu lösen; trotzdem derselbe nicht gelang, hat Corssen für das Etruskische wahrlich nicht vergebens gearbeitet. Dass die Sammlungen Fabretti's die Grundlage meiner Arbeit bilden, wissen alle Sachkundigen. Dr. Danielsson in Upsala hat, wie früher Dr. Undset in Christiania, meine Kenntniss der etruskischen Inschriften erweitert. Fast jedes Blatt der vorliegenden Arbeit zeugt davon, wie viel ich den Schriften Wilhelm Deecke's und Carl Pauli's verdanke. Diese Gelehrten haben, obgleich sie seit 1881 die etruskischen Sprachdenkmäler von verschiedenen Standpunkten aus behandelten, beide mit durchdringendem Scharfsinn unsere Kenntniss der Sprache der Etrusker durch Schriften, die auf diesem Gebiete unentbehrlich sind, in höchst bedeutsamer Weise erweitert und gesichert.

Seine Excellenz Herr Staatsrat Esoff in St. Petersburg hat mir die in Russland über armenische Dialekte erschienenen Schriften mit besonderem Wolwollen übersendet.

Dr. Alf Torp hat mein Manuscript gelesen und hat mir dabei viele wertvolle Bemerkungen mitgeteilt. Dafür spreche ich ihm auch hier meinen verbindlichsten Dank aus.

Christiania, im März 1890.

Sophus Bugge.

Transscription der armenischen Buchstaben.

Ich bediene mich der von Hübschmann vorgeschlagenen Transscription der armenischen (speziell der altarmenischen) Buchstaben. Bei der Zusammenstellung derselben im folgenden setze ich einige der von Hübschmann und Sievers gegebenen Mitteilungen über die jetzige armenische Aussprache in Parenthesen daneben.

ա	*a*	յ	*y*; այ, ոյ vor Consonanten *ai*, *oi* (der Halbvocal *j*, jetzt im Anlaute, auch z. T. sonst, als *h* gesprochen)
բ	*b*	ն	*n*
գ	*g*	շ	*š* (franz. *ch*)
դ	*d*	ո	*o*
ե	*e*	չ	*č̔* (die Affricata *tš*)
զ	*z* (stimmhaftes *s*)	պ	*p* (mit Kehlkopfverschluss gesprochen)
է	*ē*	ջ	*ǰ* (die Affricata *dž*)
ը	*e̥* (unbestimmter Vocal)	ռ	*ṙ* (*r* forte, stark gerollt)
թ	*t̔*	ս	*s*
ժ	*ž* (franz. *j*)	վ	*v* (labiodental)
ի	*i*	տ	*t* (mit Kehlkopfverschluss gesprochen)
լ	*l*	ր	*r*
խ	*x* (gutturaler stimmloser Spirant)	ց	*c̔* (die Affricata *ts*)
ծ	*c* (die Affricata *ts*)	ւ	*w*, vor Consonanten *u* (labiodental)
կ	*k* (mit Kehlkopfverschluss gesprochen)	ու	*u*
հ	*h*	փ	*p̔*
ձ	*j* (die Affricata *dz*)	ք	*k̔*
ղ	*λ*, im Neu-Arm. *γ* (jetzt stimmhafter Spirant)	օ	*au*, im Neu-Arm. *ō*.
ճ	*č* (die Affricata *tš*)		
մ	*m*		

Jedoch habe ich in poln.-armen. Wörtern nach Hanusz *dz* (nicht *j*) geschrieben.

Ich bediene mich der von Hübschmann vorgeschlagenen Transscription, weil diese (vollständig oder zum Teil) in mehreren neuern sprachwissenschaftlichen Schriften angenommen worden ist. Es scheint mir wünschenswert, dass sich so viele wie möglich in der Anwendung einer und derselben Transscription einigen, selbst wenn man diese nicht in allen Einzelnheiten zweckmässig findet. Wenig glücklich scheint mir die Bezeichnung des arm. ձ durch *j*. Wo wird *j* sonst als Bezeichnung für die Affricata *dz* angewendet? Zweckmässiger (wenn auch vielleicht von ästhetischem Standpunkte aus weniger ansprechend) wäre doch wol: *ẓ*. Auch scheint es mir empfehlenswert, nicht nur je ein Zeichen der Originalschrift durch je ein Zeichen der Umschrift wiederzugeben, sondern zugleich (wie Hanusz dies getan hat) dasselbe Zeichen der Originalschrift immer in derselben Weise zu transscribiren und nicht verschiedene Zeichen der Originalschrift durch ein und dasselbe Zeichen wiederzugeben. Also յ nicht bald durch *i*, bald durch *y* zu transscribiren; ւ und ու nicht bald durch *u*, bald durch *v*; վ, ւ und ու nicht alle drei durch *v*. Bei ու muss man jedoch von diesem Prinzipe eine Ausnahme machen, denn auch ich finde es wenig zweckmässig, dasselbe durch *ov* oder *ou* zu transscribiren.

Die hier geäusserten Bemerkungen über die Transscription will ich nur für das Alt-Armenische geltend gemacht haben. Bei den noch jetzt gesprochenen armenischen Dialekten muss man dagegen eine genau phonetische Bezeichnung der Sprachlaute wünschen.

Das kürinische und kasikümükische *ṭ*, das S. 86 Z. 10 in dem Worte *ṭar* geschrieben ist, bezeichnet ein *t*, welches „bedeutend härter“ als das gewöhnliche sein soll und mit stärkerem Drucke der Zunge an die Zähne ausgesprochen wird.

Abkürzungen.

Ein Punkt unter einem Buchstaben in einer etruskischen Inschrift bezeichnet, dass der Buchstabe unsicher ist.

— nach einer etruskischen Inschrift bezeichnet den Abschluss derselben.

| in einer Inschrift bezeichnet den Schluss einer Zeile im Originale.

Ann. (oder: Annali) = Annali dell' Instituto di corrispondenza archeologica.

Bezz. Beitr. = Beiträge zur kunde der indogermanischen sprachen herausgegeben von Dr. Adalbert Bezzenberger.

Bull. (oder: Bull. dell' Inst.) = Bullettino dell' Instituto di corrispondenza archeologica.

CIL. = Corpus inscriptionum Latinarum.

Corssen = Corssen: Über die Sprache der Etrusker.

De. = Wilhelm Deecke.

De. (oder Deecke) Fo. = Etruskische Forschungen von W. Deecke I—VII (V, VI, VII auch unter dem Titel: Etruskische Forschungen und Studien, 2., 5. und 6. Heft).

De. (oder Deecke) Müll. = Die Etrusker von K. O. Müller. Neu bearbeitet von W. Deecke. (Bei dem Hinweis auf die Darstellung Müllers citire ich dasselbe Buch als: Müller-Deecke.)

Ellis As. Affin. = The Asiatic Affinities of the Old Italians. By Robert Ellis. London 1870.

Ellis Sources = Sources of the Etruscan and Basque Languages. By Robert Ellis. London 1886.

F. = Fabretti: Corpus inscriptionum Italicarum.

F. Spl. I, II, III = Fabretti: Primo, Secondo, Terzo Supplemento.

G. = Gamurrini: Appendice al Corpus inscriptionum Italicarum.

Notizie, oder: Notizie d. sc. = Notizie degli scavi di antichità.

Pa. = Carl Pauli.

Pauli Altit. St. = Altitalische Studien herausgegeben von Carl Pauli. Heft I—IV.

Pauli Etr. St. = Etruskische Studien von Carl Pauli. Heft I—V (Heft IV, V auch unter dem Titel: Etruskische Forschungen und Studien. Von Dr. W. Deecke und Dr. C. Pauli. Erstes und drittes Heft).

Pauli Inschr. nordetr. Alph. = Altitalische Forschungen. Von Dr. Carl Pauli. Erster Band. Die Inschriften nordetruskischen Alphabets. Leipzig 1885.

Pauli Inschr. v. Lemnos = Eine vorgriechische Inschrift von Lemnos. Von Dr. Carl Pauli. Leipzig 1886.

Pauli Inscr. Clus. ined. = Inscriptiones Clusinae ineditae. Estratto dal Bullettino dell' imp. Istituto archeologico germanico. Volume II.

Poggi Appunti = Appunti di epigrafia etrusca per Vittorio Poggi. I. II. Genova 1883, 1885.

Verf. Beitr. I = Beiträge zur Erforschung der etruskischen Sprache. Von Dr. Sophus Bugge. Erste Sammlung. Stuttgart 1883. Auch unter dem Titel: Etruskische Forschungen und Studien. Herausgegeben von Dr. W. Deecke. Viertes Heft.

Verf. Ursprung der Etrusker = Der Ursprung der Etrusker durch zwei lemnische Inschriften erläutert von Sophus Bugge. Christiania 1886.

Aidynian = Այտընեան ՝ Քննական քերականութիւն արդի հայերէն լեզուի. (Wien 1866.) I. II. D. h. Kritische Grammatik der armenischen Vulgärsprache. (Die Umschreibung „Aidynian“ statt „Aite̥nean“ habe ich nach Hanusz und Patkanow aufgenommen.)

Calfa = Dictionnaire Arménienne-Français par Ambroise Calfa. Paris 1861.

Ciakciak = Dizionario Armeno-Italiano composto dal P. Emmanuele Ciakciak. Venezia 1837. Nach diesem Wörterbuche gebe ich in der Regel die Übersetzungen der armenischen Wörter.

Cirbied = Grammaire de la langue arménienne par J. Ch. Cirbied. Paris 1823. Der Verfasser (arm. *jrpetean*) war aus Edessa.

Hanusz. Siehe Wiener Z.

Hübschmann Grundzüge = Armenische Studien von H. Hübschmann. I. Grundzüge der armenischen Etymologie. Erster Theil. Leipzig 1883.

Lagarde St. (oder: Arm. Stud.) = Armenische Studien von Paul de Lagarde. In „Abhandlungen der königl. Gesellschaft der Wissenschaften zu Göttingen. 22ter Band vom Jahre 1877."

Patk. Arm. Spr. (oder: Patkanow Armenische Sprache) = Изслѣдованіе о составѣ Армянскаго языка. К. Патканова. (St. Petersburg 1864.) In französischer Übersetzung: Recherches sur la formation de la langue arménienne par M. K. Patkanoff, mémoire traduit du russe par M. Évariste Prud'homme, revu sur le texte original et annoté par M. Édouard Dulaurier. (Paris 1871.) Zuweilen citire ich besonders die franz. Übersetzung als „Langue Arm.".

Patk. Dialekte = Изслѣдованіе о діалектахъ Армянскаго языка. К. Патканова. (St. Petersburg 1869.) D. h. Untersuchung über die Dialekte der armenischen Sprache. Nach dieser Schrift führe ich ostarmenische Dialekteigentümlichkeiten namentlich aus den folgenden Ortschaften an. Agulis; vgl. über diesen Dialekt unter: Sargseanç. Karabach (Karabagh) Landschaft im russischen Kaukasien (Guvernement Elizabetpol), in der inneren Ecke zwischen den Flüssen Araks und Kur. Dschulfa (armenisch *juγay*); am Flusse Araks (armen. *Erasx*), im SO. von Nachitschevan, im Guvernement Eriwan im russischen Kaukasien. Im Jahre 1605 zwang Shah Abbas der grosse von Persien die Einwohner der Stadt Dschulfa massenhaft auszuwandern; die meisten liessen sich in einer Vorstadt Ispahans nieder. Von ausgewanderten Einwohnern Dschulfa's stammt der armenische Dialekt Indiens.

Peterm. (oder: Petermann) Gramm. ² = Brevis linguae Armeniacae grammatica, litteratura, chrestomathia cum glossario. . . . ed. Jul. Henr. Petermann. (Berlin 1872.)

Peterm. (bei Anführungen aus dem Dialekte von Tiflis) = Über den Dialect der Armenier von Tiflis. Von Hrn. Petermann. In „Philologische und historische Abhandlungen der königl. Akademie der Wissenschaften zu Berlin. Aus dem Jahre 1866“, S. 57—87. Der Dialekt von Tiflis gehört zu der ostarmenischen Gruppe.

Peterm. (bei Anführungen aus dem Dialekte von Agulis) = Petermann: Über den armenischen Dialect von Agulis nach einer Mittheilung des Herrn v. Patkanoff (Patkanean), Prof. zu St. Petersburg. In „Monatsberichte der königl. preuss. Akademie der Wissenschaften zu Berlin. Aus dem Jahre 1866“. Sitzung d. philos.-hist. Klasse. 26. November. S. 727—741.

Sargseanç = ԱԳՈՒԼԵՑՈՑ ԲԱՐԲԱՌԸ ··· ՍԱՐԳԻՍ ՍԱՐԳՍԵԱՆՑ։ I. II. (Moskwa 1883.) D. i. Der Dialekt von Agulis. Dies ist ein ostarmenischer Dialekt. Agulis „zu der alten Provinz Waspurakan und Distrikt Gogthn, jetzt zu Karabagh gehörig“.

Tomson = ЛИНГВИСТИЧЕСКІЯ ИЗСЛѢДОВАНІЯ А. Томсона. I. (St. Petersburg 1887.) D. i. Linguistische Untersuchungen. Hiernach gebe ich Mitteilungen aus dem westarmenischen Dialekte von Achalzich, im Guvernemente Tiflis am Flusse Poskow, nicht weit von dem Einflusse desselben in den Fluss Kur. Dieser Dialekt gehört mit dem Dialekte von Erzerum zusammen. Die Bewohner von Achalzich sind nach Tomson vor 60 Jahren aus Erzerum herübergezogen.

Verf. Arm. Beitr. = Beiträge zur etymologischen Erläuterung der armenischen Sprache von Sophus Bugge. Christiania 1889.

Wiener Z. (auch: Hanusz Wiener Zeitschr.) = Beiträge zur armenischen Dialectologie. Von Dr. Johann Hanusz. I. Lautlehre der polnisch-armenischen Mundart von Kuty in Galizien. In „Wiener Zeitschrift für die Kunde des Morgenlandes“, Band I (1887), II (1888), III (1889). Kuty liegt am Flusse Czeremosz, im W. von Czernowitz.

Wtb. oder: Vulg.-Arm. Wörterb. (bei der Anführung vulgärarmenischer Wörter) = ԲԱՌԳԻՐՔ ՅԱՇԽԱՐՀԱԲԱՌԻ; Ի ԳՐԱԲԱՌ (Venedig 1869).

ZDMG. = Zeitschrift der deutschen morgenländischen Gesellschaft.

erus.

Eine weisslichgelbe Schale von Orvieto enthält in der Mitte des Innern die Umrissbilder von Sonne und Mond, als Kreis und Sichel, und an beiden Seiten davon, isolirt stehend, die Wörter *erus* und *lusχnei* offenbar etruskische Namen der beiden Himmelskörper. Siehe Deecke Rhein. Mus. 39, 638 nach G. Pansa (Sopra il mistico senso di una Etrusca epigrafe etc., Firenze 1883).

Nach Deecke entspricht etr. *eru-s* „Sonne" dem aind. *aru-s* Sonne, woher *aruṇá-s* und *aruṣá-s* sonnenfarbig, rot, golden, glänzend, substantivisch Morgenröte, Sonne, rotes Ross, avest. *auruṣa-* glänzend, weiss. Mit Unrecht habe ich (Rhein. Mus. 40, 473) eine völlig verschiedene etymologische Deutung vorgeschlagen.

Ind. *aru-s* ist zwar in der Vedenlitteratur unbelegt und kommt nur bei einem späteren Grammatiker vor; allein dass es ein altes volkstümliches und nicht ein gelehrtes nach *aruṇa-* und *aruṣa-* gebildetes Wort ist, darf doch wol für wahrscheinlich gelten. Tomaschek (Bezz. Beitr. VII, 196) erklärt *yur*, *yor* Sonne in der Prākritsprache von Čitrāl (auf der Südseite des östlichen Hindukusch) aus *aru-*.

Mir scheint jetzt etr. *erus* Sonne mit aind. *aru-s* verwandt, jedoch nicht, wie Deecke annimmt, identisch. Es ist nicht erwiesen, dass einheimische appellativische *u*-Stämme im Etr. jemals den Nom. sg. auf *-us* bilden. Vielmehr haben, wie es scheint, die etr. Appellativa von vocalischen Stämmen im Nomin. sg. weder die Casusendung *-s* noch den Vocal der idgerm. Schlusssilbe bewahrt. Dies wird aus mehreren Erörterungen im folgenden hervorgehen.

Ich stelle jetzt etr. *erus* Sonne mit arm. *arev* „Sonne" zusammen. Das Verhältniss des *e* des etr. *erus* zum *a* des arm. *arev* findet im Armen. selbst seine Analogie. Vor *r* und *ł* wechselt nämlich im Arm. anlautendes, zum Teil prothetisches *e* mit *a*: *arag* schnell neben *erag*; *aragaz* und *eragaz* Netz, womit man das Wild fängt; *arastoy* und *erastoy* sehr hart (vom Steine); *ałtiur* und *ełtiur* feuchte Wiese; *ałinč*, vulgär *ałič*, *ałij* neben class. *ełič* Nessel; poln.-arm. *axpàr* = class. *ełbair* Bruder (Hanusz Wiener Z. I, 194). Auch im Etr. scheint *e* vor *r* mit *a* zu wechseln. Vgl. *perstiesa* F. 897 (Montepulciano unweit Chiusi) mit *parstial* F. Spl. I, 246 (Chiusi). Nach Deecke Müll. II, 14 findet sich der Stamm des etr. Namens *Ergenna* Pers. II, 26 wahrscheinlich im etr. *arcnalisa* F. 2623, *arcenzios'* F. 1045, *arcnti* F. 675 wieder [1]).

Das *u* des etr. *erus* steht dem *ev* des arm. *arev* gegenüber. Da wir im Etrusk. vielfach Übereinstimmungen mit dem Vulgär-Armenischen finden werden, kann dies Verhältniss vielleicht damit verglichen werden, dass im Poln.-Arm. *u* statt *ev* „und“ gesprochen wird (Hanusz Wiener Z. I, 295); ebenso in anderen arm. Dialekten. Im poln.-arm. *alùr* = class. *aleur* Mehl entspricht *u* dem class. *eu*, das in der arm. Schrift durch dasselbe Zeichen wie *ev* bezeichnet wird. Hiernach kann das *u* des etr. *erus* aus *eu̯* entstanden sein; siehe jedoch unten.

Deecke fasst das *-s* von *erus* als eine Nominativendung auf und identifizirt dieselbe mit der idgerm. Nominativendung *-s*. Da oblique Casusendungen von *erus* nicht vorkommen, lässt es sich nicht sicher entscheiden, ob das *-s* desselben stammhaft ist oder nicht. In Orvieto findet sich *-s* als Casusendung des Nominativs in vielen Familiennamen auf *-as* und *-ies* (Schaefer in Pauli's Altit. St. II, 45—47). Allein dass *-s* in *erus* Nominativendung sein sollte, wird schon dadurch unwahrscheinlich, dass *herma* als Nominativform eines Familiennamens auf derselben Schale vorkommt (Deecke Fo. VII, 53). Ausserdem ist die Nominativendung *-s* in keinem einheimischen Appellativum sicher nachgewiesen. Wahrscheinlich dürfte dagegen die Auffassung sein, dass das *-s* von *erus* stammhaft ist und einem Suffixe angehört. Ein echt etr. Secundärsuffix *-s* ist bei Namen nachgewiesen; z. B.

---

1) Statt des anlautenden *α* von Ἀλέξανδρος zeigt etr. *elaχsantre*, *elχsntre* (neben *alaχs'ntre*) *e* vor *l*. Deecke erklärt jedoch dies *e* als durch den Einfluss des *i* der zweiten Silbe vom etr.-lat. *alixentros'* entstanden.

**vetus* Gen. *vetusal* von *vetu* (De. Fo. V, 19—25). So kann *erus* durch das Suffix *-s* von **eru* = arm. *arev* abgeleitet sein.

Das *-s* von *erus* findet sich auch im Armen. wieder. Arm. *aruseak* oder *arauseak* bezeichnet den Morgenstern; de Lagarde St. § 274 belegt es als Übersetzung von ἑωσφόρος, φωσφόρος. Ciakciak giebt an, dass es auch „il Sole“ bezeichne. Das Wort kann nicht zu aind. *ruçant-* lichtfarbig gehören, weil der Stamm, zu welchem dies Wort gehört, im Arm. durch *lois* Licht vertreten ist. Oft findet sich *-e-ak* als die Endung armenischer Deminutiva, welche von Stammwörtern auf *-i* (Stamm *-io*) abgeleitet sind; z. B. *pataneak* von *patani* Jüngling; *mankteak* kleine Kinder von *mankti* Kinder. Arm. *aruseak* bezeichnet daher wahrscheinlich etymologisch „kleine Sonne“ und ist von einem Stammworte **arusi* abgeleitet. Dies setzt wieder eine dem etr. *erus* entsprechende Formation voraus, die endlich vom arm. *arev* durch das Suffix *-s* abgeleitet ist. Das *s* des etr. *erus* entspricht also dem *s* des arm. *aruseak*. Die Bedeutung dieser Tatsache, dass das etr. *s* hier etymologisch dem arm. *s* gleich ist, werde ich bei *lusχnei*, dessen *s* ebenfalls einem arm. *s* entspricht, erläutern. Das *u* von *aruseak* und das *au* von *arauseak* stehen im Ablautsverhältnisse zum *ev* von *arev*. Wenn das *u* des etr. *erus* mit dem *u* des arm. *aruseak* (nicht mit dem *ev* des arm. *arev*) übereinstimmt, wird es aus idg. *ou̯* entstanden sein.

Arm. *arev* bildet den Gen. *arevu*, siehe z. B. Josv. 1, 4. Die Bedeutung „Leben“ z. B. an der von de Lagarde angeführten Stelle Gen. 42, 15, wo man schwört *arevn P'aravoni* τὴν ὑγίειαν Φαραώ, scheint aus der Bedeutung „Tageslicht“ oder „Licht“ hervorgegangen zu sein.

Man hat arm. *arev* längst mit ind. *ravi-s* Sonne zusammengestellt. Dies indische Wort, das in der Vedensprache noch nicht vorkommt, ist mit *arev* gewiss verwandt, enthält aber ein Suffix *-i*, das dem armen. Worte fremd ist. Arm. *arev* Gen. *arevu* scheint mit *kov* Gen. *kovu* Kuh analog. Hiernach vermute ich, dass *arev* ein idgerm. **éru-s* = aind. *aru-s* voraussetzt, welches im Gen. und Dat. die Stammform **əréu̯-* zeigte. Aus dieser ist die armenische Flexion, welche ich als eine Neubildung betrachte, hervorgegangen. Ähnlich war deutsch. *Knie*, got. *kniu*, altn. *knē*, das urnord. **knēwa* voraussetzt, ursprünglich ein *u*-Stamm (lat.

genu u. s. w.), und die germanische Flexion dieses Worts ist eine Neubildung, welche aus einer in der idgerm. Flexion bei einigen Casus vorkommenden Stammform *g'neu̯-* hervorgegangen ist[1]).

lusχnei.

Auf der unter *erus* erwähnten Schale ist *lusχnei* bei der Mondsichel geschrieben. Man wird nicht leugnen können, dass dies Wort für „Mond“ indogermanischen Klang hat und an Wörter, die „Mond“ bedeuten, und die von der idg. Wurzel *leu̯k-*, *luk-* „leuchten“ abgeleitet sind, erinnert. So hat Deecke (Rhein. Mus. 39, 638) *lusχnei* aus **lucsnei*, ich (Rhein. Mus. 40, 473) dasselbe ähnlich aus einer Grundform *loucsnā*, wozu pränest. *losna*, lat. *luna*, erklärt. Dabei bleiben aber ungelöste Schwierigkeiten. Es ist nicht erwiesen, dass *ks* im Etr. durch *sχ* vertreten sein könne; denn der saenensische Name *sescatna* ist nach Pauli (Altit. St. III, 119) von dem clusinischen *secstina* verschieden und vielmehr mit *Sescenius* Inscr. R. Neap. 910 (aus Luceria) verwandt. Ausserdem haben wir bei *erus* gesehen, dass etr. *s* dem arm. *s* entsprechen kann, was wir im folgenden bei mehreren anderen Wörtern bestätigt finden werden. Dies beweist, dass ein etr. *χ* in einem echt etrusk. Worte nicht dem lat. *c* von *lucere* entsprechen kann, weil dies *c* dem arm. *s* entspricht. Auch bei *lusχnei* liegt die Vergleichung des Armenischen näher.

Ich identifizire etr. *lusχnei* „Mond“ mit dem vulgär-armen. *lusnkay* „Mond“. Im Etrusk. ist das *n* umgestellt. Metathesis ist im Etrusk. sonst mehrfach bei *r*, *l*, *n* nachgewiesen: *pemφetru* Πεμφρηδώ; *elśśi* = *eslz*, *eśulzi* (Verf. Beitr. I, 65 f.); *cvelne* = *cvenle*; *semφs'* scheint mir noch jetzt 7 zu bedeuten und aus **seφtns'* entstanden zu sein. In armen. Dialekten sind ebenfalls Umstellungen von *r*, *l*, *n* häufig: poln.-arm. *gęrùng* = class. *krukn* Ferse (Wiener Z. II, 64); Achalzich *armung* = class. *armukn* (Tomson S. 20); poln.-arm. und Achalz. *angaj*, Tiflis-arm. *anagč* (Petermann S. 66) = class. *akanj* Ohr; Achalz. *ončič* = class.

---

1) Ein Spiegel von Talamone (G. 62) stellt einen geflügelten weiblichen Genius *zinϑrepus* zwischen zwei bewaffneten Jünglingen *zimuϑe* und *erus* dar. Ich lasse es unentschieden, ob *erus* hier dasselbe Wort wie *erus* „Sonne“ ist oder aber das gr. ἔρως wiedergiebt.

oçinç nichts (Tomson S. 21); Karabach. *mnan* = class. *nman* gleich (Patkanow Dialekte S. 65).

Das *χ* des etr. *lusχnei* steht dem *k* des arm. *lusnkay* gegenüber. Das Etruskische selbst zeigt oft Formen mit Aspiraten neben gleichbedeutenden Formen mit Tenues. Besonders oft findet dies vor und nach *n* statt; siehe Deecke Müll. II, 419 f. Wie das Etr. vor *s* oft eine Aspirata statt einer Tenuis zeigt, z. B. *alaχs'ntre, elaχsantre* Ἀλέξανδρος, so auch das Armenische, z. B. *aλeksandr.* In arm. Dialekten wechselt *k* zuweilen mit *ḱ*. Später werde ich andere etr. Wörter anführen, in denen *χ* vor *n* nach meiner Ansicht dem arm. *k* entspricht; so enthält etr. *zilaχnu* gewiss ein Suffix, das im Arm. *-akan* lautet.

Das *ei* des etr. *lusχnei* steht dem *ay* des arm. *lusnkay* gegenüber und ist, wie sonst oft, aus *ai* entstanden; vgl. *elinei* neben *elinai* Ἑλένη.

Ciakciak führt *lusnkay* „Mond" als provinzielles Wort besonders auf; unter *lusin* schreibt er *lusenkay* und bezeichnet es als vulgär. Cirbied S. 669 nennt *lusinkay* „Mond" „anormal". Zu dem vulg. *lusnkay* verhält sich poln.-arm. *lusnęgàn* Mond (Wiener Z. II, 64) wesentlich wie poln.-arm. *irgùn* Abend zu class. *erekoy*. Im class.-arm. bedeutet dagegen *lusnakay* „mondhelle Nacht". Dies ist von *lusnak* „Mondlicht" abgeleitet, und dies wieder von *lusin* Gen. *lusni* und *-snoy*, dem class.-arm. Worte für „Mond". *lusin* scheint eine idgerm. Stammform **loukin(i?)*- vorauszusetzen. Es gehört zu *lois* Gen. *lusoy* Licht. Dies entspringt derselben Wurzel wie lat. *lux, luceo,* gr. λευκός, aind. *ruçant-* lichtfarbig u. s. w.

Bei etr. *lusχnei* Mond = vulg.-arm. *lusnkay* hebe ich als besonders wichtig hervor, dass etr. *s* wie arm. *s* ein indogerm. *ḱ* vertritt. Dies beweist, dass das Etruskische zu einer anderen Gruppe der indogermanischen Sprachen als das Italische und Griechische gehört. Im Ital. und Griech. ist nämlich idg. *ḱ* durch *c*, *κ* vertreten, im Armen. dagegen durch *s*. Im folgenden werde ich mehrere Belege dafür geben, dass etr. *s* dem arm. *s* entspricht und ein idg. *ḱ* vertritt. Bei *erus* habe ich bereits die Vermutung ausgesprochen, dass das *s* desselben einem arm. *s* gleich ist.

Das *u* des etr. *lusχnei* ist wie das *u* des arm. *lusnkay* ausserhalb der Schlusssilbe aus idg. *oṷ* entstanden.

Das Suffix des etr. *lusχnei* kommt u. a. in etr. *elinei*, *elinai*, *helenaia* d. h. Ἑλένη vor. *lusχnei* = arm. *lusnkay* beweist, dass dies Suffix mit dem des gr. Ἀθηναία, wie Deecke Bezz. Beitr. II, 181 angenommen hat, identisch und trotzdem ursprünglich etruskisch ist. Die arm. Endung *-ay* von *lusnkay* muss nach den arm. Lautgesetzen einen nach *-ay* folgenden Vocal verloren haben. Das Suffix *-ei* des etr. *lusχnei*, *-ai* des arm. *lusnkay* ist wol aus *-aįįa* (gr. -αία) entstanden. Im etr. *lusχnei* aus **lusnχei*, **lusnkai*, arm. *lusnkay*, das von *lusnak* abgeleitet ist, trat *-ai* (aus *-aįįa*) als Femininsuffix an ein Nomen, das durch das Suffix *-ak* (aus *-aqo*) abgeleitet war. In dieser Hinsicht ist etr. *lusχnei* aus **lusnχei*, **lusnkei* mit den etr. Namen *afrceia* F. 839 bis t = 563 und *puincei* F. 2124 (nach Deecke Fo. III, 292 = *Punicea*, Φοινικεία) einigermassen analog.

Im etr. *lusχnei* aus **lusnχei* ist dieselbe Synkope des *i* wie im arm. *lusnakay*, *lusnkay* eingetreten. Im Armen. ist diese Synkope dadurch bewirkt, dass der Hauptton auf der Schlusssilbe lag.

Endlich hebe ich hervor, dass etr. *lusχnei* in Betreff der Bedeutung mit dem Vulgär-Armen. im Gegensatz zum Classisch-Armenischen übereinstimmt. Im Class.-Arm. ist *lusin* das Wort für „Mond“, und diese Bezeichnung ist offenbar ursprünglicher als *lusnkay*. Ebenfalls stimmt das Etrusk. hier besonders mit dem Vulg.-Arm. darin überein, dass das *a*, welches vor *k* im class.-arm. *lusnakay* erhalten blieb, im etr. *lusχnei* dagegen wie im vulg.-arm. *lusnkay* synkopirt ist.

Auch sonst werden wir sehr oft finden, dass das Etr. mit dem Vulgär-Arm. im Gegensatz zum Class.-Arm. übereinstimmt, wo die classische armenische Sprache eine ursprünglichere Stufe der Entwickelung einnimmt.

Ich trenne *lusχnei* von den etr. Gentilnamen *luscni* F. 1678; *lusc̣ei* F. 1104 fem., Gen. *lusceal* F. 1106, lat. *Luscius*, und von dem etr. Beinamen *lusce* F. 414 = lat. *Luscus*, Gen. *luscesa* F. 741, fem. *luscenešа* F. 751, mit welchen Deecke Fo. VI, 111 *lusχnei* zusammenstellt. Vielleicht haben jedoch diese Namen zur Umstellung *lusχnei* aus **lusnχei* beigetragen; allein notwendig ist es nicht, dies anzunehmen.

vanϑ.

Ein Wandgemälde eines Grabes von Vulci stellt die Opferung der gefangenen Trojaner bei der Bestattung des Patroklos durch Achilleus dar. Hier sieht man eine weibliche Gestalt *vanϑ* (mit ausgebreiteten Flügeln, im Doppelchiton mit einer Haube) hinter dem *aχle* (Achilleus), der einen auf der Erde sitzenden Trojaner ersticht, da stehen. Sie scheint mit erhobenem Zeigefinger der rechten Hand den *χaru* (Charon), der mit Hammer und Schifferhut hinter dem sterbenden Trojaner steht, auf den Augenblick hinzuweisen, wo er die Seele desselben in die Unterwelt zu geleiten hat. Siehe Corssen I, 299 und Taf. VIII nach Garrucci Tavole fotografiche delle pitture Vulcenti Tav. II; F. 2162. In dem Relief eines Sarkophags von Chiusi (Corssen I, 299, Taf. XII; F. 564) steht *vanϑ* in der Gestalt einer jugendlichen Frau mit nacktem Oberkörper, hoch aufgeschürzt, mit Halbstiefeln. gestützt auf einen colossalen Schlüssel an der geöffneten Tür der Unterwelt, als erwartete sie die in dem Relief dargestellte Frau *titia afunei*, die von einem jungen geflügelten Weibe abgeführt wird. Auf einem Spiegel von Bolsena (F. Spl. III, 315, vgl. Corssen I, 1007) stehen drei Krieger, deren Namen fehlerhaft angebracht sind, vor einem Tempel; auf der Schwelle des Vorhofes ist *truial* geschrieben. Der eine Krieger *eχtur* (Hektor) betrachtet den Kampf der beiden anderen: *evas* (Memnon der Sohn der Eos) steht mit dem erhobenen Schwert über dem *aχle* (Achilleus). Hinter dem *aχle* steht *vanϑ*, eine weibliche hochgeschürzte Gestalt mit der Fackel. Sie betrachtet ruhig den Kampf, der dem *aχle* den Tod bringt. Auf einer Amphora mit gelblichen Figuren im Decadenz-Stil aus Orvieto sind Kerberos und die Todesgöttin am Eingange zur Unterwelt dargestellt. Sie hält einen entrollten Papyrus; auf diesem steht mit grossen Buchstaben: *vanϑ* geschrieben. Dann folgen in der Zeichnung Pluton und Persephone. Siehe G. 639; Bull. 1876 S. 116 und 208.

Hiernach ist es sicher, dass *vanϑ*, wie man allgemein anerkannt hat, eine Todesgöttin ist. Der Name wird durch das Armenische erklärt. Arm. *vandem* bedeutet u. a.: rotte aus, vernichte, überwältige, töte („sterminare, . . . guastare, distruggere, costringere, . . . debellare, deprimere, . . . uccidere"). Der etr.

Name *vanϑ* bedeutet also wol etymologisch: „die überwältigende, die tötende“. Auf dem Relief von Chiusi ist *vanϑ*, wie es scheint, die mythische Personification des durch Krankheit verursachten Todes. Daher hebe ich hervor, dass das dem arm. *vandem* entsprechende passive Verbum *vandim* „soggiacersi (ai morbi)“ bezeichnen kann. Die lautliche Übereinstimmung des etr. Nomens mit dem arm. Verbum lässt sich auch bei dem auslautenden Consonanten nachweisen. In der etr. Schrift fehlen Zeichen der Mediae, und in der normalen etruskischen Aussprache wurden die stimmhaften Explosivlaute wahrscheinlich nicht gehört. In etr. Lehnwörtern aus dem Griech. wird gr. *δ* oft zu *ϑ*; z. B. *ziumiϑe* Διομήδης, *areaϑa* Ἀριάδνη, *uϑuste* Ὀδυσσεύς. Auch italisches *d* findet sich durch etr. *ϑ* wiedergegeben; Pauli (Altit. St. III, 25) sieht in *Burredius* CIL. V, 1, no. 1130 (Aquileia) das lat. Äquivalent des etr. Namens **φurseϑies*, wovon *φurseϑni*. Ebenso verhält sich das *ϑ* des etr. *vanϑ* zum *d* des arm. *vandem*. Der Übergang von *d* in die Aspirata *t́* findet sich auch im Armenischen selbst. Im Tifliser-Dialekte werden die Mediae nach *r* sowie meistens im Auslaut (selten nach *n*) als Aspiraten gesprochen; in Konstantinopel sind die arm. Mediae in allen Stellungen in der jetzigen Aussprache, besonders der Gebildeten, zu Aspiraten geworden. So z. B. Tifl. *ayant́*, Konst. *ayant́* = *aλand*; Tifl. *andunḱ*, Konst. *ant́unḱ* = *andundḱ*; Tifl. und Konst. *ait́* = *aid*; Tifl. *aidęm*, Konst. *ait́ęm* = *aidm*; Tifl. und Konst. *art́ar* = *ardar*. Siehe Hübschmann Zeitsch. d. deutsch. morg. Ges. XXX S. 58 f.

Etr. *vanϑ* würde im class. Arm. also die Form **vand* haben. Dies verhält sich in Betreff der Wortbildung zu *vandem* „ich überwältige“, wie arm. *avand* Depositum zu *avandem* deponire, *gan* Prügel zu *ganem* prügle, *vaŕ* brennend, Feuer zu *vaŕem* zünde an, *di* saugend (in *stn-di*) zu *diem* sauge, u. s. w.

Etr. *vanϑ* stimmt darin mit armen. Nominativformen überein, dass es weder eine Casusendung des Nominativs noch einen auslautenden Stammvocal zeigt; dagegen weicht es hierin von den Nominativformen der meisten altindogerm. Sprachen ab.

Die Verbindung des etr. *vanϑ* mit dem arm. *vandem* ist von der etymologischen Erklärung des letzteren unabhängig[1]).

1) Arm. *vandem* bedeutet zugleich „costringere, cingere, assediare“ und gehört mit *vandak* „cancelli, graticola, sporta, gabbia, rete“ zusammen. Daher

turce und verwandte Formen.

Hier folgen die Inschriften, in welchen die Form *turce* erscheint. Ich gebe dabei die gewöhnliche Übersetzung derjenigen Wörter, deren Sinn sicher oder mit Wahrscheinlichkeit annäherungsweise bestimmt worden ist und welche die Bedeutung von *turce* im Zusammenhange des Satzes besonders erläutern.

F. 1054 (Pauli Altit. St. III, 50), auf einer bei Cortona gefundenen Bronzelampe: *a · vels · cus · ϑuplϑaś · alpan · | turce* —. Pauli übersetzt: „Aule Velsi, der Cusithi (Sohn), gab (dies) der Thupltha als Geschenk".

F. 1052, Bronzestatuette, Cortona: *v · cvinti · arn|tiaś · śe-lan|śl · tez · alpan | turce* — „Velia Cvinti, der Arntia (Tochter), gab dem Sel(v)ans . . . (als) Geschenk".

F. 1051, Bronzestatuette, Cortona, mit F. 1052 zusammengefunden: *v · cvinti · arnt|iaś · culśanśi | alpan · turce* —. Das Wort *culśanśi* ist so von De. Fo. IV, 62 nach Autopsie gelesen. „Velia Cvinti, der Arntia (Tochter), gab (dies) dem Culsans als Geschenk" (Pauli). Andere übersetzen: „der Culsu"; hierüber im folgenden.

F. 804, Fragment einer Bronzestatuette, Fermo bei Chiusi: *autni : ϑufulϑaś | turce*: — „. . . . autni schenkte (dies) der Thufultha . . . ." (Pauli). Vielleicht eher: „Aule Utni u. s. w."[1]).

F. 1055 bis, Bronzestatuette, Cortona: *larϑia : ateinei : | fleres : muantrnśl : turce* : — Die Lesung *muantrnśl* ist von De. Fo. III, 283 vorgeschlagen. „Larthia Ateinei schenkte die Bildsäule dem Muant(u)rns" (Pauli).

F. 2180, Erzspiegel, Vulci: *vipiaalśinaśturce | verśenascaiia* — „Vipia . . . schenkte . . . . ." Über diese Inschrift im folgenden mehr.

---

darf man arm. *vandem* nicht mit deutsch. *Wunde* zusammenstellen. Zu *Wunde*, das mit arm. *vanem* „schlage in die Flucht, schlage" verwandt sein soll, stellt Corssen I, 299 ctr. *vanϑ*.

1) Das *a* von *autni* steht tiefer; *utni* für *ultni*. Vgl. die Namen *ulte* (Chiusi), *ultimne* (Chiusi), *ultna* (Toscanella). Für den Ausfall des *l* vgl. *veϑuruś* G. 385 (Chiusi) = *velϑuruś*, *tite vesi* (Perugia) = *tite velsi*; siehe Pauli Etr. St. III, 134 f.

F. 2582 bis, kleine Bronzestatue, orig. incert.: *ecn · turce · larϑi | leϑanei · alpnu | selvansl | canzate* — „Dies gab Larthi Lethanei zum Geschenk dem Selvans . . .“ (Pauli).

F. 2582, Erzspiegel, or. inc. (wahrscheinlich aus Volterra): *titecale : atial : turce | malstria : cver* — „Tite Cale schenkte der Atia den Spiegel als Geschenk“ (Pauli). Vielleicht ist zu übersetzen: „Tite Cale, der Atei (Sohn), schenkte . . .“ *cver* ist von Deecke statt *ceer* vorgeschlagen.

F. 2603, Basrelief von Bronze, or. inc.: *mi · suϑilvelϑuriϑura : turce · au · velϑuri fniscial ·* — „Diesen Velthurischen (?) Grabgegenstand schenkte Aule Velthuri der Fniscia“ oder „. . . . Aule Velthuri, der Fniscia (Sohn)“.

G. 380, bronzener Phallus eines Knaben, Chiusi: *cver turce* — „. . . . gab als Geschenk“. Die Inschrift scheint unvollständig, da das Subject fehlt.

F. 2603 bis, Bronzestatuette, or. inc.: *tite : alpnas : turce : aiseras : ϑuflϑicla : trutcecie* — „Tite . . . schenkte der Aisera . . . .“ (Deecke).

F. 78, bronzene (?) Statue eines Jünglings, Urbino: *tnturce · ramϑaufta|tavi · selvan* —. Pauli Etr. St. III, 69 vermutet, dass *ufta|tavi* statt *uhtavi* fehlgeschrieben ist, und er übersetzt: „Dies schenkte Ramtha Uhtavi dem Selvans“. Ähnlich De. Fo. IV, 56. De. Fo. VI, 31 vermutet dagegen: *[tru]tn turce · ramϑ alfia | [uh]-tavi · selvan[sl]* — „sacrum dedit Ramtha Alfia Octavii (uxor) Silvano“. Von diesen Vermutungen können wir hier, wo es nur auf *turce* ankommt, absehen. Jedenfalls ist in *tn* das Object zu suchen, *turce* ist „gab“, das Subject ist ein Weib mit dem Vornamen *ramϑa*, und das graphisch unvollständige *selvan* ist „dem Selvans (Silvanus)“.

F. 2614 ter, Bronzestatue, or. inc.: *in · turct : vel · sveitus* —. Man hat gewiss richtig *turct* in *turce* geändert: „dies schenkte Vel, des Sveitu (Sohn)“ (Pauli). Ob *in* richtig ist, brauche ich hier nicht zu untersuchen. Gleichbedeutend mit *turce* ist *turke* in F. 1014 ter (De. Fo. IV, 55), Basis einer kleinen Bronzefigur aus Sarteano: *vel s'apuϑ | nturke s'el | ran | [sl]m . . . al* — „Vel Sapu . . . schenkte dem Selvans . . .“

trce in F. 2613 (Pa. Altit. St. III, 19 f.), bronzene Apollostatue, or. inc.: *mi fleres' : spulare : aritimi | fasti : ruifris' : trce :*

clen : *ceχa* — „Diese Bildsäule schenkte der ... Artemis Fastia, des Ruifri (Tochter) ......“

turuce in F. Spl. III, 356 (Corssen II, t. XXV, 1), Thonschale, Corneto: *ituntuтucevenelatelinastinasclinijaras* — „Das Gefäss schenkte Venel Atelina dem Tina ...“

F. 49, Bronzestatue, Ravenna: *ϑucerhermenasturuce* ...... — „Thucer Hermena schenkte ....“. Zu Montaguragazza in der Provinz Bologna wurde in einem Grübchen, das mehrere bronzene Statuetten enthielt, ein steinernes Paralleliped mit etruskischer Inschrift aus dem 4ten Jahrhundert gefunden (Gamurrini Notizie d. Sc. 1882 S. 368—372; Pauli Lit. Centralbl. 20. Oct. 1883). Die Inschrift fängt mit den Namen des Subjects an und endet mit *ma turunke* „schenkte dies“.

Hierher gehört ferner *turune* in der grossen perusinischen Cippus-Inschrift F. 1914, B 10 in der Verbindung: — — *velϑinu* | *acilune* · | *turune* — —, wo *velϑina* das Subject dieser Verba auf *-une* ist.

ture. F. 256 (Corssen I, 643), Bronzestatuette, Florenz: *eitviscriture* | *arnϑalitlepumpus* — „Dies ... schenkte Arnth Alitle, des Pumpu (Sohn)“. *ture* verhält sich zu *turce* scheinbar wie z. B. *turune* zu *turunke*; siehe hierüber im folgenden.

F. 2335 d, Sarkophaginschrift, Corneto: *auicne* . . *veltna*: .... *turefnesiϑvas* | *avilscis* · *muvalχl* ... —. Im Anfang vermute ich das Subject *au* : *cne*[*v* :] *veltna* : „Aule Veltna, (der Sohn) des Cneve“. Dann folgte vor *ture* (wenn dies „schenkte“ ist) der Name des Verstorbenen im Genetiv oder Dativ, vielleicht zugleich das Object „dies“. Zum Schluss ist durch *avils* u. s. w. das Alter des Verstorbenen angegeben: „annorum“ u. s. w.

F. Spl. I, 443, Civitavecchia: *ecn* · *ture* | *latinana* | *es* · *alpan* · *a* — „Dies schenkte ...“. Das *e* von *ture* ist hier rund, das *e* von *es* eckig; Pauli Etr. St. III, 68 vermutet daher *turce* mit zusammengeschriebenem *ce*. Mit De. Fo. III, 29 fasse ich *latinana* als männlichen Familiennamen, *es* · verstehe ich als graphische Abkürzung von *eseras* = *aiseras*; ganz anders Pa. Etr. St. III, 68.

Auf dem Bruchstücke einer schwarzen Schale aus Cecina ist im Kreise geschrieben: *menuturuvepet* .... *s'* — G. 906 (Tav. III). Ich teile: *me nu turu ve pet* .... *s'*. *me* ist pron.

demonstr. = *mi*, auch F. 259 bis. Das Subject fängt mit dem Vornamen *ve*, d. h. *vel* oder in älterer Form *venel* an . *pet* . . . ist der Familienname im Nomin., z. B. *petruni*; . . . *s'* ist wahrscheinlich der Vorname des Vaters im Gen. *turu* „schenkte" weicht nur darin von *turuce* ab, dass die Verbalpartikel *-ce* in jener Form nicht angefügt ist. *nu* bezeichnet kaum „dem Numa", vgl. *nu* bei Deecke Fo. VII, 53; denn man würde bei dem Personobjecte, wie bei dem Subjecte, einen Familiennamen erwarten. Vielleicht ist *nu* Object. Dann muss *me* mit diesem Worte (das vielleicht nicht voll ausgeschrieben ist) verbunden werden, und *nu* bezeichnet dann wahrscheinlich „Schale".

Lanzi hat bereits gesehen, dass *turce* „gab" bedeutet. Es ist jetzt allgemein anerkannt, namentlich sowol von Deecke als von Pauli, dass der Begriff des Gebens, des Schenkens durch die angeführten Formen *turce*, *turke*, *trce*, *turuce*, *turunke*, *turune*, *ture* ausgedrückt ist. Hier behandle ich vorläufig nur die lexicalische Bedeutung des Wortstammes. Ich sehe hier davon ab, wie die angeführten Formen grammatisch aufzufassen sind und wie sie sich zu einander verhalten. Sämmtlichen Formen ist das Element *tur-* gemeinsam. Wie Pauli Etr. St. V, 73 f. hervorhebt, ist das Verbum *acilune* F. 1914 B 10 von dem Nomen *acil* (das F. 1487; F. Spl. I, 440; F. Spl. III, 352 vorkommt) abgeleitet. Ganz ebenso setzt das neben *acilune* vorkommende und damit ganz analoge *turune* ein Nomen **tur* „Gabe" voraus. *tur* ist, wie Pauli Etr. St. V, 74 bemerkt, das nicht nur in *turune* sondern auch in *turu-ce* vorliegende Wort für Geschenk.

Lanzi stützte die Deutung des etr. *turce* als „gab" durch die Wiedergabe desselben in gr. Form durch δεδώρευκε. Auch Deecke vergleicht gr. δωρ-. Allein genau stimmt etr. **tur* „Gabe", wovon *turune*, *turce* u. s. w., nur mit dem armenischen *tur* „das Geben, Gabe" überein [1]).

Arm. *tur*, das für „Gabe" namentlich im Pluralis angewendet wird, ist dasselbe Wort wie gr. δῶρον, wovon δωρέω „schenke", und kirchenslav. *darŭ* „Gabe", wovon *darovati* „schenken". Arm.

---

1) Das etruskische Wort habe ich 1883 (Beitr. I, 237) mit dem armenischen verglichen. Ebenso bereits Robert Ellis „The Asiatic Affin. of the old Ital." (1870) S. 87.

t vertritt hier regelrecht ein indogerm. *d* und arm. *u* ein idg. *ō*; vgl. Bartholomae Bezz. Beitr. X, 293.

Ein etr. *t* vertritt in Lehnwörtern oft ein gr. δ: *aita*, *eita* Ἀιδης; *atunis* Ἄδωνις; *atmite* Ἄδμητος; *pultuke* Πολυδεύκης; *tamun* Δάμων, u. s. w.

In etr. Lehnwörtern vertritt *u* regelrecht ein gr. ω: *atunis* Ἄδωνις; *χarun* Χάρων; *ectur* Ἕκτωρ; *puci* Φῶκος, u. s. w. Auch einem lat. *ō* entspricht oft ein etr. *u*, so z. B. in der Münzaufschrift *puplun* vgl. lat. *Populōnia* (*-ōnium*).

Die Zusammenstellung des etr. **tur* „Gabe", wovon *turce* „schenkte", mit dem arm. *tur* „Gabe" = gr. δῶρον stimmt also mit der etr. Lautbehandlung, welche in Lehnwörtern erwiesen ist, völlig überein. Ich sehe keinen Grund für die Annahme, dass etr. **tur*, wozu *turce*, *turune* u. s. w., aus dem Griechischen entlehnt sein sollte. Eine solche Annahme wird durch mehrere etr. Wörter, die mit *turce* verwandt sind und die ich im folgenden behandeln werde, bestimmt widerlegt.

In der classischen arm. Sprache fällt *u* ausserhalb der letzten Silbe regelmässig aus, z. B. *troy* Gen. sg., *troç* Gen. pl. von *tur*; im Poln.-arm. wird es in dieser Stellung gewöhnlich zu *ę* geschwächt (Hanusz Wiener Z. I, 296). Dagegen haben etr. *turce*, *turuce*, *turune*, *turunke*, *turu*, *ture* *u* wie das Stammwort **tur*. Die Schreibung *trce* F. 2613 behandle ich nicht in diesem Zusammenhange.

Im Poln.-Arm. kommt *u* oft ausserhalb der letzten Silbe durch Übertragung aus dem Stammworte vor. Z. B. poln.-arm. *kunelù* schlafen vom class. *kun* Schlaf, dagegen class. *knel* schlafen; poln.-arm. *dzudzlù* Amme zu class. *cuc* das Saugen, dagegen class. *ccel* saugen; siehe Hanusz Wiener Z. I, 294. Die etr. Formen *turce*, *turuce*, *turune*, *turunke*, *ture* stimmen in Betreff des *u* mit dem jetzigen Vulgärarmenischen im Gegensatz zu der classischen armenischen Sprache überein. Jedoch entscheide ich hier nicht, ob die etr. Formen *turce* u. s. w. dem Stammworte **tur* ihr *u* verdanken oder ohne den Einfluss des **tur* das *u* bewahrt haben.

talce.

F. 465 bis b „arca ex lapide calcario“ aus Arezzo hat auf der Vorderseite die Inschrift:

a : steprni

Damit unmittelbar in Verbindung ist die folgende Inschrift auf der linken Seite zu lesen:

talce cainal —

Eine nahe verwandte Inschrift, die gewiss ebenso aus Arezzo stammt, ist F. 2570 ter „olla cineraria ex argilla, orig. inc. Mutinae empta“:

l · steprni · a · vipinal talce —

(das *al* von *talce* ist hier verbunden geschrieben).

In *talce* hat Deecke Müll. II, 506 ein Praeteritum vermutet. *cainal* F. 465 bis b ist regelmässiger Genetiv des weiblichen Familiennamens *cainei*; vgl. z. B. Pauli Etr. St. IV, 62 f. Dieser Genetiv giebt hier die Mutter oder die Frau des Aule Steprni an. Die Wortstellung zeigt, dass der Genetiv *cainal* vom Verbum *talce*, nicht vom Nomen *a · steprni*, abhängig ist. Wo ein Genetiv im Etr. von einem Verbum abhängig ist, hat derselbe, wie Pauli (Etr. St. III, 78) dies zuerst gesehen hat, die Bedeutung des lat. Dativs, bezeichnet die Person, der man etwas schenkt, widmet, macht, setzt u. s. w. Dadurch wird der Sinn der Verbalform *talce* näher begrenzt.

In lat. Inschriften heisst es am häufigsten, dass der Überlebende das Grabmal dem Verstorbenen „setzte“ oder „machte“. In lat. Inschriften, wie in den Grabschriften anderer Völker, heisst es auch, dass der Überlebende das Grabmal dem Verstorbenen „schenkte“ oder „widmete“, „weihte“. Dieser Ausdruck mit „schenkte“ oder „weihte“ findet sich auch in etr. Grabschriften. Ich nenne im folgenden einige Beispiele.

Eine Urne hat eine Inschrift (F. 429 bis a) gehabt, welche mit Pauli (Etr. St. III, 61) so zu lesen ist:

mi murs arnϑal vetes' | nufres' laris vete mulune |
laϑia petruni mulune —

„Dies (ist) die Urne des Arnth Vete Nufre; Laris Vete schenkt (sie), Larthia Petruni schenkt (sie)“. Der Sinn von *mulune* ist durch andere Inschriften gesichert. Pauli Etr. St. V, 155 übersetzt „dedit", Deecke Bleiplatte von Magl. 25 ebenso „dat". Ob es Praesens oder Praeteritum ist, kann uns vorläufig gleichgültig sein.

Die unter *turce* genannte Sarkophaginschrift F. 2335 d giebt wahrscheinlich an, wer dem Verstorbenen das Grabmal schenkt. Das Verbum der Inschrift *ture* bedeutet „giebt".

Eine Sarkophaginschrift aus dem Grabe der *aleϑnas* bei Viterbo (F. Spl. III, 330) ist nach Deecke Fo. VII, 16 so zu lesen: *ϑ[efri :] aleϑn[as :] s'eϑres'a : nes's·sacn[i]s'[a] | clen[s']i · muleϑ* u. s. w. Dies giebt wahrscheinlich an, dass es ein Vater ist, der seinem Sohne (*clens'i*) das Grabmal schenkt (*muleϑ*).

Hiernach lässt der Zusammenhang für *talce* die Bedeutung „gab" vermuten. Diese Deutung *talce* „gab, schenkte" wird durch das Armenische gestützt.

Zum arm. *tam* „ich gebe" ist *tal* der Infinitiv. Die arm. Formen, welche man Infinitive nennt, werden zugleich als substantivische abstracte Verbalnomina angewendet, was gewiss nicht weniger ursprünglich als die Infinitiv-Function ist. So z. B. *gald* (*gal-d*) *ast uraxaçoiç zmez* Cirbied 314 „deine Ankunft hierher hat uns erfreut". Im vulgären Ostarmen. sagt man für „ich gebe" *talumem* oder *talisim* (Wiener Z. I, 183). *talumem* enthält *talum* eine Locativform von *tal* mit *em* verbunden; also eig. „ich bin im Geben". In *talisim* ist *talis* vielleicht Acc. pl. zu einem Nom. pl. *talik̄* ebenfalls mit der Bedeutung eines abstracten Verbalnomens; vgl. Petermann Dial. d. Arm. v. Tiflis S. 77 f.

Etr. *talce* „gab" verhält sich zum arm. *tal* „das Geben" ganz wie etr. *turce* „gab" zum arm. *tur* „das Geben, Gabe". Im folgenden werde ich versuchen, das Verhältniss des Verbums zum Nomen grammatisch näher zu bestimmen.

Ich übersetze also: *a : steprni talce cainal* „Aule Steprni schenkte (dies) der Cainei". *l · steprni · a · vipinal talce* eher „Larth Steprni, (der Sohn) des Aule, schenkte (dies) der Vipinei" als „L. St., (d. S.) des Aule (und) der Vipinei, schenkte (dies)". Das Verbum folgt oft nach dem davon abhängigen Genetive. Der in F. 2570ter genannte Larth ist wol der Sohn des in F. 465 bis b genannten Aule.

Das *t* des etr. *talce* vertritt wie das *t* von arm. *tal, tam* ein idg. *d*. Wir haben gesehen, das dasselbe bei dem *t* des etr. *turce* der Fall ist.

Das *a* vom etr. *talce*, arm. *tal* „das Geben“, *tam* „ich gebe“, *tamk̄* „wir geben“ entspricht dem *a* vom gr. δάνος, lat. *datus* und steht im Ablautsverhältniss zu *u* im etr. *turce*, arm. *tur*, das aus idg. *ō* entstanden ist; vgl. Bartholomae Bezz. Beitr. X, 292.

Etr. *talce* zeigt, dass das Etruskische wie das Armenische abstracte Verbalnomina auf *-l* hatte.

Bei *talce* stimmt das Etruskische darin, dass es vom Verbalnomen *tal* ein Verbum gebildet hat, mit dem Vulgär-Armenischen der Gegenwart im Gegensatz zum Classisch-Armenischen überein.

Ich habe angenommen, dass *turce* und *talce* beide „gab“ bedeuten (was eine unwesentliche, jetzt kaum nachweisbare Verschiedenheit der Anwendung nicht ausschliesst), und ich werde im folgenden andere Wörter als mit diesen synonym bezeichnen. Hierbei können dialektische Eigentümlichkeiten obwalten; *talce* ist nur in Urneninschriften aus Arezzo nachgewiesen, wo dagegen das namentlich in Weihinschriften häufige *turce* nicht gefunden worden ist. Dass die Annahme mehrerer Synonyme für den Begriff des Gebens nicht bedenklich sein kann, lässt sich durch einen Hinweis auf die deutschen Verba „geben“, „schenken“, „verehren“, „weihen“, „widmen“, „gewähren“ u. s. w. einleuchtend machen. Wie im Etr. *turce* neben dem derselben Wurzel entsprungenen *talce* erscheint, so lat. *donare* neben *dare*, gr. δωρέω neben δίδωμι.

Genetiv mit der Bedeutung des Dativs.

Um die Person zu bezeichnen, der etwas gegeben wird, wo im Altgriech. und im Lat. der Dativ gesetzt wird, wendet das Etruskische, wie ich unter *talce* bereits bemerkt habe, oft die Form des Genetivs an.

Dies findet sich u. a. mehrmals bei *turce*. So z. B. F. 1054: *a · vels · cus · ϑuplϑaś · alpan · | turce* „Aule Velsi, der Cusithi (Sohn) gab (dies) der (Göttin) Thupltha als Geschenk“ nach der Übersetzung Pauli's Altit. St. III, 50.

Pauli bemerkt Etr. St. III, 78: „Die ganze Construction findet ihr Analogon im Sanskrit, wo *dádāmi* „do“ statt mit dem Dativus auch mit dem genetivus personae verbunden werden kann (Pb. Wtb. III, s. v. *dā*)“. Vgl. hierüber Kuhn Z. XV, 423 f., wo er Beispiele aus dem Pāli und dem Prākrit anführt. Ebenso weist Kuhn auf das etwas verschiedene Verhältniss im Neugriech. hin, wo man z. B. sagt: ἔδωκα ἕνα λεπτόν τοῦ πτωχοῦ „Ich habe dem armen Manne ein Lepton gegeben". Im Neugriech. hat die Genetivform die ursprüngliche Dativform verdrängt.

Allein für das Etruskische ist das mit der genannten neugriech. Erscheinung analoge Verhältniss im Armenischen besonders wichtig. Hier gilt bei der Flexion der Substantive und der Adjective dieselbe Form als Genetiv und als Dativ. Diese Form ist im Singularis ursprünglich ein Genetiv, z. B. *k̂er* sororis, sorori, aus **svesros*; *srti* cordis, cordi, aus **k̂erdijos*. Eine vom Genetive verschiedene Dativform findet sich nur bei den *o*-Stämmen und endet auf *-um* (z. B. *mardum*). Diese ist jedoch später als die dem Gen. und Dat. gemeinsame Form auf *-oy*; siehe Hübschmann ZDMG. 36, 124 f.

Man sagt also im Arm. z. B. *glux tuav aλjkann* (Gen.) Matth. 14, 11 „der Kopf wurde dem Mädchen gegeben"; *argeloir 'i taloy harks kaiser* (Gen.) Luc. 23, 2 „er verbot Tribut dem Kaiser zu geben".

In der neuarmenischen Mundart von Tiflis (Petermann S. 66 f.) gilt überall bei den Nomina dieselbe Form als Genetiv und als Dativ.

ϑueś.

F. 1915, eine Inschrift im Innern eines Grabes, Torre di S. Manno bei Perugia, fängt so an: *cehen* : *suϑi* : *hinϑiu* : *ϑueś* : *sianś* : . . . . —. Dies übersetzt Deecke Fo. V, 48 so: „hic sedem animarum dat concilium". Durch diese Übersetzung ist wenigstens die Structur des Satzes und der ungefähre Sinn der einzelnen Wörter insoweit richtig wiedergegeben, als es für die Bestimmung von *ϑueś* nötig ist. Ob *cehen* „hier" oder „dieser" bedeutet, kann uns hier gleichgültig sein; *suϑi* übersetze ich geradezu „Grab"; in *sianś* vermute ich ein Lehnwort aus dem ital. *senatus* (umbr. **senaz*) [1]). Eine andere Form desselben Verbums findet sich G. 104, tab. IV, Arezzo: *ϑukerakiltusϑuveś* —. Deecke Fo. V, 48

1) Pauli Etr. St. III, 28 scheint mir die Structur des Satzes missverstanden zu haben. „Inschr. von Lemnos" S. 52 fasst er noch *ϑueś* als Nomen auf, obgleich er die Deutung *ϑui* „cubat", wodurch die Deutung *ϑueś* „cubile" begründet war, aufgegeben hat.

trennt gewiss richtig: *Ꝺuker akil tuś Ꝺuveś*. Er versteht *tuś* als einen graphisch abgekürzten Gen. oder Dat. von *ꝹuśurꝹ* coniux. Er übersetzt: „Thucer(us) proprium coniugi dat". Diese Deutung von *Ꝺuveś* kann bestehen, wenn man *tuś* anders auffasst. Abgesehen von aller Etymologie, scheint für *Ꝺueś*, *Ꝺuveś* in den oben angeführten Inschriften die Bedeutung „gab" oder „giebt" nach den umgebenden Wörtern und nach der Ausdrucksweise anderer Grabschriften höchst wahrscheinlich.

Deecke sieht in *Ꝺueś*, *Ꝺuveś* eine Präsensform, von der Wurzel *du*, wovon lat. *duint*. Ich habe (Bezz. Beitr. X, 105) darin eine Aoristform vermutet. Auch auf diese Form wirft das Armenische Licht.

In der classischen armenischen Sprache bildet *tam* „ich gebe" den Aorist 1. Pers. *etu*, 2. Ps. *etur*, 3. Ps. *et*, worin eine Bildung der Ursprache erhalten ist (*et* = aind. *ádāt*). Allein Cirbied S. 291 teilt mit, dass man statt dieser Aoristform dialektisch („dans différens dialectes de la grande et de la petite Arménie") vielmehr flectiert: 1. Ps. *tui*, 2. Ps. *tuer*, 3. Ps. *tueç* oder *tueaç* [1]). In dieser Form der 3ten Person ist *-eaç*, die gewöhnliche Endung der 3ten Ps. des *ç*-Aor., an die augmentlose Stammform *tu-* gefügt. Dies ist offenbar eine Neubildung. Mit dieser vulgär.-arm., auch von Patkanow Dial. 83 angeführten Form des Aor. 3. Ps. sg. *tueç* (*ç* gesprochen *ths*) „gab" identifizire ich etr. *Ꝺueś*, *Ꝺuveś* „gab". *Ꝺueś* ist ursprünglicher als *Ꝺuveś*; das *v* hat sich aus dem vorhergehenden *u* vor *e* entwickelt; vgl. Deecke Müll. II, 387. Ebenso verhält sich poln.-arm. *çuvàn* Schnur zum class. *çuan*, poln.-arm. *luvjèr* plur. zum class. *lu* Floh Gen. *luoy* (Wiener Z. II, 297).

Dass man das *ś* des etr. *Ꝺueś*, *Ꝺuveś* wie das arm. *ç* von *tueç* gesprochen haben kann, wird dadurch gestützt, dass die etr.

---

1) Nach Cirbied (S. 651) wird *u* vor einem Vocale in den südlichen Provinzen Klein-Armeniens als *ov* ausgesprochen. Patkanow Arm. Spr. § 103 giebt als vulgäre Form *tuiç* mit armen. Buchstaben, was in der franz. Übersetzung nach der Aussprache *tëwiz* (d. h. *tẹviç* nach der hier angewendeten Schreibung) transscribirt ist. Diese von Patkanow angeführte Form ist ostarmenisch. Hübschmann ZDMG. 30, S. 69 zeigt, dass arm. *tueal*, Pcp. zu *etu* „ich gab", im Vers einsilbig als *te͡al* angewendet werden kann. Soll es aber metri causa zweisilbig gelesen werden, so spricht man nach ihm *tẹ-r͡eal*, nie aber *tove͡al*. Die frühere Aussprache kann zweisilbig *tu-eal*, *tu-eç* (*tueç*) gewesen sein; vgl. *u* aus *o* in *etun* = gr. ἔδον.

Aoristform *ϑes*, welche ich im folgenden behandeln werde, auch *tez* geschrieben wird. Arm. *tueç* ist aus dem daneben vorkommenden *tueaç* entstanden. Daher setzt etr. *ϑueś* wol ein früheres **ϑueaś* voraus; vgl. *celχls* F. Spl. I, 437 = *cealχls* F. Spl. II, 112: F. 2108. Während in *turce, tulce* das etr. *t* wie arm. *t* das idg. *d* vertritt, ist dies in *ϑueś, ϑuveś* durch *ϑ* vertreten. Das Etrusk. weicht hier vom Armen. ab. In Lehnwörtern vertritt etr. *ϑ* im Inlaute oft gr. *δ*: *areaϑa* Ἀριάδνη; *ziumiϑe* Διομήδης; *uϑuste, uϑuze* Ὀδυσσεύς, allein auch gr. *τ*: *ϑeϑis* Θέτις, *cluϑumusta* Κλυταιμήστρα. Etr. *ϑ* wechselt in Lehnwörtern, sowol wo es ein gr. *δ*, als wo es ein gr. *τ* vertritt, mit *t*: *utuze* neben *uϑuze*; *zimaite* neben *ziumiϑe*; *clutumsta* neben *cluϑumusta*. Auch sonst wechselt in echt etr. Wörtern das anlautende *t* vor Vocalen mit *ϑ*: z. B. *tukeruś* und *ϑucerus*; vgl. Deecke Müll. II, 413 f. Daher kann es an sich nicht bedenklich sein, in dem *ϑ* von *ϑueś, ϑuveś* den etr. Vertreter des idg. *d* zu sehen.

Allein warum ist *ϑueś, ϑuveś* mit *ϑ* geschrieben, während *turce* (*turuce* u. s. w.) immer mit *t* geschrieben ist (nur *ϑuruni* F. 1914 neben *turune*)? Das angeführte Verhältniss konnte dafür sprechen, dass der Wechsel von *t* und *ϑ* hier nicht regellos, auch nicht bloss dialektisch ist (obgleich südetr. *ϑ* zuweilen dem gemeinetr. *t* entspricht). Dasselbe lässt vielmehr vermuten, dass der Wechsel von *ϑ* und *t* seinem Ursprung nach ein grammatischer Wechsel ist (um einen Ausdruck der germanischen Grammatik zu benutzen). Dabei musste man annehmen, dass die ursprünglichen Grenzen dieses Wechsels später durch Analogie und Ausgleichung verrückt worden sind. Auch lässt es sich kaum leugnen, dass etr. *ϑ* und *t* in später Zeit zum Teil promiscue als Bezeichnung desselben Lauts angewendet werden. Die Vermutung liegt nahe, dass jener grammatische Wechsel in dem Wechsel der Betonung seinen Grund hatte. Einen analogen grammatischen Wechsel des etr. *t* (= arm. *t*) mit *ϑ* finden wir in dem Namen einer Göttin *ϑalna, ϑalanu*, wenn ich diesen richtig mit *talce* verbinde. Ebenso finden wir einen grammatischen Wechsel von *ϑ* (= arm. *d*) mit *t*, z. B. im Gentilicium *arnti* neben *arnϑ* Gen. *arnϑial* (Pauli Etr. St. II, 4). Diese Erscheinungen können nur in Verbindung mit vielen anderen verwandten Erscheinungen ihre Erklärung finden. Allein dass die Verbindung zwischen etr. *ϑueś*, *ϑuveś* und vulgär-arm. *tueç* nicht durch das anlautende *ϑ* widerlegt wird, dürfte nach den obigen Andeutungen zugegeben werden.

Bei etr. *ϑueś*, *ϑuveś* = vulgär-arm. *tueç* finden wir, wie bei Wörtern, die im vorhergehenden behandelt sind, Übereinstimmung des Etruskischen mit dem modernen Vulgär-Armenischen im Gegensatz zu der classischen arm. Sprache, welche in *et* eine ursprünglichere Aoristform erhalten hat. Das *ç* des arm. Aor. I (z. B. Sg. 1. *sireçi*, 2. *sireçer*, 3. *sireaç*) ist bisher nicht sicher erklärt. Man hat gr. Imperfecta auf *-σκον* verglichen; siehe de Lagarde Stud. § 897. Dem widersprechen die folgenden Umstände: 1) Mit den gr. Praesentia auf *-σκω* vergleicht Hübschmann vielmehr die arm. Praesentia auf *-çim* (z. B. *paxçim*). 2) Die Anwendung ist verschieden. 3) *ç* findet sich auch im arm. Conjunctiv und Futurum. Jedenfalls ist das *ç* des arm. Aorists aus idg. *s* und einem andern Consonanten entstanden. Allein die Identität des etr. *ϑueś*, *ϑuveś* mit dem vulgär-arm. *tueç* ist von der Deutung des arm. *ç*-Aorists unabhängig.

Das *u* der Neubildung etr. *ϑueś*, vulg.-arm. *tueç* ist aus anderen Formen übertragen. In der 3ten Ps. pl. des arm. Aor. *etun* = gr. ἔδον ist *u* vor *n* aus *ŏ* entstanden.

Nach der Endung der 3ten Ps. sg. etr. *-eś* von *ϑueś*, arm. *-eaç*, *-eç* von *tueaç*, *tueç* ist die idg. Schlusssilbe, ein Vocal und wahrscheinlich zugleich ein Consonant (vielleicht *-et*), geschwunden.

tun.

In den Notizie d. Sc. 1885, tav. XV, fig. 2 (vgl. S. 511 f.) ist ein zu Corneto gefundenes Gefäss, roh mit der Hand aus einer dunkelroten Masse gearbeitet, abgebildet. Dies stimmt mit Gefässen, die in italischen Gräbern „a cassa“ und „a fossa“ gefunden sind, überein. Es hat drei Inschriften, die von rechts nach links zu lesen sind. Die Buchstaben sind sehr altertümlich. Von denen der ersten Inschrift, die ich hier besonders behandle, hebe ich Ϻ *m* und ⊕ *ϑ* hervor. Die Inschriften stammen hiernach wol aus dem 6ten Jahrhundert.

Die Inschrift, welche sich unter dem Halse befindet, ist: *minianϑaiavminiver tun* —. Ich teile *mini anϑaia v mini ver tun* [1]).

1) Die Zeichnung hat *ver*, die Abschrift S. 512 *evr*, was gewiss irrig ist.

Hier ist *mini*, das auch in mehreren andern Inschriften vorkommt, Object: „dies (Gefäss)“. Subject ist *anϑaia v* (d. h. *velia*) „Velia Anthaia“. Ein zweites Mal folgt dann dasselbe Object *mini* „dies (Gefäss)“. *ver* scheint mir ein neues Subject. Der Vorname *vel* Gen. *velus* ist nach meiner Ansicht eine jüngere Form des Vornamens *venel* Gen. *venelus*. Eine Nebenform mit *r*, nicht mit *l*, findet sich F. Spl. I, 517 (am Rande des Fussbodens einer Schale von Capua): *vener · tusnus* —. Die Inschrift auf dem Henkel derselben Schale fängt so an: *mivenerus* . . . . Die Nebenform mit *r* wird dadurch bestätigt, dass die *vipi relu* F. Spl. III, 248 *vipi veru* heissen, 249 *verusa* (Gen.) (Pauli Etr. St. V, 26)[1]. Hiernach deute ich *ver* auf dem Gefässe von Corneto als *vener*. Dagegen entscheide ich nicht, ob *ver* eine sprachliche Änderung von *vener* oder eine graphische Abkürzung desselben ist. Das letztere ist mir wegen des Alters des Gefässes wahrscheinlicher. Ähnliche graphische Abkürzungen sind *aϑ* · = *arnϑ*, *veϑ* und *vϑ* · = *velϑur*, *lal* · = *larϑal*.

Das letzte Wort der Gefässinschrift von Corneto ist *tun*. Dies ist wahrscheinlich ein Verbum; denn ein solches wird von dem zweimal gesetzten Objecte *mini* gefordert. Da zwei Subjecte *anϑaia v* und *ver* hier sind, erwartet man ein Verbum im Pluralis[2]). *tun* zeigt dieselbe Wurzel *tu-*, welche in *turce*, *ϑueś* gefunden ist. Ich deute *tun* als Aor. 3. Ps. plur. „schenkten“. *tun* weicht nur darin von dem arm. Aor. 3. Ps. pl. *etun* (= gr. ἔδοσαν) ab, dass es kein Augment hat, wie wir auch z. B. im etr. *ϑueś* eine Aoristform ohne Augment finden.

Die classische arm. Sprache wendet das Augment im Aor. 3. Ps. sg. vor einsilbigen Formen regelrecht an. Allein in der vulgären arm. Sprache haben sich nur wenige Spuren des Augments erhalten. Aor. 3. Ps. pl. von der Wurzel *tu-* „geben“ lautet im Vulgär-Arm. *tevin* (Cirbied 772); Patkanow Arm. Spr. § 103 schreibt *tuin*, was in der franz. Übersetzung durch *tĕwin* wiedergegeben ist.

Auch darin stimmt das Etrusk. mit dem Vulg.-Arm. im Gegensatz zum Class.-Arm. überein, dass der Aorist in der 3ten

1) *veres* F. 2074 = *veles* ist, wie Pauli bemerkt, nicht sicher, da G. 744 in derselben Inschrift *veies* giebt.

2) Hiermit will ich jedoch nicht gesagt haben, dass das Etr. für den Pluralis beim Verbum immer eine besondere Form habe.

Ps. sg. ein Aoristus primus (etr. *ϑueś*, *ϑuceś*; vulg.-arm. *tueaç*, *tueç* oder *tęviç*), in der 3ten Ps. pl. ein Aoristus secundus (etr. *tun*, weniger ursprünglich vulg.-arm. *tęrin*) ist.

Eine Inschrift auf dem Bauche des Gefässes von Corneto wiederholt *minianϑiaia* ohne Verbum mit der Variation, dass hier nach *ϑ* ein *i* geschrieben ist.

tan, ϑamce.

Die grosse perusinische Cippusinschrift F. 1914 fängt so an (A 1—3): *eulat · tanma · larezul* | *amevaχrlautnvelϑinaśe* | *śtlaafunaślaleϑcaru* |. Über mehrere Wörter dieser Zeilen (z. B. *eulat · tanma ·*) habe ich früher irrige Vermutungen geäussert, welche ich jetzt zurücknehme. *eulat* kann nach seiner Endung ein Locativ auf *-t* sein; meine Vermutung über den Sinn dieses Locativs erörtere ich nicht in dieser Verbindung. Bei *tanma* liegt es nahe, an das Pronomen *ma* zu denken und *tan* demnach als eigenes Wort zu betrachten. Ich habe die Meinung begründet, dass in *tun* das *-n* die Endung der 3ten Ps. pl. ist. Hiernach deute ich etr. *tan* = arm. *tan* Präs. Indic. 3. Ps. pl. „geben"[1]). *ma* hat Pauli in mehreren Inschriften, u. a. in der unter *turce* genannten Inschrift von Montaguragazza, als pron. demonstr. nachgewiesen. Dass *ma* F. 1914 A 1 mit *larezula* verbunden werden soll, muss trotz der Interpunction als möglich bezeichnet werden, so lange *larezula* (worauf ich hier nicht eingehe) ungedeutet ist. Die Anwendung der Worttrennung ist in F. 1914 vielfach inconsequent. Die Deutung vom etr. *tan* = arm. *tan* ist von der Deutung von *ma* nicht abhängig.

Ein Verbum *tan* „geben" ist hier dem Sinne nach vollberechtigt, weil die Inschrift Schenkungen mehrerer Personen aufzählt. Corssen I, 899 hat bereits richtig gesagt: „Die Urkunde des Cippus ist ein Verzeichniss oder Register von Schenkungen für das Erbbegräbniss, in welchem derselbe aufgestellt war". Deecke Fo. VII, 41 hat dies bestätigt. Er spricht von „dem grossen perusinischen Cippus F. 1914 . . ., der von . . . . den Familien des Velthinius und Afonius errichtet ist . . . und wie

1) Deecke Fo. VII, 58 bemerkt: „*tanma* . . . . vielleicht zu *tan-* = lat. *dan-* „geben".

Corssen I, 852 ff., trotz vieler Irrthümer im Einzelnen, doch im Ganzen richtig erkannt hatte, eine Aufzählung der von Gruppen oder einzelnen Mitgliedern der beiden Familien zur Ausstattung des gemeinsamen Grabes gemachten Geschenke enthält".

Das Subject des Verbums *tan* „geben" finde ich in *mevaχr*, worin *-r* Pluralzeichen ist. Es ist also eine Singularform **mevaχ* vorauszusetzen. Dies enthält dasselbe Suffix wie etr. *maχ* „eins" und wie arm. *miak* unitas, *errak* trinitas u. m. Ich deute *mevaχr* hiernach jetzt als „Enneaden", was ich jedoch hier nicht näher begründe. Dies *mevaχr* wird durch die Apposition *lautn* u. s. w. näher bestimmt; die Bezeichnung des Ganzen ist hier als Apposition zur Bezeichnung der Teile gestellt. Der Sinn ist nach meiner Vermutung: „es geben neun von der edlen Familie des Velthina und neun von der edlen Familie des Afuna".

Etr. und arm. *tan* „geben" steht im Ablautsverhältnisse zu etr. *tun*, arm. *etun* „gaben". Etr. und arm. *tan* ist zunächst aus **danti* und dies wieder aus **didanti* entstanden. Der Vocal der idg. Schlusssilbe ist im Etr. wie im Arm. geschwunden.

Die von *tan* gegebene Deutung wird durch eine andere etr. Wortform gestützt. In der tomba dell' Orco bei Corneto findet sich die folgende Inschrift F. Spl. I, 398, vgl. De. Fo. V, 2: *larϑiale* : *hulχniesi* : *marcesic* : *caliaϑesi* : *munsl|e* : *nacnvaiasi* : *ϑamce* : *lei* . . . (oder *lel* . . .) —. Die Namenpaare am Anfang enthalten, wie Deecke gesehen hat, die Personobjecte: „Dem Larth Hulchnie und dem Marce Caliathe". Das Object ist *munsle* „die Grabkammer"; das Verbum *ϑamce*. Das Subject stand am Schluss, ist aber nicht vollständig erhalten. Pauli Etr. St. V, 59 stimmt mit Deecke darin überein, dass *ϑamce* eine Verbalform ist. In *ϑamce* finde ich *tan* mit der Verbalpartikel *ce*. Das *m* von *ϑamce* ist aus *n* entstanden wie in *em* = *en*, *ein*, arm. *ain*, in *amce* = *ance* u. m.; siehe hierüber im folgenden.

ϑamce mit *ϑ* verhält sich zu *tan* mit *t*, arm. *tan*, wie *ϑueś* zu *tun*, arm. *etun*. Dem anlautenden *t* einer einsilbigen Wortform entspricht im Etr. hier ausserhalb der Schlusssilbe ein *ϑ*. Dies macht es nach meiner Ansicht wahrscheinlich, dass der Hauptton, wie im Arm., auf der Schlusssilbe lag. Dass *ϑamce* *m* statt des älteren *n* hat, während *n* in *tun*, *tan* erhalten ist, lässt sich vielleicht daraus erklären, dass der Consonant in *ϑamce* ausserhalb der Schlusssilbe vor *c* vorkommt. Allein wenn *t* in *ϑamce* wie in *ϑueś* zu *ϑ* geworden ist, weil es ausserhalb der Schlusssilbe steht, muss man wol annehmen, dass *talce* und *turce* den Stammwörtern **tal* und **tur* ihr *t* verdanken.

Von der etr. Betonung werde ich im folgenden näher sprechen. Im Armen. hat die Schlusssilbe regelrecht den Hauptton. Dieselbe Betonung setze ich für eine frühere Entwickelungsstufe des Etruskischen voraus. Hiernach nehme ich an, dass etr. *-ce* in *ϑamce* zu der Zeit, als *t* (= idgerm. *d*) zu *ϑ* wurde, den Hauptton trug. Hiermit vergleiche man, dass im arm. *nma*, Dat. von *na* „er“, das hinten angefügte *-a* den Hauptton trägt, woraus die Synkope *nma* aus **num-a* zu erklären ist.

cina.

Auf einem viereckigen Tuffsteine von Volterra ist in 7 Zeilen eine Inschrift (F. 346) geschrieben. Diese fängt so an: *titeśi* : *caleśi* | *cina* : *cś* : *mestleś* | . . . . . Die zwei ersten Wörter sind längst als Namen einer und derselben Person erkannt. Es mag hier unentschieden bleiben, ob *titeśi* Vorname und *caleśi* Familienname ist, was ich mit Deecke Fo. VI, 26 Anm. 44 wegen des Parallelismus mit der Bezeichnung der zweiten Person für wahrscheinlich halte. Sonst findet sich *cale* als Beiname der Familie *tite*. Nach *cina*, das ich vorläufig unerörtert lasse, folgt *cś mestleś*. *cś* deute ich als verkürzte Schreibung für *caeś*, den Gen. des Vornamens *cae*. Als Abkürzung für *caeś* erscheint *c·* F. 2099, in der Bilinguis F. 460 und wahrscheinlich F. 185 (Deecke Fo. III, 86 f.). In *cś* F. 346 ist auch die Genetivendung *ś* geschrieben. Dies hat in den folgenden Schreibungen Analoga: *lal* F. 1775 (Deecke Fo. III, 325 f.) und F. 1268 (De. Fo. III, 173) für *larϑal*; *au|ś* G. 177 für *auleś*; *ses* F. Spl. III, 165 vielleicht für *seϑres*, vgl. De. Fo. III, 191 f., anders Pauli St. II, 6; *viku* F. Spl. I, 234 wol für *veliku*, vgl. Verf. Bezz. Beitr. X, 87.

Der männliche Familienname im Gen. *mestleś* entspricht, wie bereits Deecke Fo. III, 242 gesehen hat, dem weiblichen *mestri* F. 1688. Dieser Familienname ist aus dem Italischen entlehnt und gehört zu dial.-lat. *Maestrius*, *Mestrius* I. R. Neap. 2988 und sonst, *Mastrius*. Das Stammwort erscheint im umbr. *mestru* fem. „maior“; vgl. das entlehnte etr. *mastr*. Der Übergang von *r* nach *t* zu *l* erscheint auch in dem Lehnworte *tuntle* Τυνδάρεος. Ebenso ist *r* nach *t* zu *λ* im arm. *astλ* = gr. ἀστήρ geworden; vgl. arm. *čakndeλ* σευτλίον vom pers. *čagandar* (Lagarde Stud. § 1366).

Wenn die Inschrift hiernach mit den Namen zweier Personen „dem Tite Cale“ „dem Cae Mestle“, welche durch das Wort *cina* getrennt sind, anfängt, so kann dies Wort *cina* kaum etwas anderes als eine copulative Conjunction sein. Dies wird durch das Armenische bestätigt.

Als vulgär-armenische copulative Conjunctionen, die „et, encore“ bezeichnen, nennt Cirbied 780 *kē*, *ki*, *ki na*, *ki nē*, *kē nē*. Mit diesem vulgär-arm. *ki na* identifizire ich etr. *cina* „und“; vgl. für die Bedeutung lat. *et* im Verhältniss zum gr. ἔτι. In *ki na* sehe ich eine Verbindung von *kē*, das im Vulg.-Arm. auch als Verbalpartikel vorkommt, und *na*; *ē* ist ausserhalb der Schlusssilbe zu *i* geworden. Dies *na*, das eigentlich ein Pron. demonstr. ist, wird oft als Partikel angewendet, was de Lagarde Stud. § 1579 belegt. Es übersetzt gr. δε, γαρ, μενοῦνγε u. s. w., und steht an den von de Lagarde angeführten Stellen als erstes Wort des Satzes. Etr. *cina* giebt uns also wahrscheinlich ein etr. Beispiel dafür, dass *ē* ausserhalb der Schlusssilbe zu *i* geworden ist.

Die Deutung von *cina* als „und“ ist durch die Deutung der umstehenden Namen gestützt worden. Es scheint daher unnötig, hier die Deutung der ganzen Inschrift F. 346 zu versuchen. Nach den Anfangsworten „Dem Tite Cale und dem Cae Mestle“ folgen nach meiner Ansicht zuerst als Objecte Angaben der Totengaben, welche den beiden verstorbenen Personen geweiht werden. Am Schluss der Inschrift finden wir das Verbum und die Subjecte. Die Subjecte geben an, welche Männer den Verstorbenen Opfergaben weihen und in welchem Verhältniss dieselben zu den Verstorbenen stehen. Ich weiche in Betreff dieser Inschrift mehrfach von den Andeutungen Pauli's Etr. Stud. V, 54 f. ab.

Das arm. Pronomen *na* „er“, das im Gen. *nora*, im Nom. pl. *noka* lautet, ist aus **no-a* entstanden und enthält eine Combination einer Pronominalform **no-* mit einem angehängten Worte *-a*.

Um den evidenten Zusammenhang des etr. *cina* mit dem vulgär-arm. *ki na* nicht zu verdunkeln, werde ich auf Vermutungen über den Ursprung dieses *-a* von arm. *na*, *sa*, *da* nicht eingehen. Auch über den Ursprung des arm. *kē* wage ich nichts zu behaupten [1]).

lautn und *lautni*.

Das etr. Wort *lautn* kommt an den folgenden Stellen vor:

F. 1914, in der grossen Cippus-Inschrift von Perugia, A 2—3: ....*lautn velϑinaś eśtla afunaś* ..... (im Originale ohne Worttrennung).

F. 1915, Torre di S. Manno bei Perugia „in interiori parte sepulcri", Z. 2: .... *eϑ* : *fanu* : *lautn* : *precuś* : .....

F. 2279, Corneto „ex magno hypogeo" „nel pilastra", Z. 1: *eiϑ* : *fanu* : *śaϑec* : *lautn* : *pumpus* | ....

Pauli Etr. St. III, 98 hebt hervor, dass in diesen drei Inschriften nach *lautn* der Genetiv von Gentilicien steht, und vermutet daher für *lautn* mit Fug die Bedeutung „familia". Er übersetzt (Etr. St. IV, 41): „Die Familie des Velthina und des Afuna". „Die Familie des Precu". „Die Familie des Pumpu". Diese Deutung ist von Deecke angenommen. In F. 1914 schreibt dieser Gelehrte (Bleiplatte von Magl. 18, vgl. Fo. VII, 41): *lautn velϑinaś eśt la*[*utn*] *afunaś* „domus Voltinii et domus Aponii". Es scheint unnötig, hier auf die Deutung von *eśtla* einzugehen. Die Deutung von *lautn* als „Familie" ist zugleich von Schaefer in Pauli's Altit. St. II, 7 und von mir Beitr. I, 217 angenommen worden.

Von *lautn* abgeleitet ist das Adjectiv *lavtni*, das Pauli „familiaris" übersetzt.

F. 2335, Corneto, auf einem Sarkophagdeckel: ....*an* · *śuϑi* · *lavtni*: ..... Also: „dies Familiengrab".

Ferner *lautneścle*, das Pauli ebenfalls „familiaris" übersetzt. F. 1915: *cehen* : *suϑi* : *hinϑiu* : *ϑueś* : *sianś* : *etve* : *ϑaure* : *lautneścle* : *caresri* : *auleś* : *larϑial* : *precuϑuraśi* : | — —. Viel ist in dieser Inschrift noch unklar. Die grammatische Structur der angeführten Stelle scheint mir von Deecke wesentlich richtig aufgefasst, von Pauli dagegen missverstanden zu sein. Das Subject ist *sianś* (ein Lehnwort) „der Senat", das Verbum *ϑueś* „gab", das Object *cehen*

---

1) *kē* kann aus *kei* entstanden sein. Vom gr. καί scheint arm. *kē* in Betreff des Vocals verschieden zu sein, kann aber mit diesem aus demselben Pronominalstamme entstanden sein. Vgl. meine Bemerkungen unter der etr. Verbalpartikel *-ce*.

suϑi hinϑiu „dies Totengrab". In *etve ϑaure lautneścle* finde ich mit Deecke Dative, welche die Personen angeben, denen das Grab geschenkt wird. Deecke Fo. VI, 45 übersetzt „toti genti domesticae". Für *etve* scheint mir diese Übersetzung unrichtig, was ich hier nicht begründe. Die Wörter *etve — precuϑuraśi* bezeichnen wol ungefähr: „den hier begrabenen Mitgliedern der Familie des Precu". Nach *lautneścle* folgen hier, wie sonst nach *lautn*, wenn auch nicht unmittelbar, die Namen edler Etrusker. Dies stützt die Deutung von *lautn* als „Familie"; ich gehe darum hier nicht auf eine nähere Untersuchung über die einzelnen Wörter der Inschrift ein. Der Dativ *lautneścle* bezeichnet vielleicht zunächst „von der Familie stammend".

Endlich ist von *lautn* „Familie" das oft vorkommende Substantiv *lautni* Fem. *lautniϑa* abgeleitet. Dies ist mit dem Adjective *lavtni* formell identisch. Am öftesten wird das Substantiv *lautni* geschrieben. Auch *lavtni* F. 794 bis, F. 2629, F. 559; dreimal mit *a* statt *au*: *latni*; im Gen. F. 348 (Volterra) *lautuniś*. Das Wort wird G. 719 in lateinischer Sprache durch *l.* (d. h. libertus) wiedergegeben. Nach der Begründung Pauli's bezeichnet jedoch *lautni* nicht dasselbe Verhältniss wie das römische Wort *libertus*, sondern nur ein analoges. Nach Pauli ist *lautni* überhaupt „familiaris" „der zur Familie, zum Hauswesen gehört" und bezeichnet verschiedene Kategorien von Personen, die zu einer adligen etruskischen Familie in ein untergeordnetes Verhältniss getreten sind.

Dies *lautni* ist mit *eteri* zu *lautn · eteri* verschmolzen.

Keine der für *lautn* „Familie" bisher gegebenen etymologischen Erklärungen befriedigt [1]).

Auch hier wirft das Armenische auf das Etruskische neues Licht. Im etr. *lavtn*, *lautn* sehe ich eine Zusammensetzung von arm. *lav* „buono, egregio, onesto, nobile" und *tun* „casa, famiglia, schiatta, prosapia". *lavtn* bezeichnet also genau nicht „Familie" überhaupt, sondern „gute Familie" „edle Familie" „vornehme

---

1) Deecke verglich früher u. a. kslav. *ljudinŭ* Mensch, apreuss. *ludini* Hausfrau, deutsch *Leute*. Später hat er nach Fabretti *lautn* mit lat. *lautus* verbunden. Siehe Bezz. Beitr. III, 52 f.; Deecke Fo. VI, 45 f. Keine dieser Etymologien findet in der etr. Sprache selbst oder in der mit dem Etr. am nächsten verwandten arm. Sprache eine Stütze.

Familie". Dies passt trefflich, denn an denjenigen Stellen, wo *lautn* vorkommt, ist eben von vornehmen Familien die Rede. Die Personen, zu denen die *lautni*'s in ein untergeordnetes Verhältniss getreten sind, gehören (wie Pauli Etr. St. IV, 43 sagt), mit wenig Ausnahmen, der Blüte des etruskischen Adels an.

Hiernach ist *lavtn* die ältere Form, woraus *lautn* entstanden ist. In *lautuniś* F. 348 ist vielleicht mit Pauli (Etr. St. IV, 48) das *u* für ursprünglich zu halten. Aus **lavtuni* kann *lavtni* mit einer arm. Lautregel übereinstimmend entstanden sein; so ist das arm. Deminutiv *tnik* Häuslein aus **tunik* entstanden. Ebenso ist für etr. *lavtn* eine ältere Form **lavtun* vorauszusetzen. Die Entstehung des etr. *lautn* aus **lavtun* wird kaum durch poln.-arm. *gędęm* Stück = class. *ktrumn* (Wiener Z. I, 298) erklärt. Nach meiner Vermutung ist die Synkope *lautn* aus **lavtun* auch nicht aus dem jüngsten etr. Betonungsgesetze, wonach der Hauptton überhaupt auf der ersten Silbe lag, zu erklären. Denn dabei würde man die verschiedene Behandlung in *lautn* aus **lav-tun* gegen *culśu* (aus **cul-śun*) Gen. *culśanś* (siehe im folgenden) nicht leicht begreifen können. Im Armen. ist das Adjectiv gewöhnlich betont, wenn es dem Substantive, zu dem es gehört, vorangestellt ist (Cirbied 676). Ich vermute daher, dass die starke Betonung des vom Substantive getrennten Adjectivs **lár tun* in der Zusammensetzung **lártun* beibehalten wurde, und dass dies daher später zu *lavtn* werden konnte. Vgl. arm. *aižm* „jetzt" aus **aižam*. Dagegen hatte *culśu* aus **cul-śun* nach meiner Vermutung dem früheren etrusk. Betonungsgesetze zufolge, wie überhaupt die meisten composita, den Hauptton auf der letzten Silbe. Die etr. Betonung werde ich im folgenden besonders behandeln.

Etr. *lavtni* ist von *lavtn* (**lav-* gut und **tun* Haus, Familie) durch dasselbe Suffix *-i* = arm. *-i*, gr. -ιος gebildet wie arm. *entani* domesticus, das ebenfalls zu *tun* Haus gehört. Das *an* (aus *nn*) des arm. *entani* scheint mir in einem durch das Suffix *-i* gebildeten Worte ursprünglicher als das *un* des etr. *lautuniś* F. 348. Dies *lautuniś* macht die Erklärung des etr. *lavtni* aus **lavtani*, welche an sich möglich ist, weniger wahrscheinlich. Etr. *lautuniś* wird sein *u* dem Stammworte **tun* Familie verdanken.

Das Wort *lautn* kommt noch in einer oben nicht angeführten Inschrift vor. Über einer Grabpforte bei Perugia ist geschrieben:

etanlautn — F. Spl. I, 260. In *etan* vermute ich eine Verbindung der beiden Demonstrativa *eϑ* und *an*. Also, wenn die Inschrift vollständig ist: „In diesem (Grabe) hier (ist) eine edle Familie (begraben)“. Eher ist wol die Inschrift unvollständig: „In diesem (Grabe) hier (ist) die edle Familie [der . . . . .] (begraben)“.

In dem arm. Compositum *lavazgi* „ben nato, gentiluomo, nobile, di famiglia assai chiara“ hat *lav* dieselbe Bedeutung wie im etr. Worte. *lavtn* enthält als zweites Glied ein Substantiv, als erstes ein Adjectiv, das zu dem Substantive als Attribut zu denken ist. Im Armen. sind solche determinative Composita allgemein gebräuchlich; z. B. *mecahaç* splendide Mahlzeit von *mec* gross und *haç* Brod, Essen, Mahlzeit; *çaracer* ein schlechter Greis; *xstakar* harter Stein u. s. w.

Im etr. *lavtn*, **lavtun* findet sich nicht der arm. Compositionsvocal *a*. Allein dieser erscheint auch im Arm. nicht überall, z. B. *mardpet* neben *mardapet* Chef der Eunuchen; vulgär-arm. *bambarak*, der erzählt und dazu spielt.

Arm. *lav* steht im Ablautverhältniss zu dem gr. λωΐων, wenn es nicht = lit. *lábas* „gut“ ist. Die Auffassung, dass arm. *lav* im etr. *lavtn* enthalten ist, werde ich später dadurch zu stützen versuchen, dass ich eine Reihe etruskischer Namen, worunter einige der gewöhnlichsten (*lar*, *larϑ*, *luris*, *lauχme*, *lauχusie*, *laχu* u. m.) mit *lav* in Verbindung bringe.

Arm. *tun* Gen. *tan* Haus, Familie ist nach Hübschmann aus **tvan*, **tm-an* entstanden und gehört mit avest. (Gāthā-Dial.) *dmānem* (geschrieben *demānem*) Wohnung zusammen. Arm. *tun* scheint aus einer Accus.-Form **dmōnm̥*, Gen. *tan* aus **dmn̥nes* entstanden. Vgl. J. Schmidt Pluralbildungen S. 221 f.

Im etr. *lavtn* entspricht *t* wie in *turce*, *talce* einem arm. *t* und einem idg. *d*.

Vielleicht ist es nicht nötig, im arm. *tun* einen Übergang von *m* zu *v* anzunehmen. Das *m* von **tm* (oder *dm*) kann vielleicht unmittelbar ausgefallen sein, weil die Aussprache dieser Consonantenverbindung im Anlaute schwierig war. Allein wenn dem so ist, muss *m* bereits im Vorarmen. ausgefallen sein, zu einer Zeit, als die Sprache noch nicht *tm* im Anlaute (wo es überall wol aus *tum-* entstanden ist) duldete.

Wie *tn* in *lautni* inlautend, in *lautn* auslautend erscheint, so ist im Arm. *tn* häufig sowol inlautend als auslautend; z. B. *otn* Fuss, *otnavor* der Füsse hat.

Abgeleitet von *lautn* ist vielleicht der etr. Familienname *lautna* F. Spl. II, 42 (Chiusi), Fem. *lautnei* F. 2564 bis (wahrscheinlich aus Volterra), *lavtnei* F. 1031 (Cortona), *lautni* F. 169 (Volterra); siehe Pauli Etr. St. I, 71—73, der das lat. Äquivalent in *Laudonius* sieht. Nach Pauli ist *lautna* aus **lautuna* entstanden und eine Bildung wie der Name *afuna* und ähnliche Namen [1]. Allein in *lautna* scheint das *n* aus dem Stammworte *lautn* erhalten. Wenn der Name *lautna* von *lautn* abgeleitet ist, bestätigt dies, dass *lautn* nicht „Familie" überhaupt, sondern „gute Familie" bedeutet. Denn Eigennamen können durch Ableitungssuffixe passend von Wörtern, die „gute Familie" angeben, abgeleitet werden (vgl. z. B. gr. Namen wie Εὐγένης, Εὐγενίδας, german. wie *Adalung*), schwerlich dagegen von Wörtern, die „Familie" überhaupt bezeichnen.

Der obige Artikel war bereits geschrieben, als ich sah, dass Ellis (Sources of the Etr. and Basque Lang. 113) etr. *lautn* „nobleman" zum arm. *lav* stellt und mit arm. *lavazgi* vergleicht.

culśu.

Mit dem Namen *culśu* ist auf einem Sarkophag von Chiusi (F. 564; Corssen I T. XII) eine Göttin der Unterwelt bezeichnet, die in hochaufgeschürztem Gewande und Halbstiefeln mit der Fackel in der Hand aus der halb geöffneten Tür der Unterwelt hervorstürmt. Vgl. Corssen I, 294. Er bemerkt: „Solche Gestalten von Schicksals- und Todesgöttinnen sieht man häufig in den Reliefs Etruskischer Aschenkisten, namentlich zu Perugia, mit Flügeln oder auch ohne dieselben durch das Kampfgewühl einherschreitend, die Fackeln senkend gegen den Sterbenden oder zum Tode

1) Deecke Bezz. Beitr. III, 47 setzt etr. *lautnei* = lat. *Lautinia*. Pauli trennt dagegen *lautna* vom lat. *Lautinius* und stellt dies mit etr. *lauctinie* F. 648 zusammen. Von *lautna* ist ferner nach Pauli Fem. *lutni* F. 1191 (Perugia), etr.-lat. Gen. *Ludniae* F. Spl. I, 363 (Perugia) verschieden. Das Gentilicium *latni* F. 1498 (Perugia) ist nach Pauli entweder = *lauctinie* oder = *latini*. Ich gehe auf diese Fragen hier nicht ein.

bestimmten Krieger. Bisweilen stehen sie auch an der Tür eines Grabes oder der Unterwelt gestützt auf die umgekehrte verlöschende Fackel, ebenso dargestellt wie der griechische Thanatos. . . Eine solche Göttin ist auch . . . *culšu* mit der Fackel in der Rechten. Die Scheere in ihrer Linken lehrt, dass auf die Etruskische Todesgöttin ein Sinnbild der griechischen Atropos übertragen ist".

Ich deute den Namen *culšu* als „verschlingender Hund". *cul-šu* scheint mir ein Compositum wie etr. *lavtn* „gute Familie". Das erste Glied *cul* entspricht dem arm. *kul*, das als zweites Glied von Compositis mit der Bedeutung „verschlingend" vorkommt. Das zweite Glied *šu* ist nach meiner Ansicht aus **šun* entstanden, wie z. B. das Pronomen *ei* aus dem gleichbedeutenden *ein*, und entspricht dem arm. *šun* „Hund, Hündin". In *culšu* bezeichnet *š* wahrscheinlich denselben Laut wie arm. *š*. Dass eine Todesgöttin, die menschlich, nicht tierisch, dargestellt wird, dennoch durch ihren Namen als „Hund, Hündin" bezeichnet ist, findet bei den Hellenern seine Analogie. Im Griechischen wird der Ausdruck „Hund, Hündin" von weiblichen Wesen, die Diener und Boten der über den Tod waltenden Götter sind und den Willen derselben vollstrecken, angewendet, freilich um dieselben als die spürenden (nicht als die verschlingenden) zu bezeichnen. Der etr. Name „verschlingender Hund" ist wahrscheinlich aus älteren gräulichen Vorstellungen von der Todesgöttin erhalten. Hierfür spricht der Umstand, dass man in etr. Bildern nicht nur Todesgöttinnen von erhabener Schönheit findet, sondern auch weibliche Todesdämonen, die hässlich sind, mit tierischer Gesichtsbildung. Häufige Todessymbole sind auch gefrässige Ungeheuer (Hyänen, Wölfe u. s. w.), welche teils Menschen teils Tiere verschlingen; siehe Deecke Müll. II, 109—111.

Dass die Todesgöttin als „verschlingend" bezeichnet wird, hat darin seinen Grund, dass man sich den Todesdämon mit einem ungeheueren Rachen, worin er die Toten verschlang, vorstellte. Eine solche Vorstellung kommt bei vielen Völkern vor. Ich erinnere hier nur an Hom. Il. 23, 78:

ἀλλ' ἐμὲ μὲν κὴρ ἀμφέχανε στυγερή.

Arm. *kul*[1]) gehört mit *klanem* „verschlinge", Aor. 3. Ps. sg.

---

1) Im Wörterb. d. vulg.-arm. Sprache wird *kul* „Kehle" angeführt.

ekul zum lat. *gula*, ahd. *chela*, aind. *giráti*, *gilati* „verschlingt" u. s. w. (Hübschmann Grundz. Nr. 145).

Arm. *šun* Gen. *šan* „Hund" stellt man gewöhnlich zu aind. *çvā* Gen. *çunas*, gr. κύων u. s. w. Allein hierbei ist, wie de Lagarde Stud. § 1710 dies hervorhebt, das anlautende *š* unerklärt geblieben. Im arm. *skesur* = aind. *çvaçrū-s* ist die anlautende (hier durch Assimilation aus *sụ* entstandene) dem aind. *çr* entsprechende Lautverbindung ganz anders behandelt. In Betreff des Anlauts stimmt arm. *skund* Gen. *skndi* „cagnolino, cane domestico" besser mit aind. *çvā* überein. De Lagarde versucht für *šun* eine ganz andere etymologische Deutung, allein dieselbe ist mir unwahrscheinlich namentlich, weil sie nicht den Ablaut *šun* Gen. *šan* (vgl. *tun* Haus Gen. *tan*, *jiun* Schnee Gen. *jean* u. s. w.) erklärt. Dieser Ablaut spricht dafür, dass *šun* ein alter *n*-Stamm wie gr. κύων, aind. *çvā* ist. Im etr. *šu*, arm. *šun* können eine ursprachliche Nominativform *-ōn* und eine Accusativform *-ōnm̥* oder *-ōnm̥* zusammengefallen sein.

Meine Deutung des etr. *culšu* als „verschlingender Hund" wird durch andere Formen des etr. Namens bestätigt. Eine defecte Bleiplatte aus Cortona, „die einst offenbar an einem Weihgeschenk befestigt war", hat eine Inschrift (F. 1053, t. XXXV), die Deecke Fo. IV, 63 so gelesen hat:

culšanś ạ . . . . .

v · preϑnsẹ . . . .

Deecke bemerkt dazu: „Vielleicht ist am Schlusse von Z. 1 *alpan* zu ergänzen, doch ist die Grösse des fehlenden Stückes zweifelhaft"[1]). In *culšanś* sieht Deecke Fo. IV, 63 den Genetiv von *culšu*. Dieser Gen. *culšanś* verhält sich in Betreff des Vocals der zweiten Silbe zum Nomin. *culšu* ganz wie arm. Gen. *šan* zum Nominative *šun*. Arm. und etr. *an* setzt idg. *m̥n* voraus. Allein etr. *culšanś* hat die Genetivendung *-ś*, welche im arm. *šan* abgefallen ist, erhalten, wie etr. *šeχiś* im Gegensatz zum arm. Gen. *igi*, vulg. *ēgi*. Sowol etr. *culšanś* als arm. *šan* hat den Vocal der idg. Schlusssilbe verloren.

Eine Bronzestatuette von Cortona hat die Inschrift (F. 1051): *v · cvinti · arnt|iaś culšanśi | alpan turce* —. Deecke Fo. IV, 62

1) Pauli Etr. St. III, 82 liest *culšanśḷ*.

liest nach Autopsie *culšanši*[1]). Dies verhält sich zu der Genetivform *culšanś* wie *auleši* und *clenši* F. 1922 zu den Genetiven *auleś* und *clenś*. Wie *auleši* und *clenši* syntaktisch als Dative fungiren, so auch *culšanši*: „Velia Cvintia, (die Tochter der Arntia, gab der Culsu das Geschenk“[2]).

Eine Thonschale, gefunden zwischen Adria und Este, (Pauli Inschr. nordetr. Alph. Nr. *110) hat die Inschrift: *kulśnuteraś* | *śminϑiakśke* —. Pauli S. 43 f. hat trefflich erwiesen, dass die Schrift und Sprache etruskisch ist. Das Subject ist *śminϑi*, das Femininum eines Gentilnamens; das Verbum *akśke* „widmete“. *kulśnuteraś* erklärt Pauli als den Gen. der Widmung und vergleicht damit *culśu* und *culśanś*. Allein während er in *-teraś* ein Suffix sieht, trenne ich *kulśnu teraś* und vermute in *teraś* einen appellativischen Beinamen der Göttin. In *kulśnu* finde ich das Casussuffix *-u*, das mit der Bedeutung des Dativs oft vorkommt. In *kulśnu* erscheint der Stamm des Nomens für „Hund“ in derselben Gestalt wie z. B. im arm. *šnik* „cagnolino“, wo *šn* nach arm. Lautgesetz aus *šun* entstanden ist. Das Casussuffix *-u* stelle ich mit dem arm. Suffixe des Gen. und Dat. *-oy*, vulg. *-u* zusammen. Dies arm. *-oy* gehört eigentlich den *o*-Stämmen an. Bei *tenu* werden wir sehen, dass sich dies Suffix im Etr. weiter verbreitet. Dafür giebt *kulśnu*, von einem *n*-Stamme, ebenfalls einen Beleg[3].

In der grossen *pulena*-Inschrift (G. 799) Z. 6, wo von einer Opfergabe an die *culsu* die Rede ist, fungirt die Form *culsu* als Dativ; das auslautende *-u* der Form *culsu* ist also hier als Dativendung aufgefasst. *kulśnu* ist offenbar eine ursprünglichere Dativform; daraus entstand *culsu* durch den Einfluss der gleichlautenden Nominativform. Als Attribut gehört hier zu *culsu* das darnach folgende Adjectiv auf *-al*[4]).

Auf der Placentiner-Bronze ist in der 12ten Region *cvlalp*

1) Die Änderung Pauli's *culšanśl* scheint mir unnötig.

2) Es scheint mir unnötig, ja unrichtig, in *culšanši* mit Pauli Etr. St. III, 81 f. und Deecke Fo. V, 24, 59, 90 den Namen eines sonst nicht bekannten männlichen Gottes **culšanś* zu suchen.

3) Auch im Vulg.-Arm. wird die Casusendung *-oy* nicht auf die *o*-Stämme beschränkt. Cirbied 748 nennt *Asioy* als Gen. von *Asia*.

4) In G. 804 Z. 5 ist *cels* . . . nicht mit Deecke Fo. V, 24 als der Name der Göttin *culsu* aufzufassen, denn Undset hat hier vielmehr *cels* . . . gelesen.

geschrieben. Dies ist nach Deecke Fo. IV, 62 wahrscheinlich aus den Genetiven *cvl(śans) alp(ans)* graphisch verkürzt.

Da ein *n*, das im arm. Auslaute erhalten bleibt, im Etr. mehrfach geschwunden ist (z. B. *ei* = *ein* = arm. *ain*), nehme ich an, dass das *śu* von *culśu* aus **śun* = arm. *śun* entstanden ist. Ich sehe in diesem *śu* nicht eine mit aind. *çvā* analoge Form, die altertümlicher als die arm. Nominativform *śun* wäre. Im etr. *culśu* fehlt ein Compositionsvocal wie in *lautn*. In *culśu* ist, im Gegensatz zum Class.-Arm., das *u* ausserhalb der Schlusssilbe erhalten wie in *turce*.

śec.

Das etruskische Wort für „Tochter“ ist *śec* oder *śeχ*, auch *sec* oder *seχ* geschrieben. Das Wort kommt etwa 120 Mal vor. Eben weil das Wort so häufig vorkommt, ist es wahrscheinlich, dass einige abweichende Formen, die isolirt stehen, fehlerhaft sind [1]). Der Genetiv lautet *śeχiś* F. 1891, *śeχis* F. 1899 vgl. F. Spl. I p. 109.

Indem ich eine frühere Vermutung zurücknehme, identifizire ich jetzt etr. *śeχ* „Tochter“ Gen. *śeχiś* mit arm. *ēg* Gen. *igi*, dem gewöhnlichen arm. Worte für „Weib“. Arm. *ēg zavak* bedeutet „weibliches Kind“ (Cirbied 35).

Etr. *c* entspricht in *śec*, *sec* dem arm. *g*, wie dem gr. *γ* in Lehnwörtern: *meliakr*, *melakre* Μελέαγρος; *pecse*, *pakste* Πήγασος u. m. Etr. *χ* entspricht in *śeχ*, *seχ* dem arm. *g*, wie dem gr. *γ* in dem Lehnworte *aχmemrun* Ἀγαμέμνων. Ebenso entspricht etr. *χ* neben *c* im Gentilnamen *χaie* neben *caie* dem ital. *g*. Über den Wechsel von *c* und *χ* vgl. De. Müll. II, 412—421.

Auch im Armen. geht *g* in *k̄* und *k* über. In der Aussprache der Armenier Konstantinopels wurden die Mediae zunächst zu Tenues, um dann in der jetzigen Aussprache, besonders der Gebildeten, in Aspiraten überzugehen. Aber auch im Tifliser Dialekt werden die Mediae nach *r* sowie meistens im Auslaut als

---

1) Eine Abschrift von Lanzi (F. 813) hat *śecr*, während statt dessen eine Abschrift derselben Inschrift unter Vermiglioli's Papieren (F. 843) *śeci*: hat. F. 1289 liest Conestabile *śeχi* :, Fabretti dagegen *śeχ* ·. F. 724 bis a hat Fabretti nach eigener Abschrift und nach einem Papirabklatsch *śvec* herausgegeben. Von den hier genannten abweichenden Formen ist also wol nur *śvec* richtig gelesen.

Aspiraten gesprochen, während der Mittelarmenische statt der Tifliser Mediae Tenues ohne Kehlkopfverschluss, die im Auslaut namentlich nach Consonanten einigermassen schwer von den entsprechenden Aspiraten zu unterscheiden sind, setzt. So wird z. B. *aλag* in Tifl. *aγag*, in MArmen. *aγak*, in Konst. *aγak̕* gesprochen (Hübschmann ZDMG. 30 S. 58 f.).

Etr. Gen. *śeχiś*, *śeχis* hat in der ersten Silbe *e* im Gegensatz zum *i* des arm. *igi*. In der class.-arm. Sprache wird *ē* ausserhalb der Schlusssilbe regelmässig zu *i*. So auch im etr. *cina* = vulg.-arm. *ki na* von *kē*. Jedoch kann, gegen die genannte Regel, ein *ē*, das sich in einer einsilbigen Form findet, durch den Einfluss dieser Form in einer verwandten mehrsilbigen Form ausserhalb der Schlusssilbe erhalten bleiben. Beispiele hierfür finden sich selten in der classischen, allein sehr oft in der vulgären arm. Sprache. So z. B. class.-arm. *gērutiun* neben *girutiun*, poln.-arm. *kerutin* Fettigkeit von *gēr*, poln.-arm. *ker* fett: poln.-arm. *eš* Esel plur. *ešńèr*, dagegen class.-arm. *ēš* Gen. *išoy*. Siehe Hanusz Wiener Z. I, 283 f. Das *e* von etr. *śeχiś* ist mit dem ersten *e* von *ešńèr* analog. Namentlich hebe ich hervor, dass *ēg* im Vulg.-Arm. (siehe das Wtb.) den Gen. *ēgi* bildet.

Als indogerm. Grundform des etr. *śeχ* und des arm. *ēg* setze ich **séighi-s*, Acc. **séighi-m* (mit velarem *gh*) voraus. Ich vergleiche altir. *séig* Milch Cormac's Glossary p. 40, wozu *ségamail i. lacht* O'Davoren p. 116 [1]).

Für das Verhältniss des irischen Worts zum armen. vergleiche man in Betreff des Sinnes aind. *dhēnu-s* milchende Kuh, Mutterkuh, plur. Milchtrank, Milch. Die ursprünglichere Bedeutung des etr. *śeχ* ist nach meiner Vermutung die des arm. *ēg zavak* d. h. weibliches (ursprünglicher: säugendes, milchgebendes) Kind; vgl. gr. παῖς θηλυτέρη Tochter.

Anlautendes idg. *s* ist im arm. *ēg* geschwunden wie in *evtn* — lat. *septem*, in *inj* Pardel — aind. *sinha* Löwe, in *am* Jahr — aind. *samā* u. m. Dagegen hat sich der anlautende Zischlaut im etr. *śeχ* erhalten. Darin finde ich eine der bedeutendsten lautlichen Abweichungen der etrusk. Sprache von der armenischen,

---

1) Ist gr. ἰχώρ „Götterblut; der wässerige Teil des Blutes, der Milch u. s. w." hiermit verwandt?

dass jene in einigen (nicht allen) Lautstellungen einen im Armen. geschwundenen Zischlaut erhalten hat. Auch sonst finden wir ähnliche Verschiedenheiten bei nahe verwandten Sprachen, z. B. bei dem Irischen im Verhältniss zum Britannischen. In dem armen. Dialekt von Agulis ist das aus idg. *ḱ* entstandene *s* zwischen Vocalen in *h* übergegangen (Petermann Monatsberichte d. Berl. Akademie 1866 S. 734).

Im etr. *śeχ* ist anlautendes idg. *s* vor einem Vocale, der im Idg. den Hauptton trug, als *ś* erhalten. Auch sonst (jedoch nicht überall) ist idg. *s*´im etr. Anlaute erhalten; so u. a. in *semφś* sieben (Gen.), *semφalχls* neben arm. *ewtn*.

Das *e* des etr. *śeχ* wie das *ē* des arm. *ēg* ist aus idg. *ei* entstanden; vgl. etr. *terasiaś*, *teriasals* Gen. von Τειρεσίας. Später werde ich andere, echt etr. Wörter besprechen, in denen *e* aus *ei* entstanden ist. Im etr. *śeχ* ist wie im arm. *ēg* die Schlusssilbe des idg. **seighi-m*, Nom. **seighi-s* geschwunden. Den Genetiv etr. *śeχiś* führe ich mit dem arm. Gen. *igi* auf eine Grundform **seighii̯os* zurück; vgl. das etr.-arm. Suffix *-i* = gr. -ιος, Acc. -ιον. Auch in der etr. Genetivendung *-ś* (die wahrscheinlich durch die Hinzufügung eines neuen Elementes *i* zu *-śi* geworden ist) blieb das idg. *s* erhalten, während es im Arm. geschwunden ist.

Das Etruskische muss mehrere *s*-Laute gehabt haben. Die Genetivendung *-sa* wird in clusinischen und perusinischen Inschriften regelmässig mit *s* (nicht mit *ś*) geschrieben: *cicusa*, *celesa* u. s. w.; zuweilen mit *ss*: *cauślinissa* F. 775; 740, wo ein *s* drübergesetzt ist (De. Müll. II, 333); in lat. Schrift *hannossa* F. 857 bis e, *cargossa* CIL. XI Nr. 2326. Daher war das *s* der Endung *-sa* sicher stimmlos und wahrscheinlich geminirt. Dagegen wird sowol die Genetivendung *-ś* als *śec* in clusinischen und perusinischen Inschriften gewöhnlich mit M *ś*, nicht mit *s*, geschrieben. Darnach vermute ich, dass beide diese Wortformen denselben *s*-Laut (wahrscheinlich das stimmhafte *z*) hatten. Dies stützt meine Deutung von *śec*, wonach das *ś* dieses Worts, wie das *ś* der Genetivendung, im Arm. geschwunden ist.

Das alt-indog. Wort für „Tochter" ist auch in den ital. und celt. Sprachen aufgegeben. Man wird vielleicht die Annahme bedenklich finden, dass das Etruskische mit dem Armenischen nahe verwandt sein solle, wenn diese Sprachen eine so nahe verwandtschaftliche Beziehung wie die der Tochter durch verschiedene Ausdrücke bezeichnen, und man wird diese Annahme vielleicht um so bedenklicher finden, weil diejenige Sprache, welche wir aus einer späteren Zeit kennen, nach dieser Annahme den älteren Ausdruck (arm. *dustr* Tochter) bewahrt hat. Hierfür lassen sich jedoch aus anderen Sprachen Analogien anführen. Im Spanischen wird „Bruder“ durch ein ganz anderes Wort als in der nahe verwandten franz. Sprache bezeichnet. Die britischen Sprachen haben für „Tochter“ ein ganz anderes Wort als das Irische. Die friesische Wangeroger-Sprache hat für „Vater“ „Mutter“ ganz andere Wörter als die gewöhnlichen germanischen (Kosegarten in Höfers Zeitschr. I, 109). In der altertümlichsten germ. Sprache, die wir kennen, der gotischen, wird für „Mutter“ überall ein Wort, das von diesem urindogermanischen ganz verschieden ist, angewendet, und für „Vater“ ist im Got. *atta*, nicht *fadar*, das gewöhnliche Wort. Im Lett. sind die idg. Wörter für „Tochter“ und „Schwester“ verloren, im Lit. dagegen erhalten. Sogar aus armen. Dialekten lässt sich ähnliches anführen. In dem Dialekte von Agulis heisst „Mutter“ nicht *mair*, wie im Class.-Arm., sondern *ǒizi*. Auch für mehrere andere Verwandtschaftsbeziehungen finden sich hier besondere Ausdrücke (Patkanow Dialekte S. 42).

arce.

Auf dem Gefässe von Tragliatella ist hinter dem Bilde des Paris geschrieben: *miamnuarce* —. Deecke Ann. 1881 S. 163 teilt *mi amnu arce* und übersetzt „hoc (vas) fecit Amno(n)“. Dass diese Deutung von *arce* richtig ist, wird durch die im folgenden genannten Belege bestätigt. Schaefer in Pauli's Altit. St. III, 88 meint freilich, dass die betreffende Inschrift eine Mitteilung über die abgebildete Person enthalte. Allein wie es möglich ist, eine solche Mitteilung aus den Worten herauszubringen, hat er auf keine Weise andeuten können. Analog ist die Inschrift hinter dem Bilde der Aphrodite auf dem Gefässe von Tragliatella: *miϑesuaϑei* — d. h. *mi ϑes aϑei* „dies schenkte (eig. setzte) Athei“. Auch in dieser Inschrift scheint es mir unmöglich, eine Mitteilung über die abgebildete Person mit Schaefer zu finden. Das Wort *ϑes* ist ja sonst bekannt.

Das Verbum *arce* findet sich ferner in der ohne Worttrennung geschriebenen Inschrift einer kleinen Goldplatte, G. 804, Z. 2 am Ende, wo Undset gelesen hat: .... *ceχamiarce* d. h. *ceχa mi arce*. *ceχa* bezeichnet sicher entweder Opfer überhaupt oder ein spezielles Opfer (Totenopfer), vgl. Deecke Fo. VII, 52 f.; welches von beiden, untersuche ich nicht an dieser Stelle. Das Subject des Verbums *arce* kann ich in G. 804 nicht sicher bestimmen; allein dies ist für die Bestimmung der lexicalischen Bedeutung von *arce* gleichgültig. *ceχa mi arce* ist „sacrum hoc fecit" (oder wenn mehrere Subjecte da sind, obgleich die Verbalform singular ist, „fecerunt").

In der Sarkophaginschrift F. 2056 im Grabe der *aleϑnas*, Z. 5 heisst es vom Verstorbenen: *clenar · zal · arce ·* d. h. filios tres fecit (oder: creavit). Vgl. hierüber meine Bemerkungen Beitr. I, 69 f.; Bezz. Beitr. XI, 57—61. Das Wort findet sich auch in der Deckelinschrift F. 2055. Diese schwierige Inschrift lässt sich an dieser Stelle nicht endgültig erklären. Ich führe dieselbe hier nicht als Stütze für die Deutung von *ar-* als „facere" an; sondern bemerke nur, dass ich *manim* als Object für *arce*, d. h. fecerunt, auffasse. Der Ausdruck giebt, wie ich vermute, an, welche Nachkommen dem Verstorbenen eine gewisse Opfergabe (*manim*) gebracht haben (*arce*) oder für ihn haben machen lassen.

Die Spiegelinschrift F. 2175 hat Corssen I, 751 so gelesen: *aχle · truiessϑesϑufarce* —. Deecke teilt: *aχle · truies s ϑes ϑu f arce*. Die drei letzten Wörter deutet er: „Thucer F(ullonius?) fecit". Hier erscheint nach dieser unsicheren Deutung *arce* neben *ϑes* wie auf dem Gefässe von Tragliatella. Unsicher ist auch die Deutung Deecke's von F. 2249 (einer Gefässinschrift aus Vulci) als [*c*]*aisu tez usi ar*[*c*]*e*, wobei er die zwei letzten Wörter so übersetzt: „Usi(nius?) fecit". Die Zeichnung hat zwischen *r* und *e* nur einen breiten Raum. Sicher ist auch nicht die Deutung von *am · arc ·* Magliano. Ich verstehe es, von Deecke abweichend, als „hoc fecerunt" (nämlich das darnach genannte Opfer), und finde die Subjecte in *ϑuχ · iχutevr ·*. Allein jedenfalls scheint mir die Deutung von *arce* als „fecit" sicher.

Deecke hat etr. *arce* richtig mit gr. ἀραρίσκω „füge zusammen, verfertige" zusammengestellt. Allein das griechische Verbum wird nicht in der speziellen Anwendung des etr. Verbums (z. B. *clenar arce*) gebraucht. Ich habe etr. *arce* „machte“ mit arm. *aṙnem* „mache“, Aor. *arari* zusammengestellt (Beitr. I, 233). Wie im Etr. *clenar arce* s. v. a. filios creavit heisst, so bedeutet arm. *aṙnem* „produrre, generare, fare, aver figliuoli“. Wie etr. *ceχa mi arce* „hat diese Opfergabe (oder dies Totenopfer) gebracht“, so wird auch arm. *aṙnem* von Opfern angewendet; mit *ołjakēz* (olocausto) „sacrificare, immolare“. Vgl. z. B. Levit. 9, 16.

Die grammatische Form des etr. *arce* erklärt Pauli (Etr. St. V, 72) aus **aruce*, wie *turce* aus *turuce*; **aru* würde „im Machen“ bedeuten. Wie ich im folgenden zeigen werde, ist *-ce* eine den Verbalformen angefügte Partikel. Das Armenische könnte die folgende Erklärung nahe legen. Der Aor. des arm. *aṙnem* lautet in der classischen Sprache *arari*, *ararer*, *arar*, wo die Reduplication uralt ist, wie die Übereinstimmung mit gr. ἤραρον erweist. Als vulgäre Formen hat Cirbied 770 *ari*, *arer*, *arav*. Diese sind gewiss aus den reduplizirten Formen entstanden. Wie vulg. *ari*, *arer* sich zu class. *arari*, *ararer* verhalten und wie poln.-arm. *goškar* Schuhmacher sich zum class.-arm. *kōškarar* verhält (Wiener Z. II, 305), so würde sich eine unreduplizirte Form **ar* für Aor. 3. Ps. sg. zum class.-arm. *arar* verhalten. Allein die Erklärung Pauli's liegt näher. Wenn *arce* **aru-ce* voraussetzt, ist **aru* Locativ von **ar* = arm. *arar* „opera, fattura“. Auch hier haben wir eine Übereinstimmung des Etr. mit dem Vulgär-Arm., während die classische arm. Sprache die Reduplication erhalten hat.

Eine Goldspange aus Chiusi hat eine undeutliche Inschrift F. 806 in zwei Zeilen. Die erste Zeile giebt an, wem die Spange gehört (Verf. Bezz. Beitr. X, 96 f.). Die zweite Zeile habe ich so gelesen (B. B. X, 84): *rkemsevenpetursivipia* d. h. *rke em se · ven · petursi vipia* „dies machte Sethre Petursi (Petrusius), (der Sohn) des Venel (und) der Vibia“. Die Schreibung *rke* (= *arce*) kann mit *lris* G. 608 für *laris*, *lrt* F. 471 = G. 82, *cezrtlial* neben etr.-lat. *cezartle* verglichen werden. Ganz analog ist, wie es scheint, die Änderung des *ar-* im vulgär-arm. *ěri*, *ěrer* u. s. w. (Cirbied 770) für *arari*, *ararer* [1]. Daher ist die Änderung von *arce* zu *rce* kaum

---

1) In F. 2335 (nach Danielssons Abschrift): . . . *tešamsa* · *šuϑiϑ* · *atrśrc* · *escuna* · . . . . ist vielleicht *atrś rc* zu teilen und *rc* = *arce* zu verstehen. Hier ist von Totenopfern die Rede. (Anders Pauli Etr. St. III, 100; Deecke Fo. VII, 59.) Auf diese Stelle gehe ich hier nicht näher ein.

ausschliesslich graphisch. Die Vocaländerung ist im Arm. dadurch veranlasst, dass der Hauptton auf der letzten Silbe liegt.

ituna.

Eine cornetanische Thonschale hat die folgende Inschrift (F. Spl. III, 356. t. XI, vgl. Corssen II, Taf. XXV, 1): *itunturuceveneIatelinastinasclinijaras* — „Das Gefäss schenkte Venel Atelinas dem Tina (dem Zeus) . . .“

Auf einem cäretanischen Becher hat man gelesen (F. 2400d): *iṭuna · larϑi · marcei · curieas : clụϑi · iucie* —. De. Fo. III, 171 hat *ituna* statt *iϑuna* eingesetzt. In dem Facsimile steht *cluϑi* oder *cllϑi*; Pauli Etr. St. III, 113 deutet *cluϑi* „weiht“. Also: „Das Gefäss weiht Larthi Marcei der Curiea . . . .“

Die altertümliche Inschrift F. 2404 eines cäretanischen thönernen Bechers endet so: . . . . *eepanamin**unaśtarhelequ* —. Hier hat Deecke dieselbe Bezeichnung eines Gefässes gefunden. Er liest und deutet die Inschrift so (Lit. Centralblatt 20. Aug. 1881; Annali 1881 S. 163): . . . *eepana min ituna śta r · hele qu ·* „. . . hoc poculum sistit (i. e. dedicat) Velus Helius Quinti filius“. Allein Schaefer in Pauli's Altit. St. II, 21 bemerkt hiergegen mit Recht, dass die undeutlichen Buchstaben zwischen *min* und *una* nach den Zeichnungen nicht als *it* gelesen werden können. Lepsius giebt in seiner sorgfältigen Abschrift (Annali 1836 S. 199 und Tyrrhener S. 40) *mineϑuna*; Orioli las hier ebenfalls *eϑ*, nicht *it*. Die Zeichnung Fabrettis hat, wie es scheint, *min*ϑuna*; nur ist der untere Rest des ϑ hier ein wenig spitzer als die übrigen ϑ-Zeichen der Inschrift. In der Zeichnung bei Corssen I Tab. XV ist das vermeintliche ϑ unten noch spitzer. Der Buchstabe nach *min* ist bei Fabretti und Corssen undeutlich. Hiernach lese ich: *mineϑuna*, d. h. *min eϑuna*.

Andere Spuren desselben Worts sind unsicher[1].

---

1) F. Spl. I, 101, auf dem Fragmente einer Schale aus Certosa: *nituna* wird von Deecke Fo. V, 58 Anm. 230 [*mi*]*n ituna* . . . ergänzt. In der Inschrift einer capuanischen Trinkschale F. Spl. I, 517 ändert (Pauli Etr. St. III, 54) die unsicheren Buchstaben *etun* in *itun*. F. Spl. II, 72 (Chiusi, Aschenurne) enthält gewiss nicht das Appellativ *ituna*; siehe Pauli Etr. St. III, 142. Pauli (Die Inschr. nordetr. Alph. 98) findet *itun* durch Conjectur statt *etụn* in Nr. 31

Etr. *itun*, *ituna*, *eϑuna* bedeutet also, wie Deecke zuerst gesehen hat, „Gefäss“. Ich stelle etr. *ituna*. *eϑuna* „Gefäss“ mit arm. *ęndunak* zusammen. Dies wird von Ciakciak „che riceve, ricettacolo, alloggio“ erklärt; vgl. das verwandte *ęndunaran* „ricettacolo, ricetto, recipiente, riserbatojo“. Die Anwendung des arm. Worts vermittelt sich leicht mit der des etr., wenn wir als die eigentliche Bedeutung von *ituna* „Behälter“, dann „Gefäss“ annehmen. *ituna*, *eϑuna* ist für **intuna*, **enϑuna*; vgl. *setinati* F. 1760 = *sentinati*; *tretnei* F. Spl. II, 48 (neben *seiantial*) für **tarentnei*, *tretna* F. 1814 für **tarentna* (Pauli Etr. St. IV, 9); nordetrusk. *vitamu* d. h. *Vindamo* (Pauli Inschr. nordetr. Alph. S. 107). Der Umstand, dass das erste *n* bei *itun*, *ituna*, *eϑuna* in 3 (vielleicht in mehreren) Inschriften fehlt, kann meine Erklärung nicht unwahrscheinlich machen. Man beachte *seiate* F. 707, F. 707 bis, F. 891 bis (Pauli Inscrr. Clus. ined. 280), *seiatial* F. 601, *seiaϑi* F. 2570 bis, *seatę* F. 701 bis, *siate* G. 725; bei diesem Wortstamme fehlt also *n* vor *t* (*ϑ*) in 7 Inschriften. Ferner: *araϑ* F. 2305; *araϑal* F. 646 (nicht controlirbar); *araϑia* F. 806, F. Spl. III, 293; *araϑsia* F. 2605 (Corssen I, Taf. XX, 1); *arąϑenas* F. Spl. III, 293; *aratia* F. 984 bis a; auch bei diesem Wortstamme fehlt das *n* vor *ϑ* (*t*) in 7 Inschriften.

Wahrscheinlich wurde in *ituna*, *eϑuna* der erste Vocal nasal gesprochen. Die Inschrift F. 2404, welche die Form *eϑuna* hat, ist sicher älter als die Inschriften, welche *itun* und *ituna* schreiben. Daher ist *eϑuna* für **enϑuna* eine ältere Form als *ituna* für **intuna*. Auch sonst wechselt etr. *e* vor *n* mit *i*: *cincu* = *cencu*, vgl. Pauli Altit. St. III, 35. Im poln.-arm. *indàs* hieher aus *ęnd-ais* (Wiener Z. I, 291) ist *e* von *nd* in *i* übergegangen. Das *ϑ* des etr. *eϑuna* entspricht dem *d* des arm. *endunak* wie das *ϑ* des etr. *vanϑ* dem *d* des arm. *vandem*.

ituna mit *t* steht neben *eϑuna* mit *ϑ* wie *presnte* neben *presnϑe* u. s. w., Deecke Müll. II, 419. Im Armen. wechselt *nt́* dialektisch mit *nt*.

Arm. *endunak* ist von *endunim* „aufnehme, enthalte, empfange“

(der Inschrift einer thönernen Gefässscherbe von Rotzo nördlich von Vicenza). Deecke (Gött. g. Anz. 1886 S. 62) ist von der Richtigkeit dieser Annahme nicht überzeugt.

abgeleitet. Das Verbum *endunim* enthält als zweites Glied *unim* „habe, halte, greife“. Vom Simplex ist *unak* „der hat, der enthält, Behälter“ abgeleitet. *end* wird als Präposition für viele verschiedene Verhältnisse angewendet, u. a. mit Accus. in der Bedeutung „gegen“.

Etr. *eϑuna*, *ituna* einerseits und arm. *endunak* andererseits sind jedenfalls von demselben Verbum abgeleitet. Dagegen kann man zweifeln, ob sie auch in Betreff des Suffixes identisch sind. Ich nehme dies an. Arm. *endunak* ist durch das Suffix *-ak* gebildet. Etr. *k* wird oft zu *χ* aspirirt, wie wir dies schon bei *lusχnei* gefunden haben. So auch mehrfach im Auslaute. Das arm. Suffix *-ak* erscheint im etr. Zahlworte *maχ* in der Form *-aχ*, wie ich dies im folgenden näher erörtern werde; ebenso in den Ethnica *cusiaχ* „Cosanus“, *rumaχ* „Romanus“, *velznaχ* „Volsiniensis“. Die ursprünglichere Form *-ac* hat sich in *tlenaces* F. 2599 neben *tlenaχeis* F. 1055 erhalten. Wie *c* im Inlaute vor *s* in *χ*, dann in *h* übergieng, wonach *h* endlich ausfiel (oder mit *s* assimiliert wurde): *acsi*, *aχsi*, *ahsi*, *asi*, so scheint das auslautende aus *k* entstandene *χ* zuweilen geschwunden zu sein, wahrscheinlich nachdem es zuerst nach Vocalen in *h* geändert war. Nach einem Consonanten ist *χ* abgefallen in *malavis* G. 773 (Etr. Sp. V, 27) = *malavisχ*. Dagegen *munϑu* Gerh. CLXV = F. 2487 ist wol nicht sicher. Vgl. *zilace* F. Spl. I, 399 = *zilaχce* F. 2116. Im folgenden werde ich etr. *eepana* mit arm. *empanak*, etr. *cana* mit arm. *kandak* zusammenstellen. Auch werde ich die Annahme begründen, dass auslautendes *-aχϑ* im Etr. zu *-aϑ* geworden ist.

Eine Schwierigkeit bei meiner Annahme, dass das arm. Suffix *-ak* im Etr. zum Teil als *-a* auftritt, liegt darin, dass ich nicht sicher anzugeben weiss, warum *-ak* in einigen Fällen (*eϑuna*, *eepana*, *cana* u. m.) zu *-a* geworden ist, während in andern *-aχ* (*rumaχ*, *velznaχ*, *cusiaχ* u. m.) oder *-ac* (*frontac* u. m.) erscheint. Jedoch weise ich darauf hin, dass das arm. Suffix *-ak* auch im Poln.-Arm. in zwei verschiedenen Formen *-ag* und *-ak* erscheint: 1) poln.-arm. *daxtàg* Brett = class. *taxtak*; p. *hristàg* Engel = c. *hreštak*; p. *madàg* Stute = c. *matak* u. s. w. (Wiener Z. II, 65). 2) p. *istàk* rein = c. *jstak*; p. *haseràk* Mitte = c. *hasarak*; p. *hederàk* zu Fuss = c. *heterak* u. s. w. (Wiener Z. I, 307 f.). Eine sichere Regel habe ich auch hierbei nicht gefunden.

Als eine Vermutung spreche ich es aus, dass das Etr. *-ac*, *-aχ* aus *-āk* (älterem *-āko-s*, *-āko-m*) hat, dagegen *-a* aus *ăc* (älterem *-ŏko-s*, *ŏko-m*). In *frontac*, *rumaχ* war das *a* ursprünglich sicher lang, in *ituna* dagegen wahrscheinlich kurz [1]).

Das arm. Suffix *-ak* ist in *ęndunak* wie in vielen anderen Wörtern scheinbar Primärsuffix. Es entspricht dem slav. Suffixe *-okŭ*; vgl. arm. *gitak* „wissend" mit kslav. *sŭvědokŭ* „mitwissend".

Brugmann Grundriss II S. 244 f. bemerkt mit Recht, dass dies Suffix wahrscheinlich an nominalen *o*-Stämmen entsprungen ist. Arm. *-ak* ist aus *-*akom*, *-*oqo-m* (Nomin. *-*oqo-s*) entstanden. Etr. *eϑuna*, worin am Ende idg. *-qom* gänzlich geschwunden ist, zeigt, wie starke Lautänderungen die etr. Sprache erlitten hat und dass sie in dieser Hinsicht mit den modernen Sprachen gleichzustellen ist.

Ob *itun* auch in Betreff des Suffixes mit *ituna*, von dem es dem Sinne nach nicht abweicht, gleichzustellen ist, so dass *itun* aus *ituna* gekürzt wäre, das entscheide ich nicht, so lange *itun* nur in einer Inschrift sicher vorliegt. Neben arm. *unim* „habe, halte" findet sich nach Ciakciak *un* oder *oin* „l'avere, presa, piglio". Allein es ist der Bedeutung wegen nicht wahrscheinlich, dass etr. *itun* einem arm. **ęndoin* entsprechen sollte. Ist *itun* nur eine verkürzte Schreibung für *ituna*?

Das Verhältniss des arm. *unim* zu *oink* „habitus" zeigt, dass das *u* vom etr. *eϑuna*, *ituna*, wie das *u* vom etr. *lusχnei*, ein ursprachliches *ou̯* voraussetzt.

Arm. *ęnd* „gegen, bei u. s. w." (das im etr. *eϑuna*, *ituna* enthalten ist) haben Windischmann und de Lagarde gewiss richtig mit gr. ἀντί, got. *anda-* „gegen", *and* „an, entlang u. s. w." zusammengestellt. *an-* wurde wol wegen der Entfernung des Haupttones zu *ęn-* erleichtert.

Arm. *unim* „habe, halte, ergreife" und *oin*, *oink* „abito, abitudine, forza, valore" haben sich in den verwandten Sprachen bisher nicht wiedergefunden. Formell könnte arm. *oin* dem gr. εὐνή entsprechen. Was die Bedeutung betrifft, könnte man arm. *unim* „halte" mit gr. εὐναί „Steine, mit denen man das Schiff festhielt" vergleichen. Auch die Bedeutung des arm. *oink* „abitudine" liegt

---

1) Nach dem obigen dürfte *ceχa* mit *kihaχ* F. 1009 kaum identisch sein.

nicht zu weit von εὐνή „Lager, Aufenthalt der Tiere, Beiwohnung“; vgl. Fick Bezz. Beitr. I, 61 f.

eepana.

Die altertümliche Inschrift eines cäretanischen Bechers F. 2404 ist ohne Worttrennung geschrieben. Den Schluss lese ich so: *eepana min eϑuna śta r hele qu* —. Dass *eepana* ein Wort bildet, ist unzweifelhaft; unmittelbar davor steht der Dativ *eeraiśi*. Ich habe nach Deecke *min eϑuna* als „dies Gefäss“ gedeutet, und *eϑuna* habe ich mit arm. *ęndunak* zusammengestellt. *eepana* entspricht dem arm. *ęmpanak* „bicchiere, coppa, tazza“. In *eepana*, wie in *eϑuna*, entspricht etr. *e* dem arm. *ę*. In beiden entspricht das Suffix *-a* dem arm. *-ak*. Im etr. *eepana* ist die nasale Aussprache nicht bezeichnet. Ebenso findet man etr. *pupu* = *pumpu*, *laφe* = *lamφe*, u. ähnl.

Arm. *ęmpanak* gehört zu *ump* das Trinken, wovon *ęmpem* ich trinke. Arm. Nomina auf *-ak* werden sowol adjectivisch als substantivisch angewendet; so bedeutet z. B. *ęndunak* sowol „capace“ als „ricevitore“. In F. 2404 verstehe ich *eepana* als Adjectiv „zum Trinken gehörig“; also *eepana min eϑuna* „dies Trinkgefäss“. Dass *eepana* umgekehrt hier Substantiv („Trinkgefäss“) und *eϑuna* Adjectiv („geräumig“) sein sollte, ist mir nicht wahrscheinlich, weil *ϑuna* sonst als Substantiv für „Gefäss“ vorkommt.

Im etr. *eepana*, wie im arm. *ęmpanak*, ist *u*, das im arm. *ump* erscheint, ausserhalb der Schlusssilbe zu *ę* geworden.

Die hier gegebene Erklärung wird durch das doppelte *e* von *eepana*, wodurch die Länge des Vocals bezeichnet wird, nicht widerlegt. Es findet sich vielfach in verschiedenen Sprachen, dass ein langer Nasalvocal statt eines kurzen Vocals mit einem folgenden nasalen Consonanten eingetreten ist. Ich sehe nicht ein, warum dies bei dem dunkeln Vocallaute arm. *ę* nicht stattfinden könnte, denn nach dem alten armenischen Bearbeiter des Dionysius Thrax kann arm. *ę* ebensowol lang als kurz sein (Hübschmann ZDMG. 30 S. 60).

Das Suffix *-anak* des arm. *ęmpanak* ist dadurch, dass das Suffix *-ak* an die durch *-an* gebildeten Wörter trat, entstanden. Neben *ęmpanak* nennt Cirbied 163 das gleichbedeutende arm. *ęmpan*, das bei Ciakciak und in anderen Wörterbüchern fehlt.

Vgl. z. B. die durch das Suffix *-an* gebildeten arm. Wörter *xtan* (Gen. sg. *-ani*, Gen. pl. *-anac*) Stachel zu *xtem* steche, *jnjan* Wischlappen zu *jnjem* putze u. s. w. Dies arm. Suffix *-an* entspricht, wie es scheint, dem gr. Suffixe -ανο, z. B. δρέπανον, δρεπάνη Sichel. Allein in der arm. Endung *-an* sind wahrscheinlich mehrere ursprünglich verschiedene Suffixe verschmolzen; das arm. Patronymicum-Suffix *-ean* steht mit dem gr. Patronymicum-Suffixe -ιων in Verbindung.

Arm. *ump* oder *umb* „das Trinken", wozu *empem* oder *embem* „trinke" gehört, verbindet man gewöhnlich mit aind. *pā-*, gr. πο- „trinken". Ich verstehe nicht, wie dies lautlich möglich ist. Da die Verbindung des etr. *eepana* mit dem arm. *empanak* von der etymologischen Deutung des arm. *ump* unabhängig ist, halte ich meine Vermutung über arm. *ump* hier zurück.

Andere etr. Wörter, die mit *eepana* verwandt sind, lasse ich vorläufig bei Seite.

cana.

Das etr. Subst. *cana* erscheint in den folgenden Inschriften.

F. 264, Marmorstatue, bei Florenz gefunden: *mi canalarϑial* | *numϑrallaucin* | *miu*: (oder: *nuiu*:) —. Was nach *numϑral* folgt, ist unklar; etwa: *laucin* (d. h. *laucinas*) *puil* „Dies *cana* (ist) der Larthia Numthrei (Numitoria) [des Laucina Gemahlin?]".

F. 2045 bis, Orvieto, im Halbkreise auf einem grossen, über einen Centner schweren Stein in Gestalt eines scarabaeus: *larϑeulcaicnasamriescana* — „Das Larth Caicna Amrie *cana*".

F. 2435, Bomarzo, auf einem gemalten Gefässe. Man liest: *micana* — „Dies *cana* . . ." Die Inschrift ist nach Deecke Fo. III, 289 f. und Pauli Etr. St. III, 75 fragmentirt, da hier nicht ein Genetiv nach *cana* steht. Allein der erste Buchstabe ist M. Vielleicht ist darum *śicana* zu lesen und *śi* aus *ś(eϑres)i* graphisch gekürzt: „Des Sethre *cana*". Vgl. für die Schreibung meine Bemerkungen zu *cś* unter *cina*.

F. 349, auf dem rechten Arm einer volterranischen Statue, die ein Weib, das ein Kind trägt, darstellt: *mi* : *cana* : *larϑiaś* : *zanl* : *velχinei* : *śe*||*ce* —. Das schliessende *ce* steht hinter der rechten Schulter. „Dies *cana* weihte Velthinei der Larthia . . ." Larthia ist wol der Name der verstorbenen Tochter.

Auf einem runden Steine des Florentiner Museums ist eine lange Inschrift F. 259 bis im Kreise geschrieben. Diese Inschrift, deren Echtheit auch Deecke jetzt anerkennt, fängt so an: *mena-mecana·cliviniai* ..... „Cliviniai (oder Caia Liviniai) schenkt dies *cana*“.

Endlich habe ich (Bezz. Beitr. X, 90) dies Wort in der namentlich durch die zwei letzten Wörter als echt erwiesenen Spiegelinschrift F. 2581 gefunden: *arunϑ · elina·a · liϑśen : * ca·ṇa matu* : —, d. h. *arunϑ elinaal iϑ śen*[*e*?] *cana matu* „Arunth, (der Sohn) der Elina schenkte (od. ähnl.) dies Toten-*cana* (oder: Arunth schenkte der Elina u. s. w.).

Zweifelhaft ist es, ob *cana* F. 2180 vorkommt [1]).

Deecke hat bereits gesehen, dass *cana* den Gegenstand bezeichnet, auf welchem die betreffende Inschrift angebracht ist. Pauli Etr. St. III, 75 f. hat die Bedeutung von *cana* gewiss wesentlich richtig als „opus“ „Kunstwerk“ bestimmt.

Arm. *k̒andak* bedeutet „scolpitura, intaglio, scultura, incisura“: γλύμμα, κόλαμμα (de Lagarde Stud. § 2334). Ob dies ein echt arm. Wort oder aus dem Eranischen entlehnt ist, entscheide ich nicht. Ich vermute, dass etr. *cana* dem arm. *k̒andak* entspricht [2]).

Im etr. Anlaute wechselt *c*, *k* mit *χ* (De. Müll. II, 413). Arm. *k̒* wechselt dialektisch zuweilen mit *k*.

Für das Verhältniss der Endung *-a* des etr. *cana* zur Endung *-ak* des arm. *k̒andak* vgl. etr. *eϑuna*, *ituna* — arm. *ẹndunak*; etr. *eepana* — arm. *ẹmpanak* u. a.

Während etr. *canϑ* neben arm. *candem*, das etr. Präfix *eϑ-*, *it-* in *eϑuna*, *ituna* neben arm. *ẹnd-* in *ẹndunak* steht, entspricht

---

1) Diese Inschrift eines Erzspiegels aus Vulci ist so überliefert: *ṿị-piaalśinasturce* | *verśenas caiia* —. Pauli Etr. St. III, 69 ändert *caiia* in *cana* und übersetzt „Vipia schenkte dem Alsina das Kunstwerk des Versena“. Dies scheint mir bedenklich, weil die Genetive bei *cana* F. 264 und F. 2065 gewiss den Besitzer, nicht den Künstler angeben. Ist *cana* das richtige, muss man wol so übersetzen: „Vipia, des Alsina (Frau), schenkte dem Versena das *cana*“.

2) Arm. *k̒andak* wird von de Lagarde St. § 2334 und S. 187 mit der ind. Wurzel *khan-* „graben“ zusammengestellt. Arm. *k̒andel* „zerstören“ (λύειν, κατασπᾶν, κατασκάπτειν) ist nach de Lagarde Stud. § 2335 vom Partic. von pers. *kandan*, ind. *khan-* abgeleitet. Daneben steht arm. *akan* διόρυγμα, das zu ind. *ā-khan-* gehört. Wie das anlautende *k̒* in *k̒andak*, *k̒andel* zu erklären ist, weiss ich nicht; allein im arm. Anlaute wechselt *p̒* mit *p*, ohne dass die Bedingungen dieses Wechsels gefunden sind (Verf. Arm. Beitr. 34).

das *n* des etr. *cana* (wol *nn* gesprochen) nach meiner Vermutung dem *nd* des arm. *k̄andak*. Allein dabei ist zu bedenken, dass *canϑ* einsilbig, *eϑuna* dreisilbig ist, *cana* (arm. *k̄andak*) dagegen zweisilbig. Diese Verschiedenheit bedingt verschiedene Betonungsverhältnisse und damit verschiedene Behandlung der inlautenden Consonanten. Im folgenden werde ich mehrere Belege für inlautendes etr. *n* = arm. *nd* bringen.

G. 222 ist *cana* Gentilname. Ich untersuche hier nicht, ob dies vom Appellativum *cana* stammt.

mutana.

Das Wort *mutana* oder *mutna* kommt in den folgenden Inschriften vor.

F. Spl. III, 358—59 (De. Fo. III, 110), eingehauen in zwei Nenfroplatten aus Corneto: *eca* : *mutaną* · *cutus* : *velus* — „Dies (ist) der Sarg des Vel Cutu“ (Deecke).

F. 2130, Sarg, Toscanella: *eca* : *mutna* : *arnϑal* : *vipinanas* : *śeϑreśla* — „Dies (ist) der Sarg des Arnth Vipinana, des (Sohnes) des Sethre“.

F. Spl. II, 104, Deckel eines Tufsarkophags von Viterbo: *ecamutnaarnϑalϑveϑlies* | *velϑuruśla* — „Dies (ist) der Sarg des Arnth Thvethlie, des (Sohnes) des Velthur“.

G. 664, Bomarzo, Urnendeckel: *larϑial* : *vipial* | *mutna* — „Der Larthia Vipia ossuarium“.

Eine hiermit verwandte Form *mutne* F. 2279 Z. 4 erörtere ich nicht an dieser Stelle.

Nach den obigen Inschriften ist die Bedeutung von *mutana*, *mutna* von Deecke und genauer von Pauli Etr. St. III, 138 bestimmt worden. Das Wort bezeichnet „ein Behältniss für die Überreste des Toten“, „ossuarium“.

mutana, dessen Ursprung bisher nicht gefunden wurde [1]), ist wie *eepana*, *ϑalana*, *cleivana*, *spurana* u. m. gebildet. Da *eepana* dem arm. *ęmpanak* entspricht, so ist *-ana* mit dem zusammengesetzten

---

1) Deecke Fo. VI, 156 bemerkt „*mutna* = *mụtna*?“ Gamurrini verbindet es mit lat. *mutus*. Diese Combinationen finden weder im Etr. selbst, noch im Arm. eine Stütze.

arm. Suffixe *-an-ak* gleich. *mutana* scheint mir hiernach die ältere, *mutna* die jüngere Form zu sein. Dass diese Annahme mit etr. Lautregeln übereinstimmt, wird dadurch erwiesen, dass wir in etr. Lehnwörtern aus dem Griechischen eine analoge Synkope finden: *capne* 3mal Καπανεύς; *hercle* gewöhnlich neben dem seltenen *heracle* Ἡρακλῆς; *caśntra*, *caśtra* Κασσάνδρα. Vgl. *papni* aus **papani*[1]). Zu *mutana* verhält sich *mutna*, wie etr. *ϑalna* zu *ϑalana*, und wie poln.-arm. *madnì* Ring zum class.-arm. *matani*, poln.-arm. *harsnik* Hochzeit zum class.-arm. *harsanik*, poln.-arm. *mornalù* vergessen zum class.-arm. *moranal* u. s. w. (Wiener Z. I, 196 f.).

Wie etr. *eepana* = arm. *empanak* zu *ump* „das Trinken", *empem* „ich trinke" gehört, so gehört etr. *mutana* nach meiner Vermutung zu arm. *mut* „Eingang", *mtanem* aor. *mti*, *mut* „gehe ein".

Für die Entwickelung der Bedeutung hebe ich hervor, dass man arm. *end erkir mtanel* „sommergersi nel profondo della terra" sagt, und dass das Causativum *mucanem*, Aor. 3. Sg. *moic* (wie es scheint, aus **mtuçanem*, **mtoiç*, vgl. vulg. *mtçnel* = class. *mucanel*) „lasse eingehen, führe ein" auch „begrabe" bezeichnet. Man hat also *mut* „Eingang" von dem Eingange des Toten in die Tiefe der Erde angewendet, und etr. *mutana* bezeichnet den Sarg und die Urne als „das, worin der Tote in die Tiefe der Erde, in die Necropole hineingeht". Etr. *mutana* würde in class.-arm. Form **mtanak* lauten. Im etr. *mutana* ist das *u* ausser der Schlusssilbe erhalten, wie in *turce*, *mulu* u. a. Hierdurch stimmt das Wort besonders mit dem Vulg.-Arm. überein. Auch die Synkope des *a* in *mutna* ist vulgär-armenisch.

Arm. *mut* ist mit *matuçanem* „avvicinare, far entrare", *matçim* „avvicinarsi", wol auch mit got. *gamōtjan* „begegnen" verwandt. Das *u* von *mut* ist wol aus *ō* entstanden.

arnϑ.

Die häufigsten etr. Vornamen sind *arnϑ* und *larϑ*. Für *arnϑ* wird in alten Inschriften *arunϑ* geschrieben (De. Fo. III, 35 ff.). Das *r* wurde lang oder geminirt ausgesprochen, wie dies aus der

[1] Pauli Altit. St. IV, 103 lässt umgekehrt *mutana* aus *mutna* entstehen.

lat. Form *Arruns* Lucan. Phars. 1, 600 ff., aus dem etr.-lat. Familiennamen *Arruntius*, das regelmässig ein doppeltes *r* hat, aus *arrunonis* CIL. XI, 2177 und aus den gr. Schreibungen Ἄρρος, Ἄρρων, Ἄρρους zu folgern ist; vgl. De. Fo. V, 16 f.

Da die Namen *lar*, *lari*, *laris* neben *larϑ* bestehen, folgere ich, dass das *ϑ* sowol in *larϑ* als in *arnϑ* einem Suffixe angehört. Etr. *arnϑ* erklärt sich aus dem arm. Stamme *ar̈n-* „Mann". Dieser Stamm erscheint im arm. Gen. sg. *ar̈n* „des Mannes", in *ar̈ni* und *ar̈naçi* „männlich" und als erstes Glied mehrerer Composita in der Form *ar̈na-*. Von diesem Stamme ist der arm. Personenname *Ar̈nak* Moses Choren. I, 19 gebildet.

Auch sonst findet sich im Etr. nach *n* ein ableitendes *ϑ*. Der etr. mythische Name *leinϑ* steht neben dem Verbum *leine*. In *arnϑ* und *larϑ* ist das Suffix *ϑ*, dem ein arm. *d* entsprechen würde (vgl. *canϑ*), an einen Nominalstamm getreten. Dies Suffix *-d* scheint von dem arm. Pronom. demonstr. affixum *-d* seinem Ursprung nach nicht verschieden zu sein und gehört, wenn dies richtig ist, zu dem idg. Pronominalstamme *to-*. Etr. *arnϑ* bedeutet also etymologisch „Mann". Dies kann dem Sinne nach als „vornehmer Mann" „Herr" aufgefasst worden sein; denn arm. *ar̈k̄*, die Pluralform von *air* Gen. *ar̈n*, bedeutet nach Ciakciak zugleich „grand' uomini, eroi, signori". Jedoch kann man den Namen auch als „der mannhafte" aufgefasst haben.

In der Bilinguis F. Spl. II, 81 wird etr. *arntni* durch lat. *Arrius* wiedergegeben, F. Spl. II, 82 etr. *arn · arntni · arri* | *arntnal* durch lat. *C · Arri · Arn · Arria · nat*, F. 980 etr. *arntnal* durch lat. *Arria natus*. Pauli (Etr. St. IV, 81) folgert aus diesen Formen, dass das *-unϑ*, *-nϑ* von *arunϑ*, *arnϑ* nur ableitender Natur ist. Allein späte halblateinische Umänderungen etruskischer Namen können für die ursprünglichen Formen dieser Namen nichts sicheres beweisen. Ich sehe in den obigen *Arrius*, *Arria* neben etr. *arntni*, Fem. *arntnei*, Gen. *arntnal* Kürzungen, die als Koseformen bezeichnet werden können.

Hübschmann stellt den arm. Gen. *ar̈n* mit gr. ἄῤῥην zusammen. Wenn dies richtig ist, so kann das *u* von etr. *arunϑ* aus *ō* entstanden sein. Die ältere etr. Nominativform ist wol *arunϑ* G. 89 (Arezzo), F. 2581, d. h. *arrunϑ*. Die arm. Stammform *ar̈n-* ist also mit dem etr. *arn-* von *arnϑ* wol nicht etymologisch identisch, sondern steht im Ablautverhältnisse zu dem etr. *arun-* von *arunϑ*, woraus später *arnϑ* entstand. Nach dem jüngeren etr. Betonungsgesetze hatte *arunϑ* jedenfalls den Hauptton auf der ersten Silbe und konnte daher zu *arnϑ* werden. Ich weiss nicht, ob *arunϑ* bereits bei dem älteren etr. Betonungsgesetze, wonach der Hauptton (wie ich dies im folgenden nachweisen werde) regelmässig auf der Schlusssilbe lag, den Hauptton auf der ersten Silbe hatte. Wenn dem so war, musste *arunϑ* damals als Anredeform auf der ersten Silbe betont sein [1]).

Die gewöhnliche Genetivform in Alt-Volsinii war *aranϑia*; F. 806 (Goldspange aus Chiusi) erscheint *araϑia*, F. 984 bis a (Stein von Castelluccio bei Chiusi) *aratia*, in Chiusi und Viterbo *araϑal*. Das zweite *a* von *arunϑia* kann Svarabhaktivocal sein. Dann ist das *u* von *arunϑ* ausserhalb der Schlusssilbe im Gen. geschwunden. Die Genetivform *aranϑia* steht eher im Ablautverhältnisse zur Nominativform *arunϑ*. Hierfür spricht der Umstand, dass *aranϑia*, nicht **arnϑia*, in Alt-Volsinii die feste Form ist.

Die Nominativform *araϑ* F. 2305 (Wandinschrift, Corneto) verdankt nach meiner Vermutung das *aϑ* dem Genetive. Umgekehrt verdanken wol die Genetivformen *arunϑia* F. 451 bis c (Colle bei Siena), G. 542 (Bettolle bei Chiusi), *arvnϑalisa* G. 957 (Cetona) ihr *unϑ* der Nominativform; ähnlich verhält sich das zweite *u* von *lautuniś* (siehe hierüber unter *lautn*).

Man vergleiche den Ablaut bei etr. *culśu* (Nomin.) — *culśanś*, *culśanśi* (Gen.-Dat.); arm. *siun* Gen. *sean*, *šun* Gen. *šan* u.s.w.

Wie der etr. Genetiv *arunϑia* nach meiner Vermutung sein *un* dem Nominative *arunϑ* verdankt, so bildet man im Vulg.-Arm. nach Nominativen auf *-iun* zum Teil Genetive auf *-iuni* statt der classischen Form *-ean* (Cirbied 747).

Ἄῤῥων findet sich nicht nur als gr. Wiedergabe des etr. Namens *arunϑ*, sondern auch als echt griechischer Name. Dieser gehört zu ἄῤῥην und ist mit etr. *arunϑ* nahe verwandt.

---

1) Vgl. für das Armenische Petermann Gramm.[2] S. 6: „in casibus Vocativis nominum praesertim exoticorum ... prima syllaba saepius accentu notatur“. Vgl. Cirbied 674.

larϑ.

Der gewöhnliche etr. männliche Vorname *larϑ* erscheint in einer abweichenden Gestalt in der Bilinguis G. 719: *L · Scarpus · Scarpiae · l · Tucipa | larnϑ · scarpal · lautni.*

In *larnϑ* hat Pauli Etr. St. IV, 78 ff. zuerst eine ursprünglichere Form von *larϑ* gesehen; dem hat Deecke beigestimmt.

Eine zweite Spur dieser Namensform findet sich nach Pauli F. 1911: *larn : velϑ* . . . ., d. h. *larnϑ velϑurna*, vgl. *arn ·* für *arnϑ*. (Anders De. Fo. III, 122, No. 4.)

Pauli hat ferner richtig gesehen, dass das lange *a* von *larϑ*, *larnϑ* aus *au* (*av*) entstanden ist. Er beruft sich hierfür auf *Acca Laurentia* neben *Lārentia*; ferner auf den etr. Gentilnamen *larste*, Fem. *larsti* (Gen. *larstial*. *laristial*) neben Fem. *laursti* (Gen. *laurstial*).

Pauli hat hiernach in Etr. Stud. IV, 82—86 *larϑ* wie *arnϑ* als indogermanische, und darum nicht ursprünglich etruskische Namen bezeichnet. Allein dies ist höchst unwahrscheinlich, denn während diese Vornamen bei den Italikern fast gar nicht gebräuchlich waren, finden sich bei den Etruskern keine Vornamen häufiger als *larϑ* und *arnϑ*. Auch die Verwandtschaft von *larϑ* mit *lar*, *lari*, *laris* zeigt, dass *larϑ* echt etruskisch ist. Pauli hat später (Inschr. v. Lemnos S. 52 f.) seine Meinung geändert. Er bezeichnet jetzt *arnϑ* und *larϑ* als echt etruskisch und eben darum als nicht indogermanisch. Für mich sind dieselben echt etruskisch und zugleich echt indogermanisch.

Ich habe im vorhergehenden *arnϑ* mit dem arm. Stamme *arn-* „Mann“, wenn auch nicht unmittelbar, zusammengestellt. *larϑ*, *larnϑ*, das, wie Pauli gezeigt hat, auf **laurnϑ* oder **lavrnϑ* zurückgeht, deute ich als **lav-arn-ϑ* und sehe darin eine Zusammensetzung mit einem dem arm. *lav* „gut, besser“ entsprechenden Worte. Da arm. *lav* auch von guter, edler, vornehmer Familie angewendet wird, bezeichnet *larϑ* aus **lav-arn-ϑ* „edler Mann“ „vornehmer Mann“. Das arm. *lav* habe ich bereits im etr. *lautn* aus **lavtun* „gute Familie“ nachgewiesen. Wie im etr. *larnϑ* aus **lavarnϑ* ein inlautendes *a* vor *r* ausgefallen ist, so auch im poln.-arm. *avedràn* Evangelium = class.-arm. *avetaran* (Wiener

Z. I, 196). Jedoch war die Lage der Betonung in diesem arm. Worte nicht dieselbe wie im etr. Namen. Im etr. **lavarnϑ* wie in **lavtun* lag der Hauptton auf der ersten Silbe *lav-*; darum ist der Vocal des zweiten Gliedes in beiden Zusammensetzungen geschwunden. Die Lautverhältnisse sind bei *lārnϑ* (aus **lavrnϑ*, **lávarnϑ*) und bei *arunϑ* wesentlich verschieden. Daher ist bei *larnϑ*, *larϑ* das *n* fast immer ausgedrängt, bei *arnϑ* (von den Ableitungen *artni*, *artinal*, *artinial* abgesehen) weit seltener[1]).

Für den Ausfall des *n* vgl. *ravϑas* F. Spl. I, 231; *caśtra* F. 2536 bis; *prestiesa* F. 720 quater b (De. G. g. A. 1880 S. 1417).

Deecke hat daran gedacht (Gött. g. Anz. 1880 S. 1418), dass die nicht selten vorkommende Schreibung *laϑ-* für *larϑ-* (z. B. Fem. *laϑi*) nicht aus *larϑ-*, sondern aus *lrϑ-* mit sonantischem *r* erklärt werden sollte. Allein diese Vermutung wird dadurch widerlegt, dass *larϑ* ein langes, aus *av* entstandenes *a* hat[2]).

lar, lari, laris.

Mit *larnϑ*, *larϑ* ist der etr. Vorname *lar* Gen. *laruś*, *larus* (De. Fo. III, 174—177) verwandt. Ich deute *lar* aus **lav-ar*, wie *larnϑ* aus **lav-arnϑ*, und sehe darin eine Zusammensetzung von arm. *lav* „gut“ und *air* „Mann“.

Wir werden öfter finden, dass ein etr. *a* dem arm. *ai* entspricht. Dasselbe ist in arm. Dialekten der Fall; z. B. poln.-arm. *har* Vater = class. *hair*; *mar* Mutter = class. *mair* (Wiener Z. I, 193). Analog mit etr. *lar* aus **lav-ar* ist der arm. Name *Norair* Mos. Chor. I, 19 und öfter, der aus *nor* „neu“ und *air* „Mann“ zusammengesetzt ist. Vgl. zugleich den griech. Namen Ἀγαθάνωρ.

Arm. *air* bildet mit dem Gen. *arn* ein Paradigma, scheint

1) Viele Belege für *arϑal* giebt De. Fo. III. 42 f. Der Nominativ *arϑ* ist selten (De. Fo. III, 49) und wol durch den Einfluss des Gen. *arϑal* entstanden.

2) Pauli (Inschr. v. Lemnos 53) vermutet, dass der Ortsname Λάρανδα in Kappadokien und Lykaonien von *larnϑ* abgeleitet ist. Auf diese Frage gehe ich hier nicht ein. Mit dem gr. Namen Λαέρτης vergleicht Ramsay (The Journal of the Royal Asiatic Society, N. S., Vol. XV, Part 1 (1883) S. 127) den phryg. Dativ *lavaltaei* (in der Verbindung *midai lavaltaei vanaktei*). Ob diese Namen mit etr. *larnϑ*, *larϑ* etwas zu tun haben, lasse ich hier unentschieden.

aber davon etymologisch verschieden zu sein. Ich verbinde *air* mit gr. ἀνήρ. Im Arm. sollte **anēr* lautgesetzlich zu **anr* werden. Die arm. Stammform *ar-* (Nom. pl. *arḱ*, Acc. pl. *z ars*) kann lautgesetzlich aus **n̥r-* entstanden sein; vgl. arm. *bazum*, *arag*, *arcaí*, *dar*. Nach *z hars* : *hair*, *z mars* : *mair*, *z eɫbars* : *eɫbair*, *z ḱors* : *ḱoir* bildete man zu dem Acc. pl. *z ars*, Nom. pl. *arḱ* den Nom. sg. *air* statt **anr*.

Vom etr. *lar* ist der Vorname *larce*, *larece* abgeleitet.

Der etr. Vorname *lari* (Gen. *lariś*, *laris*) ist aus **lav-ari* entstanden. Er verhält sich zu *lar* aus **lav-ar* wie arm. *ari* „mannhaft" zu *air* „Mann". *lari* enthält das Suffix *-i* = arm. *-i* = gr. -ιος[1]). Arm. *ari* scheint mir aus **n̥riio-s* entstanden[2]).

Neben *lari* erscheint der etr. Vorname *laris*; Gen. *larisa*, später *larisal*. Dieser Vorname ist von *lari* durch das Suffix *-s* gebildet. Dies Suffix erscheint häufig in etr. Namen, z. B. im Beinamen *peris* Gen. *perisal*; siehe Deecke Fo. V, 18—25. Vielleicht darf man damit die Endung *-s* arm. sagengeschichtlicher Namen wie *Armayis*, *Aramayis* Mos. Chor. I, 5 (wenn dies ein echt armen. Name ist) vergleichen. Das Suffix *-s* von *laris*, *peris* scheint mir mit dem arm. Pron. demonstr. affix. *-s* zusammenzugehören; dies *s* vertritt ein idg. *ḱ*[3]).

snenaϑ.

Auf einem Spiegel erscheint neben *turan* und *atunis* als Nebenperson, wie sonst die *ϑalna* und andere weibliche Wesen, die *snenaϑ*. Sie ist bekleidet und geschmückt, hat einen Stift in der Hand und scheint sich am Glück der Liebenden zu freuen. Eine andere Nebenfigur derselben Darstellung ist *pulϑisφ*, ein Jüngling mit Leier und Plektron, dessen Namen man als **πολύ-

---

1) Fo. III, 178 bezeichnet Deecke *lari* als von *lar* weitergebildet, ebenso V, 18; dagegen Gött. g. Anz. 1880 S. 1438, 1447 *lar* als aus *lari* abgestumpft. Die erstere Auffassung scheint mir die richtige.

2) Formen wie arm. *canr* sprechen nicht hiergegen; *n* und *r* waren hier früher durch einen Vocal getrennt.

3) Nach Pauli (Inschr. v. Lemn. 53) ist der Ortsname Λάρῖσα in Lydien, Mysien, Troas, Thessalien vom Personennamen *laris* abgeleitet. Auf diese Frage gehe ich hier nicht ein.

θεσπις, eine Bezeichnung Apollons deutet. Siehe Gerhard Etr. Sp. III, 109, t. CXI; F. 2494[1].

snenaϑ, das von lat. und gr. Lauten stark abweicht, zeigt dasselbe Suffix wie das oft vorkommende *zilaϑ* und wie *teraraϑ*. *snenaϑ* scheint mir von **snenaχ* durch das Suffix *-ϑ*, das wir in *arnϑ* und *larnϑ* gefunden haben, weitergebildet. Das Suffix *-ϑ* enthält denselben Pronominalstamm wie das arm. Pron. dem. affix. *-d* und bestimmte wol früher das Wort ungefähr wie ein Artikel. Das vorausgesetzte etr. **snenaχ* würde in class.-arm. Form **snndak* lauten; davon ist arm. *snndakan* „nährend" durch das Suffix *-an* weitergebildet. Vgl. arm. *gitakan* von *gitak*, *gorcakan* von *gorcak* u. s. w. *snenaϑ* scheint mir also aus **snenaχϑ* entstanden. Im Auslaute scheint *χϑ* nicht vorzukommen.

Im etr. Auslaute kann *χ* schwinden auch wo *ϑ* nicht folgt: etr. *eϑuna*, *ituna* = arm. *ẹndunak*, etr. *cana* = arm. *kandak*, etr. *eepana* = arm. *ẹmpanak* u. m.

Arm. *snnd-* wird gewöhnlich *snẹnd-* mit *ẹ* ausgesprochen. Ebenso wird z. B. class.-arm. *šnik* „Hündchen" im poln.-arm. *šẹnig*, class.-a. *pnti* „hässlich" im poln.-a. *pẹnti* ausgesprochen (Wiener Z. I, 299). Dem arm. *ẹ* entspricht öfter etr. *e* (das in diesem Falle wahrscheinlich *ẹ* gesprochen wurde), z. B. etr. *eϑuna* = arm. *ẹndunak*, etr. *eepana* = arm. *ẹmpanak*.

Das intervocalische *n* des zweisilbigen *snenaϑ* entspricht dem *nd* des arm. *snndakan*, vgl. etr. *cana* = arm. *kandak*. Wahrscheinlich wurde das Wort *snẹnnaϑ* ausgesprochen.

snenaϑ bezeichnet also „die nährende". Analog ist der Name *ϑalna* „die gebende", den eine Göttin desselben Kreises trägt, sowie auch *turan* „die schenkende", der etr. Name der Aphrodite.

Arm. **snndak*, wovon *snndakan*, ist von *snund* Gen. *snndean* „Ernährung" abgeleitet. Etr. *snenaϑ* d. h. *snẹnnaϑ* setzt also ein Stammwort **snunϑ* voraus. Wir haben im etr. *snenaϑ* einen Beleg für das arm. Lautgesetz, dass *u* ausserhalb der Endsilbe schwindet oder zu *ẹ* wird. Im folgenden werden wir dasselbe Lautgesetz durch mehrere andere etr. Wortformen belegt finden.

---

1) Gerh. t. CCCLXXXI stellt ein Liebesverhältniss dar. Der Name des Weibes, das darin die Hauptrolle spielt, wird Etr. Sp. V, 44 *stẹenati* gelesen, und darin wird *snenati* = *snenaϑ* gesucht.

Arm. *snund* Ernährung, das durch das Suffix *-und* gebildet ist, gehört zu *snanim*, Aor. *snay*, ich ernähre mich, *sun* genährt, wovon *kaṫna-sun* milchgenährt. Hiernach ist im etr. *snenaϑ* zwischen *s* und *n* ein *u* nach dem eben genannten im Armen. geltenden Lautgesetze geschwunden. Es ist dabei gleichgültig, ob dies *u* ursprünglich kurz oder lang war.

Arm. *sun* ist eine Nebenform zu *san* Zögling. Arm. *sun*, *snanim*, *san* sind aus **spun-*, **spuna-*, **span-* entstanden und gehören zu lit. *spenýs* Zitze des Euters, altnorw. *speni* Zitze des Euters, niederl. *speen*. Euter, mhd. *spen* und *spüne* Brust, air. *sine* Zitze. Auch gr. σπάω „ziehe, sauge“ lässt sich von dieser Wortsippe gewiss nicht völlig trennen[1].

Etr. *snenaϑ* beweist daher, dass anlautendes idg. *sp* im Etr. wie im Arm. zu *s* werden konnte.

Das Suffix *-und* in arm. *snund* Ernährung, *cnund* Geburt, *serund* Zeugung u. a. entspricht formell kaum dem lat. *-mentum*; denn dafür sollte man im Arm. vielmehr *-vand* erwarten. Vielleicht ist in *-und* das *-d* ein speziell armenisches (und etruskisches) Element. Wenn dies nach dem Eintreten des arm. und etr. Auslautgesetzes angefügt worden ist, kann das *-un* von *-und*, wie das *-un* des arm. *anun* „Name“, aus idg. *-mn̥* entstanden sein und dem gr. -μα, lat. *-men* entsprechen.

tevaraϑ.

In G. 795, einer Wandinschrift der Tomba degli Auguri bei Corneto „steht zweimal beim Bilde eines Priesters *tevaraϑ*, das demnach kein Eigenname sein kann, sondern den „Priester“ als solchen bezeichnen muss, wie im selben Grabe, auch zweimal, G. 792 und 798, neben einem maskirten Mimen *φersu* = *perso(na)* steht“ (De. Fo. VII, 47). Deecke deutet *tevaraϑ* als „die Götter anflehend“ von *teve* „Gott“ = lat. *divus* und *araϑ* = *arant* zu gr. ἀρα-. Diese etymologische Deutung hat, wie mir scheint, im Etr. selbst nicht hinreichende Stütze.

Das Wort ist gewiss zusammengesetzt: *tev-araϑ*. Als etr.

---

1) Solmsen in Kuhns Z. 29, 108 vermutet für σπάω eine Grundform **spn̥sō*; das *s* nach *n̥* könnte weiterbildend sein.

Wort für „Gott“ haben die Alten *aisar* angegeben, und dies wird durch die Inschriften bestätigt; z. B. F. 2345 *neϑuni aisaru* d. h. Neptuno deo (Dat.). Dass daneben *tev-* für „Gott“ gebräuchlich wäre, müsste erst bewiesen werden. Auf der Platte von Magliano B erscheint *tev* als selbständiges Wort. Dies kann nicht mit Deecke als *dirom* d. h. *deorum* gedeutet werden, denn eine solche Bildung des Gen. pl. lässt sich im Etr. nicht nachweisen. Da *tev*, wie es scheint, kein Casussuffix zeigt, muss es vielmehr Nomin.-Acc. sein, weil ein Suffix bei anderen Casus kaum fehlen kann, und *tev* kann also in der Magliano-Inschrift, wo von Opfern die Rede ist, schwerlich „Gott“ bezeichnen. Dass *tev* „Gott“ bezeichne, wird auch durch das Compositum *iχutevr* Magliano A widerlegt. Dies ist, wie Deecke gesehen hat, Nom. pl. und bezeichnet eine Art von Priestern. Allein *iχu* bezeichnet sonst (Bezz. Beitr. XI, 42) den Gegenstand, den man schenkt; daher kann das zweite Glied von *iχutevr* kaum „Gott“ bezeichnen.

Ich habe Beitr. I, 86 *tev* als „Gabe“ „Weihgeschenk“ gedeutet. Dies wird dadurch gestützt, dass die Wurzelformen *tu-*, *ϑu-* im Etr. mit der Bedeutung „geben“ vorkommen; nämlich u. a. in *ϑueś*, *ϑuveś* „gab“, in 3. Ps. Pl. *tun* „gaben“, endlich in **tur* „Gabe“, wovon *turce* „gab“. Im Vulgär-Arm. findet sich die Wurzelform *tev-*: *tẹval* geben; Pcp. praes. *tẹvoł*; Pcp. praet. *tẹrac*, *tẹver*; Aor. *tẹvi*, *tẹvir*, *tẹvav*; Imperat. *tẹvo*, *tẹvēk*. Cirbied 772. Die vulgär-arm. Form *tẹv-* hat sich aus class.-arm. *tu-* (im Aor. 1. Ps. sg. *etu*, Pass. *tuay* u. s. w.) entwickelt. Ebenso entspricht poln.-arm. *lẹvaçk* „Wäsche“ dem class.-arm. *luaçk*, poln.-arm. *xẹndrẹvàck* „Bitte“ dem class.-arm. *xndruac* (Wiener Z. II, 297), westarm. *lẹvay* „hörte“ dem class.-arm. *luay* (Hübschmann ZDMG. 30 S. 69 Anm. 1). Wenn arm. *tueal* im Vers zweisilbig gelesen werden soll, so spricht man *tẹvěal* (Hübschmann ang. St. S. 60). Etr. *tev* stimmt mit dem vulgär-arm. *tẹv-* überein, denn etr. *e* entspricht regelrecht dem arm. *ẹ*, z. B. etr. *eϑuna* = arm. *ẹndunak*; etr. *eepana* = arm. *ẹmpanak* u. m. Hier zeigt das Etr. wieder Übereinstimmung mit dem Vulgär-Arm., der class.-arm. Sprache gegenüber. Im Vulgär-Arm. wird *u*, wie wir gesehen haben, in mehrsilbigen Wortformen ausserhalb der Schlusssilbe vor einem Vocale zu *ẹv*, und dabei ist es gleichgültig, wie *u* entstanden ist. Unter denselben Bedingungen scheint mir das *ev* des etr. *tev-* entstanden zu sein. Vgl. *capevanes*, *capevani* neben *capuan*.. F. 1616; vgl. osk. *kapra[ns]*. Durch Analogie ist sodann das *ev* zum einsilbigen *tev* (statt einer älteren Form **tu*) übertragen worden.

Das im Etr. vorkommende Substantiv *tev* „Geschenk" verhält sich scheinbar zum Aor. vulgär-arm. *tẹvi*, class.-arm. *etu*, wesentlich wie arm. *lu* „l'udire, udito" zum Aor. *luay* „hörte", und das Substantiv etr. *tev* „Geschenk" verhält sich zum synonymen *tur* wie arm. *lu* zum synonymen *lur*. Das arm. *etu* ist aus **edōm*, *tur* aus **dōrom* entstanden: arm. *lu* „l'udito" aus **k̑luto-m*. Idg. *t*, das nach *u* und vor einem Vocale stand, ist im Arm. geschwunden. Dass intervocalisches *t* im Etr. wie im Arm. behandelt worden ist, folgere ich aus der Endung des Präs. 3. Ps. sg. etr. *-a* = class.-arm. *-ay*, vulg.-arm. *-a*; etr. *-e* = arm.- *ē*. Das etr. Substantiv *tev* „Geschenk" ist, wie im vorigen vermutet, aus **tu* entstanden. Wenn dies aus der etr. Ursprache stammt, kann **tu* wieder **dōtm̥m* (vgl. gr. δώς, lat. *dos*) voraussetzen.

Nom. plur. *iχu-tevr*, Nom. sg. **iχu-tev* ist in Betreff des zweiten Gliedes mit arm. *lusa-tu* „Lichtgeber" („che illumina"), *stn-tu* säugend, eig. „Brust-gebend" u. ähnl. zu vergleichen. In diesen Compositis möchte ich etr. *-tev*, arm. *-tu* aus **dōtm̥m* = lat. *sacer-dōtem*, Nomen agentis von *dō-* „geben", erklären. Man darf voraussetzen, dass arm. Nomina auf *-tu* „-geber" in der vulgären Sprache, wenn sie darin gebräuchlich sind, den Nom.-Acc. pl. **-tẹver* bilden. Daran reiht sich etr. *iχu-tevr*.

Für *tev* passt, wie es scheint, die Bedeutung „Weihgeschenk" gut in der Magliano-Inschrift. Magl. A schliesst mit *am arc*, was ich als *an arce* verstehe und wozu *ϑu-χ iχutevr* Subject ist: „sie haben dies (d. h. das folgende) geopfert". Die Opfergaben werden Magl. B aufgezählt. Dies *arc* „sie haben geopfert" weist auch auf *lursϑ tev auvi ϑun* hin. Ich vermute den folgenden Zusammenhang: „sie haben *tev* (d. h. als Weihgeschenk) gewisse Gegenstände geopfert".

Auch die Verbindung von *-araϑ* in *tevaraϑ* und gr. ἀράομαι findet im Etr. selbst keine Stütze. Diese Combination passt nicht gut zu *tev* „Weihgeschenk". Dieselbe wird auch dadurch unwahrscheinlich, dass gr. ἀράομαι, wie es scheint, mit arm. *aλaçem* „bitte" zusammengehört (Verf. Arm. Beitr. S. 36).

Das *araϑ* des etr. *tevaraϑ* scheint mir mit etr. *ar-ce* „fecit" zusammenzugehören. Dies Verbum, wie arm. *arnem*, lat. *facio*, umbr. *osa-* (operari) u. s. w., wird auch vom heiligen Werke, vom Opfern angewendet. Etymologisch bezeichnet daher *tevaraϑ* nach meiner Vermutung: „der welcher Weihgeschenke (Opfergaben) darbringt“.

Dies wird durch die Magliano-Inschrift bestätigt. Hier ist *iχutevr* (dessen zweites Glied mit *tev* „Weihgeschenk“ zusammengehört), d. h. Priester, das Subject des Verbums *arc* (= *arce*) „opferten“. Als Objecte dieses *arc* sind wol logisch (wenn auch nicht grammatisch) die Magl. B aufgezählten Gegenstände zu betrachten; von diesen werden einige als *tev* bezeichnet. In der Magliano-Inschrift erscheint also, wie im Compositum *tev-araϑ*, das Substantiv *tev* „Weihgeschenk“ in logischer Verbindung mit *ar-* „machen“ „opfern“.

(*tev-*)*araϑ* ist wie *snenaϑ* u. a. gebildet. *snenaϑ* habe ich als Weiterbildung von **snenaχ* durch -*ϑ* erklärt, und **snenaχ* aus **snenak* entspricht einem arm. **snndak*, woraus *snndakan*. Ebenso ist etr. (*tev-*)*araϑ* aus -*araχϑ* entstanden und durch *ϑ* aus **araχ* weitergebildet, und dies **araχ* entspricht dem arm. *ararak* „faciens, factor“. Die Reduplication ist in (*tev-*)*araϑ* aufgegeben wie im etr. *ar-ce* im Gegensatz zum arm. *arar* und wie im poln.-arm. *goškar* Schuhmacher = class.-arm. *köškarar*. Darin, dass die Reduplication aufgegeben ist, stimmt also etr. *tevaraϑ* mit dem Vulgär-Armen. überein und weicht von dem Classisch-Armenischen ab.

ei, ein, em, in.

In Bezz. Beitr. X, 79—86 habe ich die Auffassung begründet, dass etr. *ei*, *ein*, *em*, *in* Formen eines demonstrativen Pronomens sind. Dieser Auffassung ist Pauli jetzt (Inschr. v. Lemnos S. 39; Inschr. nordetr. Alph. 101 f.) beigetreten.

F. 2313: *eicrece* —, eine Wandinschrift im Grabe der Matve bei Corneto, steht bei einem Ringer oder Faustkämpfer; d. h. *ei crece* „Dies (ist) ein Grieche“ (Verf. Bezz. Beitr. X, 79). Die Wandinschrift F. 2305 in demselben Grabe ist nach einer Abschrift *araϑεinacna* —, nach einer anderen *laraϑεinacna* —, d. h. *araϑ ei nacna* „Arnth (besitzt) dies Grab“.

F. 2622 „in lapide": *eiun · i · a* —, d. h. *ei unia* „Dies (ist) der Uni" (Bezz. B. X, 79).

Bull. 1880 S. 51, auf einem „guttus d'argilla": *ei · muχ · ara · an · ei · seϑasṛi* —. Ich vermute jetzt: „Dies hier (ist) ein Opferbecher; dies (gehört) dem Sethlans (Vulcan)". Ist *ara* ein Adjectiv zu *muχ*? oder „ist geopfert worden" = arm. Aor. pass. *ararar*?

Auf F. 986, wo *ei* in unsicherem Zusammenhange vorkommt, gehe ich hier nicht ein. Auch F. 2081 lasse ich hier unberücksichtigt. F. 1934 bis a, Grabsäule, Perugia: *auleacricaiś* | *lautn · eteri* | *ei · śeṇịs* — „Aule Acri, des Cai *lautn · eteri*, weihte (?) dies". Hier ist *ei* das Object des Aorists *śenis*. Mit F. 1934 bis a ist die Grabschrift F. 1581, aus Perugia, offenbar analog: *lϑ* : *avei · lautn · eteri* : *ein śenis* | *ereś* — „Larth Avei der *lautn · eteri* weihte dies ..." Also ist *ein* mit *ei* gleichbedeutend. Ich nehme mit Pauli an, dass *ei* aus *ein* entstanden ist. Ebenso ist ein im Armen. auslautendes *n* im etr. *culśu*, vgl. arm. *śun*, abgefallen. Im folgenden werde ich hierfür mehrere Beispiele geben [1]). Im Poln.-Arm. kann auslautendes *n* schwinden: *anorè* Jude = class. *anōrēn* gesetzlos; *karù* Frühling = class. *garun*.

Ebenso bedeutet F. 1957, Perugia, auf dem Fragmente eines Gefässes: *ϑanχviluś* : *caial* : *ein* — „Der Thanchvil Caia (ist) dies (d. h. dies Gefäss)".

Dieselbe Form findet sich ferner in der Grabschrift F. 1915: .... *eϑ* : *fanu* : *lautn* : *precuś* : *ipa* : *murzua* : *cerurum* : *ein* : | *heczri* : *tunur* : *clutiva* : .... Der Zusammenhang ist hier nicht klar; vielleicht ist *ein* hier adjectivisch mit einem Locative *heczri*, der durch das Casussuffix *-ri* gebildet ist, verbunden.

Auch F. 1914 B 17: ... *velϑina · afu*[*na*] | *ϑuruni · ein* | *zeriunacχ*|*a* · .... ist der Zusammenhang nicht völlig klar. „Velthina (und) Afuna" sind Subjecte. Das Verbum ist *ϑuruni* „schenken". Die drei folgenden Wörter bilden das Object. Ich teile jetzt *ein zeriuna cχa* und deute *cχa* = *ceχa* „Totenopfer". Damit ist *ein zeriuna* „dies ..." adjectivisch verbunden.

Ich identifizire jetzt etr. *ein* mit arm. *ain* „dieser da, ille". Etr. *ei* ist oft aus *ai* entstanden. So z. B. *eivas* Αἴας, *eita* Ἀΐδης,

---

1) Griechische Lehnwörter wie *aplu*, *apulu* neben *aplun* Ἀπόλλων, *χaru* neben *χarun* Χάρων sind weniger beweisend, weil italische Formen auf die etr. Einfluss gehabt haben können.

creice Γραῖκος. Auch in etruskischen Namen. In Perusia haben wir z. B. fast stets *ancini*, in Clusium *anaini* (Pauli Altital. St. IV, 125). Ebenfalls in echt etrusk. Appellativen: *lusχnei* = vulg.-arm. *lusnkay*. In *ei nacna* „dies Grab“, *ein heczri*, *ein zeriuna cχa* ist *ei*, *ein* adjectivisch mit dem nachfolgenden Substantive verbunden. Arm. *ain* ist regelmässig adjectivisch, und kann dem Substantive, zu dem es gehört, vorangestellt werden; z. B. *yain ōr* zu jenem Tage (Cirbied 513). Öfter steht etr. *ei*, *ein* allein, substantivisch. Auch arm. *ain* ist nicht überall adjectivisch angewendet; z. B. *zi avelin Kan zain*, τὸ δὲ περισσὸν τούτων Matth. 5, 37.

Die ursprünglichere Form *ain* ist im Etr. wahrscheinlich erhalten F. 103 (auf einem grossen Steine): *tularśpu|ral|ainpuratum|* ...... Wie Pauli Altit. St. III, 56 ff. gezeigt hat, bezeichnet das Wort *tular* den Gegenstand, auf welchem die Inschrift sich befindet (wenn ich auch nicht mit Pauli davon überzeugt bin, dass die sprachliche Bedeutung von *tular* geradezu „Stein“ sei). Daher ist es natürlich, dass mit *tular* ein Pron. demonstr. verbunden ist. Diese Deutung von *ain* als „dieser“ wird durch die Zusammenschreibung desselben mit *puratum* nicht widerlegt. Auch die demonstrativen Pronomina *mi*, *eca*, *ta* werden in Inschriften, die sonst Worttrennung anwenden, mit dem folgenden Worte zusammengeschrieben; so z. B. F. 266; F. Spl. I, 518; F. Spl. I, 444; F. 2602; F. 367. Freilich ist in F. 103, wo *tular* vorausgeht, das logische Verhältniss nicht völlig analog.

Auch mit dem vorausgehenden Worte findet sich das Pronomen zusammengeschrieben. Poggi Appunti 47 („piatto di bucchero“, Chiusi): *tisein* · *naime* —. Damit vergleiche man Poggi Appunti 49 („coppa di bucchero“, Chiusi): *larikia* : *tesin* —. Ich verstehe *tisein*, *tesin* als den Aorist *tis*, *tes* = *θes*, *tez* „setzte“, d. h. weihte, mit dem Pronomen *ein*, *in* „dies“ als Object. Subjecte sind die Namen *naime*, *larikia* (vgl. *larci*).

Für *ein* findet sich die Form *en*. F. 2623 (olla cineraria): *enearcna|lisa* —. Ich möchte dies so auffassen: *ene arcnalisa* „dies ist der Arcnei“. Poggi Appunti 48: *limatis* · *ene* — „Des Limati dies ist“. In *ene* aus *ain* (*ein*) *ē* ist *ai* ausserhalb der Schlusssilbe durch *ei* zu *e* geworden.

In dem auslautenden *e* von *ene* vermute ich jetzt am ehesten arm. *ē* „ist“. Dies ist nicht lautgesetzlich aus dem idg. **esti*, sondern unter dem Einfluss der 3ten Person sg. Praes. indic. der *e*-Stämme entstanden, z. B. *berē* „trägt“ = aind. *bharati*, wo *-ē* lautgesetzlich das idg. *-eti* vertritt. Dass die bei den *e*-Stämmen lautgesetzlich entstandene Form der 3ten Ps. Praes. indic. in das Praes. indic. der Wurzel *es-* „sein“ im Arm. übertragen wurde, hatte darin seinen Grund, dass arm. *es-* „sein“ im Praes. (und Impf.) ind. sonst wie die *e*-Verba flectirt wurde. Die etr. Form *e* „ist“ setzt gewiss ebenfalls eine sonstige Übereinstimmung der etr. Flexion des Verb. subst. *es-* und der *e*-Stämme im Praes. indic. voraus. Im folgenden werde ich nachweisen, dass die etr. *e*-Verba in Praes. indic. 3. Ps. sg. die Endung *-e* (aus idg. *-eti*) hatten[1].

Auch sonst geht etr. *ai* durch *ei* in *e* über z. B. *cecna* = *ceicna*, *caicn[a]*, siehe Deecke Müll. II, 367 f. Derselbe Übergang findet sich in armenischen Dialekten. Vulgär-arm. *ēn* = *ain* wird von Cirbied 201 und aus der Tifliser-Mundart von Petermann angeführt. Das Poln.-Arm. hat nur ausserhalb der Schlusssilbe *e* aus dem class. *ay*.

Wie in Poggi Appunti 48 etr. *ene* zusammengeschrieben ist, so ist arm. *ē* „ist“ im Poln.-Arm. enklitisch angewendet und dabei zu *e* oder *ę* verkürzt; z. B. *inǩne* „er ist“, *xęrùgnę* „tief ist“ (Hanusz Wiener Z. III, 47). Analog sind lat. *idest*, *quale quàlest* u. ähnl. (Corssen Aussprache II, 853). Dasselbe etr. *en* findet sich wol F. Spl. II, 83 (Trinkschale, Chiusi): . . . *kinaśkurtinasenminipikapimirnunei* —. Ich deute *en min ipi kapi* als „diese Trinkschale“. Neben *en* steht hier ein anderes Pron. demonstr. *min*. Auch neben dem arm. *ain* kann ein anderes Pronomen stehen, z. B. *znoin zain aǩǩataç taçē* „il donnera le même aux pauvres“ (Cirbied 520); hier ist *ain* substantivisch angewendet. Im Etr. werden zwei demonstrative Pronomina öfter verbunden.

Statt *en* kann *em* geschrieben werden. F. 849 (Grabschrift aus Chiusi, die nur in der Zeichnung Piranesi's vorliegt) habe ich Bezz. Beitr. X, 84 und XI, 42 so gelesen: *uϑuniaisi* : *iχu* | *emnepitfanurϑ* | *ippultuk* —. Ich habe dies so gedeutet: *uϑuniaisi iχu em nepit fa nurϑi p pultuk* „Der Uthuniai weihte diesen Gegenstand die Nichte Fastia Nurthi, (die Tochter) des Pupli (?)“.

---

1) Bezz. Beitr. X, 87 habe ich das zweite *e* von *ene* als eine enklitische hervorhebende Partikel wie das auslautende *-e*, *-i* des öfter vorkommenden *mine*, *mini* erklärt.

Wie *em* hier dem Substantive *iχu*, wozu es gehört, nachgestellt ist, so ist arm. *ain* dem Substantive, wozu es gehört, am öftesten nachgestellt, z. B. *mard-n ain*, dieser Mensch da.

Die zweite Zeile von F. 806, der Inschrift einer Goldspange von Chiusi, habe ich Bezz. Beitr. X, 84 so gelesen: *rkemserenpetursiripia* d. h. *rke em se ren petursi ripia* „dies machte Sethre Petursi, (der Sohn) des Venel (und) der Vipi“. *em* ist eine jüngere Form für *en*, wie *am* für *an*, *amce* für *ance*. Darüber im folgenden mehr.

Das *e* von *en* ist durch den Einfluss des *n* zu *in* (Poggi Appunti 49) geworden.

In der Verbindung *suϑiti*: *in*: *flenzna* F. 2279 Z. 2 versteht Pauli (Inschr. nordetr. Alph. S. 102) *in* als demonstratives Pronomen; dies lasse ich hier unerörtert. In der Inschrift der Bronzestatue von San Zeno (Pauli Nr. 34), wo Pauli *apan in* teilt, habe ich *apa nin* geteilt.

Das arm. Pronomen *ain* (= etr. *ein*) ist zusammengesetzt und enthält als erstes Glied *ai*, das auch in den Pron. demonstr. *ais*, *aid* vorkommt. Das zweite Glied scheint mit dem Pron. demonstr. affixum *-n* und mit dem ersten Glied vom arm. *n-a* identisch zu sein. Etr. *ein* stimmt darin mit arm. *ain* überein, dass es sowol den Stammvocal der zweiten Silbe als die Casusendung abgeworfen hat und dass es demzufolge geschlechtlos geworden ist.

Arm. *ain* scheint mit dem ind. Pronominalstamme *ēna-* analog zu sein.

tru.

Pauli Etr. St. V, 67 ff. hat zuerst eine etr. Casusendung *-u* nachgewiesen und hat für dieselbe die Bedeutung des Locativs anerkannt. Pauli V, 52 hat dieser Locativendung *-u* zugleich finale Bedeutung beigelegt, und in Übereinstimmung damit habe ich für dies *-u* die Bedeutung des Dativs neben der des Locativs angenommen (Beitr. I, 4; 14; 218 f.; 237).

Auf der innern Seite eines Thongefässes (F. 2597) ist *tru* allein geschrieben. Hiernach habe ich *tru* als besonderes Wort in der Inschrift eines viereckigen, genau zugehauenen, bei la Cucumella zu Vulci gefundenen Neufroblocks (Bull. dell' Inst. 1883

p. 51) abgetrennt: *trunasracveϑa* —. Ich habe *tru* „zum Geschenk“ gedeutet. Mehrere Analoga zu dieser Gefässinschrift „zum Geschenk“ wird man im folgenden unter *mulu* finden. Ich identifizire dies *tru* jetzt mit arm. *troy*, dem Gen.-Dat. von *tur* Gabe. Ein etr. **tur* Gabe habe ich im vorigen, mit Pauli übereinstimmend, aus *turce*, *turuce*, *turune*, *turu* gefolgert. In der class.-arm. Sprache wird *u* ausserhalb der Endsilbe regelmässig ausgedrängt, wobei es gleichgültig ist, ob arm. *u* ursprünglich kurz oder lang (wie in *troy* von *tur* = gr. δῶρον) war. Dieselbe Regel ist im etr. *tru* befolgt worden. Auch in *trce* F. 2613, wenn das Fehlen des *u* hier nicht bloss graphisch ist. Dagegen haben etr. *turce*, *turuce*, *turune*, *ture* ausserhalb der Endsilbe *u*, wie das Stammwort, welches im Arm. *tur* lautet. Das Auftreten des *u* in etr. *turce*, *ture* u. s. w. stimmt scheinbar mit dem Vulg.-Arm. überein; vgl. z. B. *turk̇er*, plurale Neubildung von *turk̇* (Vulg.-Arm. Wtb. S. 528).

Auch sonst ist im Etr. *u* ausserhalb der Schlusssilbe ausgefallen. So z. B. in *snenaϑ* d. h. *snẹnnaϑ* von **snunϑ* aus **sununϑ*. Häufiger ist *u* in der zweiten Silbe einer drei- oder viersilbigen Wortform ausgefallen; z. B. *turce* aus *turuce*; *pumpnal* neben lat. *Pomponius* u. s. w.

Als correcte Aussprache des arm. *oy* gilt *uy* (Dulaurier bei Patkanow Langue Arm. p. 114 note 2). Allein in den meisten arm. Dialekten ist *oy* zu *u* geworden. So z. B. poln.-arm. *dzaxù* zum Verkauf = class. *caxoy*; poln.-arm. *astudzù* Gen.-Dat. sg. = class. *astucoy*, von *astuac* Gott (Wiener Z. I, 295). Ebenso in den Dialekten von Tiflis (Petermann S. 64) und Achalzich (Tomson S. 52). In Betreff des *-u* von *tru* stimmt also das Etruskische besonders mit dem Vulgär-Arm. überein.

Die Verbindung der etr. Casusendung *-u* mit arm. *-oy*, der Endung des Gen.-Dat. sing. bei *o*-Stämmen, ist von der etymologischen Deutung des arm. *-oy* unabhängig. Nach Hübschmann u. a. ist *-oy* = aind. *-asya*, gr. -οιο. Allein wenn Fortunatov (Bezz. Beitr. VII, 88) mit Recht angenommen hat, dass arm. *ç* dem aindischen *sy* entspricht, kann man für arm. *-oy* eine Urform *-osi̯o* mit consonantischem *i̯* nicht voraussetzen. Analog ist die arm. Gen.-Endung *-ay* von *ā*-Stämmen. Dass diese auf alter Grundlage ruht, erhellt, wie mir scheint, u. a. aus *i veray* „über, oben“ neben *i veroy* „oben, oberhalb“. Wenn *-oy* auf *-osi̯o* zurückgehen sollte, müsste man *-ay* auf ein *āsi̯o* zurückführen. Allein es würde misslich sein, für *i veray* eine Grundform **uperāsi̯o* vorauszusetzen. Fortunatov (angef. St.) identifizirt arm. *-oy* mit der gr. Dativendung -ῳ. Allein für idg. zweisilbiges *-ōi* würde ich arm. *-u* erwarten. Ich wage eine andere Vermutung. Die Endungen arm. *-oy* und *-ay* (z. B. in *i veray* „oben" neben *i veroy*) können aus ursprachlichen Endungen *-oi̯u* und *-ai̯u* entstanden sein, d. h. aus den Locativendungen *-oi̯* und *-ai̯* mit der enklitischen Partikel *u*. Diese Partikel habe ich früher (Arm. Beitr. S. 43 f.) in der arm. Pluralendung *-k̄* aus *-sv*, d. h. *-s + v*, vermutet.

Eher sind aber die Genetivendungen *-oy*, *-ay* mit den gleichlautenden Adjectivsuffixen identisch und aus *-oi̯i̯o-s*, *-ai̯i̯o-s* entstanden.

tenu.

In einer Sarkophaginschrift von Corneto F. 2070 heisst es vom Verstorbenen: . . . *zilc* : *parχis* : *amce* | *marunuχ* : *spurana* · *cepen* : *tenu* : . . . . .

In einer Sarkophaginschrift von Viterbo F. 2057: . . . *zilaχ*-[*nu*] | *spureϑi* · *apasi* · *svalas* · *marunuχva* : *cepen* · *tenu* · *eprϑnevc* · *eslz* *te*[*nu*] | *eprϑieva eslz* —.

Man hat erkannt, dass *tenu* die Tätigkeit des Beamten bezeichnet. Pauli (Etr. St. V, 72) findet darin einen Locativ, der das Casussuffix *-u* enthält. Mir scheint *tenu* Locativ zu dem arm. *atean* Gen. *ateni* zu sein. Dies bezeichnet u. a. Ratsversammlung, Gerichtsversammlung, Tribunal („consiglio, concilio, parlamento, tribunale, banco, foro, giudizio, salone del consiglio") und giebt gr. συνέδριον (z. B. Matth. 5, 22) wieder. Nach meiner Vermutung bezeichnet das etr. Wort wesentlich s. v. a. lat. *tribunal*, eine Erhöhung, auf welcher die obrigkeitlichen Personen, welche in öffentlichen Versammlungen den Vorsitz hatten, auf ihrer sella curulis sassen, wenn sie öffentliche Amtsverrichtungen behandelten. Mit *tenu* sind Adjective verbunden. In *marunu-χ*, *marunu-χva* sind *χ*, *χva* wahrscheinlich copulative Partikeln. In *marunu* vermute ich einen Locativ, der durch das Casussuffix *-u* von einem Adjectivstamme *marun-* (wahrscheinlich statt **maruan-*) gebildet ist, und dies Adjectiv ist wieder vom Substantive *maru* abgeleitet. *marunu tenu* bedeutet wol „in maronis tribunali (fuit)" d. h. „er fungirte als maro". Vom arm. *atean* und *kal* (von *kam* ich stehe) ist arm. *atenakal* „giudice, presidente di tribunale, che siede su tribunale" gebildet. Im etr. *tenu* ist *ea* zu *e* geworden wie im arm. *ateni*. Der Übergang von *ea* in *e* findet sich im Class.-Arm. ausserhalb der Schlusssilben, wird aber im Vulg.-Arm. auf die Schlusssilben übertragen, z. B. *aten* = class.-arm. *atean*. Im vorhergehenden habe ich diesen Übergang in etr. Schlusssilben nachgewiesen: etr. *ϑueś* = vulg.-arm. *tueç* oder *tueaç*; etr. *celχls* = *cealχls*.

Das *-u* des etr. *tenu* entspricht wol der arm. Endung des Gen.-Dat. sg. bei *o*-Stämmen *-oy*, vulgär *-u* [1]). Das etr. Substantiv, das den Loc. *tenu* bildet, folgt also einer anderen Flexion als das arm. *atean*, das den Gen. *ateni* bildet. Mit dieser Abweichung vergleiche man, dass im Armen. mehrere Wörter einen Gen. sg. sowol auf *-oy* als auf *-i* bilden, z. B. *gišer* Nacht Gen. *gišeroy* und *gišeri*; *ter* Flügel Gen. *tevoy* und *tevi*; *asaçuac* Wort, Gen. *-acoy* und *-aci* (Petermann Gramm. [2] 40). Umgekehrt hat der arm. Dialekt von Agulis den Gen. *mordi* statt des class. *mardoy*.

Auch dass das anlautende *a* des arm. *atean* im etr. *tenu* fehlt, lässt sich erklären. Arm. *atean* „Ratsversammlung, Gerichtsversammlung, Tribunal" ist gewiss dasselbe Wort wie arm. *atean* „gelegene Zeit". Der Bedeutungsentwickelung wegen vergleiche man nhd. *tag*, *reichstag*.

Arm. *atean* „gelegene Zeit" scheint mit altnord. *tími* „Zeit, gelegene Zeit", ags. *tíma* vom Stamme *tíman-* zusammenzugehören. Als idg. Stamm ist wol **déimon-* vorauszusetzen. *atean* scheint mir aus **atian*, **ativan*, **atiman* wie arm. *jean* (Gen. von *jiun*

1) Ich dachte zuerst an eine Combination der etr. Endung *-u* von *tenu* u. s. w. mit der arm. Endung *-um*. Diese, welche ursprünglich die Endung des Dat.-Loc. sg. bei den pronominalen *o*-Stämmen ist, wird in der späteren classischen Sprache als Endung des Dat. sg. bei den substantivischen *o*-Stämmen angewendet. In der ostarm. Vulgärsprache ist *-um* die Endung des Loc. sg. bei den Substantiven von allen Stämmen (nicht nur von den *o*-Stämmen), und diese Form wird dort zugleich bei der umschreibenden Bezeichnung des Präs. und Imperf. angewendet, z. B. *sirumem*, ich liebe. Allein die Combination der arm. Endung *-um* mit etr. *-u* wage ich nicht festzuhalten, weil ich den regelmässigen Ausfall eines im arm. Auslaute erhaltenen *m* im Etr. nicht belegen kann. Jedoch darf man die Erscheinung, dass die Endung *-u* im Etr. nicht auf die ursprünglichen *o*-Stämmen beschränkt ist, damit vergleichen, dass die Endung *-um* sich in der ostarm. Vulgärsprache über die ganze Substantivflexion verbreitet hat.

Schnee) aus **jian, *jiran, *jiman*, entstanden zu sein. Für die Endung vgl. das arm. Suffix der Patronymica *-ean*, das wol dem gr. Suffixe -ιων entspricht.

Idg. *ei* wurde in arm. Schlusssilben zu *ē*, im Arm. ausserhalb der Schlusssilbe zu *i*, das vor *a* in *e* übergieng. Dieselben Lautänderungen lassen sich im Etr. nachweisen. So ist etr. *seχ* = arm. *ēy* aus einer Grundform **seighi-m* hervorgegangen. Etr. *cina* habe ich mit vulg.-arm. *ki na* zusammengestellt, und in diesem *ki na*, das als ein Wort behandelt wurde, entstand *ki* ausserhalb der Schlusssilbe aus *kē*. Endlich ist etr. *cealχls* aus **cialχls* entstanden, da das Stammwort *ci* lautet. Den arm. Übergang eines intervocalischen *m* zu *r* werde ich im Etr. später nachweisen.

Die arm. Form des Nominativs *atean* ist vielleicht aus einer alten Accusativform entstanden, welche jedoch vor *n* einen reduzirten Vocal hatte. Allein es ist möglich, dass *atean*, aus **atiman*, eine vocalische Erweiterung des Suffixes *-mn̥* enthält.

Kluge (Etym. Wtb. d. deutsch. Spr.) führt altnord. *tími* mit anord. *tíð*, asächs. *tîd* Zeit, urgerm. *ti-di-*, und zugleich mit nhd. *zeile* und *ziel* auf eine idg. Wurzel *dī-* zurück. Diese Wurzel wird nach ihm auch durch aind. *aditi-* „unbeschränkt durch Raum und Zeit, zeitlos, unendlich“ vorausgesetzt.

Im arm. *atean* ist das anlautende *a* hiernach prothetisch wie in *amis* Monat, *aheak* „link“ zum aind. *sarya-*, *atak* oder *yatak* ἔδαφος, πυθμήν, wenn dies nach de Lagarde Stud. 217 mit pers. *tag* zusammenzustellen ist. Vgl. zugleich arm. *ataḷj* „materia da fabbricare“ neben *steḷcanem* „fabbricare“; *etḷ* Gen. *eteḷ* Stelle neben *teḷi*.

Etr. *tenu*, worin der prothetische Vocal fehlt, verhält sich hiernach in Betreff des Anlauts zum arm. *atean* wesentlich wie etr. *zal*, *sal* (Nom.-Acc.) zu *esals* (Gen.), *eslz* (Zahladv.) u. s. w., *purϑne* zu dem gleichbedeutenden *eprϑni*, *pul* zu *epl*, *scuna* zu *escuna*. Auch beachte man, dass ein anlautendes schwach betontes *a* im Etr. zuweilen, wie es scheint, geschwunden ist: *χais* Lehnwort aus gr. Ἀχαιίς (Verf. Beitr. I, 26); der Name *freie*, Fem. *freia* scheint aus lat. *Afreius*, *Afreia* entstanden zu sein (Verf. Bezz. Beitr. XI, 47). Das anlautende *a* des arm. *akanj* Ohr ist nach Hanusz im poln.-arm. *ganjabūr* (eine Speise) geschwunden (Wiener Z. I, 63).

In den oben angeführten Inschriften, wo *tenu* d. h. eig. „in tribunali“ vorkommt, fehlt bei *tenu* ein Verbum finitum, und „war“ ist hinzuzudenken. Mit diesem elliptischen Ausdrucke lässt es sich vergleichen, dass das arm. Partizip auf *-eal* als Verbum finitum angewendet werden kann, z. B. *moṙaçeal* für *moṙanay* „er vergisst“, *luceal yōdkʻ* die Bänder wurden gelöst (Cirbied 323).

Der Locativ *tenu* „in tribunali“, wozu „fuit“ hinzuzudenken ist, wird statt eines Verbums „er fungirte“ angewendet. Hiermit vergleiche man die Bildung neuer Verbalformen im Vulgär-Armenischen, speziell im Ostarmenischen, durch die Verbindung verschiedener nominaler Casusformen mit dem Verbum substantivum. So z. B. *sirum-em* und *sirel-em* „ich liebe“. Cirbied 765 nennt auch *siroy-em*, Impf. *siroyi*; hier ist also die Casusform des Nomens dieselbe wie im etr. *tenu*.

Ausser *tenu* kommt im Etr. eine synonyme Form *tenve* vor. In einer Wandinschrift im Grab der *leinie*, Orvieto, F. 2033 bis E (par. 7) a. heisst es vom Verstorbenen: .... *marnu spurana · eprϑne tenve* · .... Es scheint unnötig, *tenve* in *tenue* zu ändern. In einer Wandinschrift neben der vorigen, F. ibid. b heisst es: ... *ailf · marnuχ tef* : *esari* · .... Dies *tef* ist wahrscheinlich mit *tenu* synonym und stützt die Form *tenve*, denn vor *esari* scheint *tef* aus **tenv* entstanden zu sein. Im Arm. ist ähnlich auslautendes *-ap* mehrfach aus *-aλv* entstanden, was ich anderswo erörtern werde. Vgl. für etr. *f* aus *v* Deecke Gött. g. Anz. 1880 S. 1431.

tenve ist wol aus *tenu-e* entstanden. Auch sonst ist im Etr. vocalisches *u* in consonantisches *v* vor vocalischen Endungen übergegangen, z. B. *manϑvate* vgl. lat. *Mantua* (De. Müll. II, 383). Inlautendes class.-arm. *u* ist (trotzdem es aus einem langen Vocale entstanden ist) nach Consonanten vor *a*, *e*, *i* im Poln.-Arm. zu *v* geworden, z. B. *astvàdz* Gott = class. *astuac* (Wiener Z. II, 297).

In *tenve* ist an den Locativ *tenu* ein neues Element *e* angefügt. Allein ich kann dies *e* nicht sicher erklären. Man erwartet dafür die Bedeutung „fuit“. Formell liegt es nahe, dies *e* mit arm. *ē* „est“ gleichzustellen, um so mehr als ich *e* „est“ in andern etr. Inschriften finde. Allein wo von den Ämtern des Verstorbenen die Rede ist, passt ein Präsens nicht. In F. 2033 bis E a folgt nach *tenve* mittelbar ein anderes Verbum *zilaχnce*

„war *zilaϑ*“, in b desselben Grabes nach *tef* mittelbar *amce* „war“. Die angehängte Partikel *ce* giebt wie skr. *sma* der Verbalform die Bedeutung der Vergangenheit. Im indischen Epos wechselt nun freilich ein Präsens mit *sma* mit einem Präsens ohne *sma*. Allein die Annahme scheint mir bedenklich, dass eine Präsensform ohne *-ce* im Etr., wenn dieselbe neben einer Form auf *-ce* stand, von der Vergangenheit, und zwar nicht als eigentliches Praesens historicum, angewendet sein sollte.

Eher möchte ich *tenve* in der folgenden Weise auffassen. *tenu*, dessen Endung etymologisch nominal, nicht verbal war, wurde regelmässig nur von der Vorzeit, nicht von dem Gegenwärtigen, angewendet[1]). Als man nun der nominalen Form *tenu* durch die Anfügung der Endung der 3ten Person sg. des Präs. *-e* eine verbale Form *tenve* gab, erhielt sich für dieselbe die dem *tenu* zukommende Bedeutung der Vergangenheit.

tenϑas, *marvas*.

Mit *tenu*, *tenve* synonym wird *tenϑas* angewendet.

F. Spl. III, 367, bei Corneto, Sarkophaginschrift: *celϑur* : *partiunus* : *larisališa* : *clan* : *ramϑas* : *cuclnial* : *zilχ* : *ceχaneri* : *tenϑas* : *avil* | *svalϑas* : *LXXXII* —.

G. 802, bei Corneto, Wandinschrift eines Grabes, Z. 7: .... *ceχaneri* : *tenϑ[as:]* ....

F. 2335 b, bei Corneto, Sarkophaginschrift: .... *[l]arisal* · *crespe* *ϑanχvilus* · *pumpnal* · *clan* *zilaϑ* ..... *rasnas* · *marunuχ* | ....*n* · (*cepen?*) *zilc* · *ϑufi* · *tenϑas* · *marunuχ* · *paχanati* · *ril* [*L*]*XIII* —.

F. 2056, Viterbo, Sarkophaginschrift, Z. 6—7: .... *zilc* · *marunuχva* · *tenϑas* · ......

G. 740, Viterbo, Sarkophaginschrift: [*a*]*leϑnas* · *a* · *v* · *zilχ* · *marunuχva* · *te*[*nϑas*] .....

Nach *marunuχva* · hat G. 740 *za* ..., allein Undset hat *te* ... gelesen, wie Pauli vermutet hatte.

Ebenso gebildet ist *zilaχnϑas* in der Sarkophaginschrift F. 2335 a, bei Corneto, und in der Wandinschrift F. Spl. I, 431,

---

1) Bedeutet *ϑui cesu*, das man gewöhnlich mit „liegt hier“ übersetzt, vielmehr: „ist hier begraben“?

bei Corneto, das mit *zilaχnuce* „war *zilaϑ*“ synonym ist. Ferner *svalϑas* F. Spl. III, 367, bei Corneto, das mit *svalce* „lebte“ synonym ist.

In *tenϑas*, *zilaχnϑas*, *svalϑas* hat Pauli Etr. St. V, 76 und 136, wie ich jetzt glaube, richtig Locativformen auf *-ϑ* (*tenϑ*, *zilaχnϑ*, *svalϑ*), die mit Locativformen auf *-u* (*tenu* u. s. w.) synonym waren, vermutet. Die etr. Locativendung *-ϑ* kommt mehrfach bei Substantiven vor, z. B. *municleϑ*, *munisuleϑ*, *munisvleϑ*, *municlet* neben der Accusativform *munsle* F. Spl. I, 398. Diese Locativform hat man oft mit gr. -θι verglichen.

Etr. *-ϑ* entspricht wol sicher der arm. Endung *-d* von *and* „dort“. Allein es scheint unsicher, ob dies aus idg. *-dhi* entstanden ist und dem gr. *-ϑι* entspricht. Es kann dem Laute nach auch aus idg. *-ti* entstanden und mit dem *-d* von arm. *ard* „jetzt“ = gr. ἄρτι identisch sein. Jedenfalls ist nach meiner Ansicht etr. *-ϑ* von den Pronom. auf die Substantive übertragen. Im Vulgär-Arm. hat die Pronominalflexion mehrfach die Substantivflexion beeinflusst. So ist z. B. die Dativendung der Pronomina *-um* in der späteren class. und in der vulgären Sprache auf die substantivischen *o*-Stämme übertragen worden. Die vulgäre Form des Gen. sg. von *mard mardoyr*, welche bereits bei David dem Philosophen im 5ten Jahre erscheint, verdankt ihr *-r* der Pronominalflexion.

In etr. *tenϑas*, *svalϑas*, *zilaχnϑas* ist an die Locativform auf *-ϑ* ein neues Element *as* getreten.

Dasselbe *as* finde ich in dem *marvas* einer verstümmelten, unzweifelhaft südetruskischen Sarkophaginschrift (De. Fo. VII, 21): ...... *ụrunas · velϑuṛ[us]* | *[ϑ]anχ[vilu]s : petṛunials · spural · marvas ·* ..... „Es fehlt in Z. 1 der Vorname und der Anlaut des Familiennamens, wahrscheinlich *p* oder *c*“ (Deecke). *marvas* ist aus *maru-as* wie *mulvannice* aus *mulu-annice*, *tenve* aus *tenu-e* entstanden und enthält den Nominativ *maru* (F. Spl. I, 434; F. 2344) mit *as* verbunden.

Der Zusammenhang macht es wahrscheinlich, dass das *as* von *marvas*, *tenϑas*, *svalϑas*, *zilaχnϑas* „war“ bedeutet hat, wie ich Beitr. I, 79 f. vermutete. Also „maro fuit“ „in tribunali fuit“ u. s. w. *marunu-χva*, das mit *tenϑas* verbunden ist, habe ich bereits im vorhergehenden als den Locativ eines Adjectivs erklärt.

Bei *tenϑ* ist *marunu* als Attribut zu fassen „in maronis tribunali“. Ebenso fasse ich *ceχaneri*, das mit *tenϑas* verbunden ist, als den Locativ eines Adjectivs **ceχan* auf.

as, wofür ich nach dem Zusammenhange die Bedeutung „war“ vermutet habe, zeigt die Endung *-s* (= mitteletr. und nordetr. *ś*), welche bei mehreren Aoristen vorkommt: *ϑes*, *ϑueś* u. m. Daher vermute ich in *as* ebenfalls einen Aorist. Nun verzeichnet Cirbied 761 mehrere vulg.-arm. Aoristformen von *em* „ich bin“, leider ohne etwas davon zu sagen, wo die verschiedenen Formen angewendet werden. Neben *eçi*, *eçer*, *eç* nennt er u. a. *açi*, *açer*, *aç*. Vgl. gr. Formen von ἐς- mit den Endungen des Aor. I: ἔας, ἔατε, ἔσσαν. Es ist freilich im höchsten Grade auffallend, dass eine offenbare Neubildung wie vulg.-arm. *aç*, die nur aus dem 19ten Jahrhunderte nachgewiesen ist, in dem *as* etruskischer Sarkophaginschriften, welche gewiss dem 4ten vorchristlichen Jahrhunderte angehören, wiedergefunden wird. Allein ich kann nicht bezweifeln, dass der moderne vulg.-arm. Aorist *tueaç* oder *tueç* sich im altetr. *ϑueś* oder *ϑuveś* wiederfindet. Auch so viele andere Eigentümlichkeiten moderner arm. Dialekte habe ich in den Formen alter etr. Inschriften wiedergefunden.

Daher wage ich in dem *as* von *marras*, *tenϑas*, *zilaχnϑas*, *svalϑas* das vulg.-arm. *aç* „war“ zu erkennen. Das *s* der genannten südetr. Formen entspricht dem arm. *ç* wie das ebenfalls südetrusk. *s* von *ϑes*. Cirbied giebt auch Präs. *am*, *as*, *ay*, *ank*, *ak*, *an*; Präs. Inf. *al*; Impf. *ayi*, *ayir*, *air* u. s. w. Also völlig mit der Flexion der verbalen *a*-Stämme übereinstimmend. Petermann führt aus Indien arm. *berman am*, *ayi* „bringe, brachte“ (Monatsberichte der Berliner Akad. 1867 S. 729) an. In der Mundart von Agulis lautet das Verb. subst. nach Petermann u. a. im Präs. 3. Ps. sg. *a* oder *ay*, dagegen 1. *çm*, 2. *es*.

Für das *a* des etr. *as* „war“ von *marcas*, *tenϑas* u. s. w. beachte man die Aoristformen *cenas* in einer Inschrift aus Corneto (Bull. dell' Inst. 1881 p. 94) neben *cenes* F. 71 (Verf. Beitr. I, 71 f.), *śarrenas* F. 2056, *zelarvana[s]* F. 2100 neben *zelarvenes* F. 2058. Auch in diesen Formen entspricht südetr. *s* dem arm. *ç*. Die etr. Form *as*, die aus **es*, **eas* (vgl. *ϑueś* = vulg.-arm. *tueç*, *tueaç*) entstanden ist, wurde wol zuerst da angewendet, wo *a* der Vocal der vorhergehenden Silbe war: *svalϑas*, *zilaχnϑas*, *marcas*.

Vgl. in der arm. Agulis-Mundart *xndrum um* aus *xndrum ęm* (Petermann S. 737). Dann wurde die Form *as* verallgemeinert: *tenϑas*.

mulu, mulvannice, amce.

Ein sehr altes Gefäss aus Corneto in Gestalt eines Vogels hat die folgende rechtsläufige Inschrift G. 771 (Tav. IX): *mimulukaviiesi* — „Dies zum Geschenk dem Kaviie (Gavius)“. Die Wörter *mi mulu* kehren wieder in einer ebenfalls von links nach rechts ohne Worttrennung geschriebenen Inschrift eines archaischen Gefässes, das ebenfalls die Gestalt eines Vogels hat. Diese Inschrift ist von Poggi Museo ital. I herausgegeben: *mimulularilezilimlaχ* —. Ferner ist *mulu*, wahrscheinlich in der Bedeutung „schenkte“, das letzte Wort einer langen ohne Worttrennung geschriebenen Inschrift eines alten Gefässes aus Vetulonia (Notizie d. scavi 1887 S. 495; tav. XV fig. 7; tav. XVI, fig. 5, 5a). Das Gefäss stammt nach Undset aus dem Anfang des 6ten Jahrhunderts.

Pauli's Deutung von *mulu* „zum Geschenk“ hat Poggi durch die folgende lat. Inschrift einer bronzenen Patera (Garr. Syll. 555; Wilmanns Exempla Inscr. Lat. 2830 a) gestützt: A · SEPTVNOLENA · PETR · MAISIO · DONO.

mulu ist von **mul* Geschenk durch das Casussuffix *-u* gebildet. Der Meinung Deeckes, dass *mulu* G. 771 graphisch abgekürzt ist, kann ich nicht beitreten. Das etr. Casussuffix *-u* ist mit der arm. Endung des Gen.-Dat. sg. bei *o*-Stämmen *-oy*, vulg. *-u* identisch.

Denselben Wortstamm wie im etr. *mulu* finde ich im arm. *mλem* Aor. *mλeçi* „porgere, presentare“. Die Bedeutung „darreichen“ hat sich aus „hervorschieben“ entwickelt; denn *mλem* bezeichnet zugleich „schiebe, stosse, stosse zurück“ (spingere, rispingere, urtare). Dagegen vermute ich ein anderes Verbum in *mλem* „mortificare, macerare, esercitare“; denn in dieser Bedeutung ist *mλem* von *muλ* „domato, trattabile, addimesticato, ammansato“ abgeleitet. Es scheint mir unmöglich, *mλem* „reiche dar“ mit *muλ* „gezähmt“ in Einklang zu bringen. Arm. *muλ* „domato“ und *mλem* „macerare“ gehören wol mit gr. ἀμαλός weich, schwächlich, ἀμαλδύνω „schwäche, zerstöre“ zusammen.

Etr. **mul* „das Darreichen, Geschenk“, wovon *mulu*, und arm. **mul*, wovon *mlem* „schiebe, stosse, reiche dar“, gehören dagegen nach meiner Vermutung zu lat. *moveo*, lit. *máuju* „streife, schiebe“, aind. *mīr- mīvati* „drängen, schieben“, *mūrá-s* „drängend, stürmisch“. Für das Suffix vergleiche man aind. *mūrá-s* und z. B. arm. *tašel* „raschiatura“ von *tašem* „raschiare“.

Etr. *mulu* ist in *mulv-annice* enthalten. F. Spl. III, 391, altertümliche Inschrift einer Schale aus Cäre: *minikaisieϑannursiannatmulvannice* — „Diese Schale weihte Kaisie der Thanr....“ Es finden sich die folgenden Nebenformen: *mulveneke* F. 2614, Thongefäss; *mulvuneke* G. 607, Krug aus Orvieto; *mulvunke* G. 608, Krug aus Orvieto, dessen Inschrift ein Duplicat von G. 607 ist; *muluerneke* F. Spl. I, 234, Aschentopf aus Chiusi; *mulenike* F. 355, Sandsteinplatte, Volterra. Endlich eine synonyme Form ohne *-ce* in der Inschrift einer Aschenurne aus Siena F. 429 bis a. Pauli Etr. St. III, 61 hat die entstellte Abschrift derselben so gebessert: *mi murs arnϑal vetes* | *nufres laris vete mulune* | *laϑia petruni mulune* — „Dies (ist) die Urne des Arnth Vete Nufre; Laris Vete weihte (sie), Larthia Petruni weihte (sie)“. Auf der Bleiplatte von Magliano *mulveni*.

Ich habe unter etr. *tenu*, eig. „in tribunali“ sc. fuit, d. h. er fungirte, vulgär-arm. umschreibende Bildungen z. B. *sirum-em* oder *siroy-em* „liebe“ eig. „bin im Lieben“ verglichen. Hiernach erkläre ich *mulvannice* aus **mulu-annice* und finde darin eine Verbindung von *mulu* mit einer Verbalform, die „war“ bedeutet; also eigentlich „war im Geben“. Der arm. Gen.-Dat. hat auch die Bedeutung des Locativs, wobei jedoch das Verhältniss in der Regel durch eine Präposition näher bestimmt wird.

Das in *mulvannice* für **mulu-annice* enthaltene **annice*, wofür man die Bedeutung „war“ vermuten muss, scheint mir eine ältere Form von *amce* F. 2033 bis E b; F. 2070; F. 2104; F. 2340; F. Spl. I, 399; G. 799 Z. 9; Bull. 1880 p. 215 [1]) „war“. Daneben *ance* F. Spl. III, 322, Tav. 9 (mit nach rechts gewendetem *n*).

Die Form *ance* ist aus **annece* (vgl. *mulvunke* neben *mulvuneke*), *annice* (in *mulv-annice*) entstanden.

Man könnte es auffallend finden, dass die ursprünglichere

1) F. Spl. I, 392: *am . .*, vgl. De. Fo. III, 188.

Form *annice* sich in der Zusammensetzung (*mulvannice*) erhalten habe. Allein dies Bedenken wird dadurch entfernt, dass die Inschrift, worin *mulvannice* vorkommt, sicher älter ist als alle Inschriften mit *amce* oder *ance*.

Das *m* der Form *amce* fordert eine nähere Besprechung. *m* wechselt mit *n* in *leϑns* neben *leϑms*, Gen. des Namens einer Gottheit *leϑam* (De. Fo. IV, 38 ff.), der wahrscheinlich das bei den Namen mehrerer Gottheiten vorkommende Suffix *-an* enthält. In *leϑam* scheint also *-am* aus *-an* entstanden zu sein. Ich fasse diesen Übergang so auf, dass *am* und *an* in der Aussprache zu nasalem *a* geworden waren, und dass das aus *an* entstandene nasale *a* darum oft *am* geschrieben wurde. Die etr. Schreibung *am* ist mit portug. *bom* (bonus), *um* (unus) analog. *am* Magl. A deute ich als das Pronomen *an*; auch hier ist nach meiner Ansicht das *m* der Schrift weniger ursprünglich als *n*. Ebenso wird *em* = *en*, *ein*, arm. *ain* geschrieben. Im folgenden werde ich es versuchen, bei mehreren etr. Wörtern nachzuweisen, dass ein nach Vocalen geschriebenes *m* aus *n* entstanden ist. Vgl. auch *ϑamce* neben *tan*.

Die etr. und die umbrische Sprache sind, obgleich beide indogermanisch, ihrem Ursprung nach von einander weit getrennt. Später haben sie aber als Nachbarsprachen einander gegenseitig beeinflusst. Daher ist hier hervorzuheben, dass man im Umbr. zweimal (t. Iguv. I b 17) *numem* für *numen* = lat. *nomen* findet, ferner *-em* öfter statt *-en* = lat. *-in*[1]). Die Änderung von *annice* in *amce* wurde wol dadurch begünstigt, dass das Wort oft einen schwachen Satzton hatte.

Etr. *annice* (in *mulv-annice*), die ältere Form von *amce* „war", enthält die Partikel *ce*. Das *anni* von *annice* identifizire ich mit arm. *aṙni*, 3. Ps. sg. Präs. Ind. zu *aṙnim* „werde gemacht, werde, bin". Dies ist die Passivform zu *aṙnem*, Aor. *arari*, wozu ich etr. *arce*, (*tev-*)*araϑ* gestellt habe. Das *ṙn* des arm. *aṙni* ist im etr. *annice* zu *nn* assimilirt worden. Eine ähnliche Lautänderung ist in modern-arm. Dialekten gewöhnlich. Hier finden sich Formen wie *anel* = class.-arm. *aṙnel* machen, Cirbied 670, 770; poln.-arm. *anelù* machen, Wiener Z. II, 307.

1) Arm. *anam*, *anum*, *anem* für *anun* „Name" in dem Dial. von Karabach (Patkanow Dialekte S. 66) ist dagegen wol als eine Dissimilation aufzufassen.

Man wird gegen meine Erklärung des etr. *annice* aus **arnice* vielleicht einwenden, dass *rn* im Etr. eine oft vorkommende Lautverbindung ist. Hierbei ist jedoch erstens zu bemerken, dass poln.-arm. *anelù* aus *arnel(oy)* neben *tarnalu* umkehren = class. *darnal*, *pęrnelù* fangen, halten = class. *barnal* und ähnlichen Formen vorkommt. Zweitens hebe ich das folgende hervor. Die Lautverbindung *rn* braucht, wo dieselbe im Etr. vorkommt, nicht zu der Zeit bestanden zu haben, als **arnice* in *annice* übergieng; so ist z. B. etr. *marnuχ* aus **marunuχ* entstanden. Bei der Änderung von **arnice* in *annice* war der schwache Satzton des Wortes wahrscheinlich wirksam.

Das aus *a* entstandene *e*, welches wir in *mulveni*, *mulveneke*, *mulenice* finden, bezeichnet wahrscheinlich, wie etr. *e* sonst oft, den Laut *ę*. Dieser Laut braucht nicht zuerst im Compositum eingetreten zu sein, denn im Vulgär-Arm. finden sich analoge Formen mit *ę* (*ęrnem*, *ęnem*) ausserhalb der Zusammensetzung; siehe Cirbied. Das *a* gieng in *e* über, weil der Hauptton auf der Schlusssilbe lag. Dagegen ist das *u* von *mulvuneke*, *mulvunke* unter dem Einfluss des *v* entstanden. Vgl. poln.-arm. *avulelu* kehren = class.-arm. *avlel* (Wiener Z. I, 295). Im Etr. geht auch sonst *e* durch den Einfluss eines vorhergehenden Lippenlautes in *u* über: *vucunal* neben *vecu* u. m., siehe Pauli Mém. de la Soc. de Ling. V, 286 ff. In *mulenike* ist dagegen das *v* ausgefallen wie in *šelanšl* = *selvansl*; *nacna*, *nana* = *nacnva* u. m. Die Form *muluevneke* scheint (wenn richtig) durch Umstellung aus **muluveneke* entstanden zu sein; vgl. arm. in dem Dial. von Achalzich *velal* für *lęval* „waschen" (Tomson S. 21).

Wie *mulvuneke* aus *mulvannice* entstanden ist, so setzt *mulune* eine ältere Form **mulvanni* voraus und enthält **anni* = arm. *arni*. Allein *ame* F. 619, das nur in einer unzuverlässigen Abschrift vorliegt, ist, solange es sonst nicht gefunden ist, mit De. Fo. III, 355 als entstelltes *amce*, nicht als Äquivalent des arm. *arni* aufzufassen.

Die Endung *-i* des arm. *arni* ist lautgesetzlich aus *-iy*, *-iti* entstanden. Etr. *mulvannice*[1]) beweist, dass die eigentümliche arm. Bildung der Verba passiva auf *-i* zugleich etruskisch war.

---

1) Die Endung des etr. *mulveni* bespreche ich nicht an dieser Stelle.

Der Übergang von *i* in *e*, welcher durch *mulvuneke*, *mulune* erwiesen wird, hat wahrscheinlich unter dem Einfluss der *e*-Klasse zu einer Zeit stattgefunden, als man das Bewusstsein von dem passivischen Charakter der Formen **anni*, *annice* nicht länger festhielt.

Im Armen. lässt sich eine analoge Änderung des -*i* der passivischen Conjugation in *e* nachweisen. Sogar im Class.-Arm. ist dieselbe nicht unbekannt. Die gewöhnliche Form des Infin. bei der *i*-Conjugation ist -*el*, und -*il* wird meistens nur dort erhalten, wo die Form auf -*el* den Sinn zweifelhaft machen würde. So ist *linel* eine gewöhnlichere Infinitivform als *linil*, und *gtanel* kann sogar nicht nur „finden" sondern auch „gefunden werden" bedeuten (Petermann Gramm. [2] 63 f.). Die Form des Imperfects ist in beiden Conjugationsclassen gewöhnlich dieselbe. Statt arm. *tanim* „ich trage" findet sich dialektisch *kę tanem* (Cirbied 772).

Auch die Synkope von etr. *annice* zu *ance*, *amce* setzt wol voraus, dass man das Bewusstsein von dem passivischen Charakter der Form nicht festhielt. Diese Synkope stimmt mit dem arm. Lautgesetz, dass *i* ausserhalb der Schlusssilbe schwindet, überein. Auch im Etr. können wir die Synkope eines *i* ausserhalb der Schlusssilbe häufig beobachten; z. B. *afrceia* neben lat. *Africa*, *aclnis* neben *aclinei*, *antni* neben *antinal* u. s. w. Vgl. unter *lusχnei*.

Zum Schluss hebe ich die besondere Übereinstimmung der behandelten etr. Wortformen mit den modernen vulgär-armenischen hervor. In *mulvannice*, *mulune* u. s. w. liegt ein neugebildetes Verbum vor, das wie vulg.-arm. Formen durch die Verbindung einer Casusform auf -*u* mit einem Verbum substantivum entstanden ist. Diese Formen, wie auch *ance*, *amce*, setzen die vulgärarm. Änderung der Lautverbindung *rn* voraus. Endlich hat das erste *e* von *mulveneke* im Vulgär-Arm. eine Analogie.

In der Deckelinschrift F. 2059, Viterbo, findet sich *muleϑ* in der Bedeutung „schenkte"; siehe Verf. Beitr. I, 236 f., Deecke Fo. VII, 16. *muleϑ* ist wie das synonyme *mulu* eine Locativform von **mul*. Man vergleiche das Verhältniss von *tenϑ* (in *tenϑas*) zu *tenu*, *zilaχnϑ* (in *zilaχnϑas*) zu *zilaχnu*, von *ceseϑ* (in *çeseϑce*) zu *cesu*. Bei *muleϑ*, eig. „im Darreichen, im Geben", ist „war" hinzuzudenken; ebenso bei *ceseϑce*.

Verbalformen auf *-une* und *-e*.

Die Erklärung von *tenu*, *mulvannice*, *mulvunke*, *mulune* wirft auf andere Verbalformen, die im vorhergehenden genannt sind, neues Licht. *turune* ist aus **turvune*, **turrene*, **turvanni* entstanden und enthält eine Verbindung von *turu* = *tru* = arm. *troy*, dem Gen.-Dat.-Loc. von *tur* Gabe, mit *anni* = arm. *aṙni*. Ebenso verhält sich *acilune* zum Substantive *acil*. *turunke* ist, wie aus *mulvunke* und *mulune* erhellt, aus **turvannike* entstanden. Über *turuce* kann man dagegen zweifelhaft sein. Da *n* vor *c* oft ausfällt (*cecu* = *cencu* u. s. w.), könnte man *turuce* = *turunke* setzen. Allein dass das gewöhnliche *turce* aus **turvannice* entstanden sein sollte, ist doch unwahrscheinlich. Eine andere Auffassung scheint mir die richtige: *turu* ohne *ce* findet sich G. 906 in derselben Bedeutung wie *turuce*: dies stelle ich daher mit *zilaχnuce* neben *zilaχnu* zusammen. In *turuce* ist *turu* (= *tru*) ein durch das Suffix *-u* von **tur* gebildeter Casus, eigentlich „im Geben", und *-ce* ist Partikel. In *turuce* „gab" eig. „war im Geben" ist so wenig wie in *tenu*, *turu* das „war" durch ein eigenes Wort ausgedrückt. Aus *turuce* ist *turce* durch Synkope entstanden.

talce ist wahrscheinlich aus **taluce*, wie *turce* aus *turuce*, entstanden (vgl. Pauli Etr. St. V, 72 f.) und enthält einen Locativ **talu* = arm. Gen.-Dat. *taloy*, vulg. *talu*, von *tal* „das Geben".

Ebenso ist *arce* wahrscheinlich aus **aruce* entstanden.

In *ture* sehe ich ein Denominativ, das sich zum Stammworte **tur* „Gabe", wie arm. *sirem* „ich liebe", 3. Ps. sg. *sirē* zum Stammworte *sēr* „Liebe" und wie gr. δωρέω zu δῶρον, verhält. Die arm. Endung des Präs. Indic. 3. Ps. sg. *-ē* ist durch *-*ey*, *-*eyi* aus idg. *-eti* entstanden. Dieselben Änderungen setzt die Endung des etr. *ture* voraus.

verse.

Eine Glosse in Pauli excerpt. ex lib. Pomp. Festi (p. 18 Müll.; p. 14 Ponor) lautet so: „*Arseverse* averte ignem significat. Tuscorum enim lingua *arse* averte, *verse* ignem constat appellari. Unde Afranius ait: Inscribat aliquis in ostio arseverse." Diese Glosse rührt wahrscheinlich von Verrius Flaccus, dem Grammatiker der Augusteischen Zeit, her. Die Glosse des Placidus (p. 10 Deuerling): „Arse verse, proverbium" hat wahrscheinlich dieselbe Quelle.

Wir haben allen Grund anzunehmen, dass die Bedeutung der angeführten etruskischen Wörter richtig angegeben ist, da die Sprache der Etrusker zur Zeit des Verrius noch nicht ausgestorben war. Dagegen scheint es im voraus möglich zu sein, dass die etr. Wortformen phonetisch nicht ganz genau wiedergegeben sind. Bei Afranius konnten die Wortformen zum Teil leicht von lateinischer Aussprache beeinflusst sein. Ebenso ist in dem bei Paul. exc. Fest. aufgezeichneten etr. Worte *falando* -*o* die lat. Ablativendung, und für *d* müsste etr. *ϑ* geschrieben werden.

Ich bespreche hier *verse*, das *ignem* gedeutet wird. Ich stelle dies mit arm. *vaṙ* „angezündet, brennend, Brand, Feuer"[1]) zusammen. Die Form des Accusativs ist in der class.-arm. Sprache *z vaṙ*. Allein im Vulg.-Arm., z. B. in der Mundart von Tiflis, wird das Präfix *z* nicht angewendet. Dagegen wird dem vulg.-arm. Nomen im Verhältnisse des Accusativs gewöhnlich ein Pronominalaffix, u. a. -*s*, angefügt. Vielleicht ist in etr. *verse* (ignem) das *s* ebenfalls ein demonstratives Pronominalaffix[2]). In Betreff des auslautenden *e* von *verse* bin ich zweifelhaft. Ich möchte am liebsten annehmen, dass das auslautende *e* von *verse* durch römischen Einfluss hinzugefügt ist, weil *verse* wie eine lateinische Wortform aussieht (vgl. lat. *averse*), **vers* dagegen nicht. Ich möchte das auslautende *e* des etr. *verse* nicht mit dem vulg.-arm. *ę*, das an consonantisch auslautende Nomina als ein Artikel angehängt wird, zusammenstellen; auch die Deutung des -*se* von *verse* als einer älteren Form des arm. Pron. affix. -*s* scheint mir misslich, da die Vocale der idgerm. Schlusssilben im Etr. regelmässig geschwunden sind. In *verse* (= arm. *vaṙs*) ist, wie in *lusχnei*, *erus*, das *s*, wenn dasselbe mit dem arm. Pronominalaffixe zusammengehört, aus idg. *k̑* entstanden. Ich führe das arm. Pron. affix. -*s* auf einen idg. Stamm *k̑o*- zurück.

Unter *erus* habe ich nachgewiesen, dass im Etr. wie im Arm. *e* mit *a* wechseln kann und dass das *e* des etr. *erus* dem *a* des

---

1) Ciakciak übersetzt „ardente, acceso, accendimento, accensione"; Calfa „ardeur, feu, flamme".

2) Da *verse* durch „ignem" sing. übersetzt wird, darf man darin kaum arm. Acc. pl. *vaṙs* suchen.

arm. *arev* entspricht. Gleichwol scheint es möglich, dass die Römer ein etr. **varrs* ungenau durch *verse* wiedergaben, weil ein lat. Wort auf *vars-* sich nicht fand, dagegen wol Wörter auf *vers-*.

Arm. *vař* Gen. *vaři* setzt wol eine vorarmen. Accusativform **varrim* voraus. Im etr. *ver-se* wie im arm. *vař* ist die ursprüngliche Schlusssilbe *-im* geschwunden.

Arm. *vař* gehört mit kslav. *vrěti* fervere, *varŭ* Hitze zu derselben Wortsippe. Corssen hatte also Recht, wenn er schrieb (I, 528): „Etr. *verse* ist von derselben Wurzel ausgegangen wie Altslav. *var-ŭ* Hitze."

arse d. h. *averte* bespreche ich hier nicht, da ich noch jetzt zwischen verschiedenen Deutungen schwanke.

suϑi.

Ein sehr oft vorkommendes etr. Wort ist *śuϑi*. So findet sich das Wort in Süd-Etrurien geschrieben (Corneto, Vulci, Toscanella, Viterbo, Sovana, Bolsena, Orvieto). Einmal *śϑi* F. 2601. Dagegen in Mittel-Etrurien und Nord-Etrurien wird das Wort mit *s* geschrieben: *suϑi* Chiusi, Perugia, Siena, Busca bei Alessandria[1]); *suti* Perugia, Volterra, Bologna. Deecke und andere haben gesehen, dass das Wort „Grab" bedeutet, und dies ist jetzt zugleich von Pauli, der es früher anders deutete, anerkannt. So z. B. F. Spl. III, 301, Orvieto (ohne Worttrennung geschrieben): *mi larkes telaϑuras śuϑi* „Dies (ist) das Grab des Larke Telathura". *suϑi* kommt im Verhältnisse des Subjects und in dem des Objects vor. Der Locativ lautet *śuϑiϑ* F. Spl. I, 419; F. 2335; *śuϑiϑi* F. Spl. III, 388; *śuϑiti* F. 2279; F. 2335. Einen Genetiv finde ich F. 1937: *suϑiś*: *penϑ[na]* ... nach der Lesung Conestabile's. Die Lesung Vermiglioli's *suϑin* ... F. 1936, welche Pauli Etr. St. III, 96 annimmt, scheint mir nicht die richtige. Abgeleitet von *śuϑi* ist *śuϑina* und *suϑinu*, häufig in Bolsena, „Grabgerät". Ferner *śuϑic* F. 2183, Vulci, „ein Gegenstand, der dem Grabe angehört" „Grabmonument". Damit synonym scheint *suϑil* F. 2603. Abgeleitet von *śuϑi* ist auch der Familienname *śuϑiena* Orvieto.

1) *suϑi* aus Orvieto G. 904 ist fehlerhaft statt *śuϑi*; siehe Notizie d. scavi 1879 S. 110.

Eine altertümliche Inschrift aus Corneto F. 2346, die nur in Piranesi's Zeichnung F. Tab. XLII vorliegt, fängt so an: *kaśusi* . . . . Dies deute ich als *ca śuϑi*; vgl. *ca suϑi* F. 1933, *eca śuϑi* und *ta suϑi* öfter. Diese Form *śusi* ist für die etymologische Deutung des Worts wichtig. Auch sonst wechselt *ϑ* mit *s*: *alesnas* = *aleϑnas*, vgl. De. Müll. II, 427 f. Der anlautende Consonant von *suϑi*, *śuϑi*, der in Nord- und Mittel-Etrurien *s*, in Süd-Etrurien *ś* geschrieben wird, muss eben dieser Schreibung wegen stimmlos gewesen sein und kann dem arm. *s* entsprechen. Im Gegensatz hierzu wird *śec* „Tochter" in Chiusi und Perugia mit anlautendem *ś* geschrieben; dieser Consonant, der aus idg. *s* entstanden und im Arm. geschwunden ist, war wahrscheinlich ein stimmhaftes *s*.

Ich stelle etr. *suϑi*, *śuϑi*, *śusi* „Grab" zum arm. *soiz* „immergimento, sommersione, fossa", wozu *suzanem*, *suzem* „sommergere, innabissare, seppellire, nascondere" gehört. Arm. *soizk̓* wird von verborgenen Tiefen der Erde, von Höhlen angewendet und *suzanem* davon, dass man die Toten in die Erde herabsenkt. Etr. *suϑi*, *śusi* würde in arm. Form **suzi* lauten und ist vom arm. *soiz* durch das Suffix -*i* = arm. -*i*, gr. -ιο gebildet. Etr. *suϑi* bezeichnet also das Grab etymologisch als „das in der Tiefe der Erde befindliche", als ein Hypogeum.

Arm. *soiz* pl. *soizk̓* stimmt in Betreff der Bedeutung mit gr. κεῦθος überein: κεύθεα γαίης die verborgenen Tiefen der Erde Hom., κεῦθος χθονός Aeschyl., κεύθεα νεκύων Soph.; ebenso arm. *suzanem* mit gr. κεύθω, das besonders von der Erde, die den Toten birgt, angewendet wird. Die Frage ist daher berechtigt, ob arm. *soiz* mit gr. κεῦθος etymologisch zusammengehört. Die Vocale stimmen überein. Auslautendes und inlautendes arm. *z* kann (was man bisher nicht erkannt hat) aus idg. *dh* entstanden sein und dem gr. *ϑ* entsprechen: arm. *avaz* Sand = gr. ἄμαθος, nhd. *sand* (aus **samd*), Grundform **samadhó-s*; arm. *azn* Nazion mit gr. ἔθνος verwandt. Arm. *s* entspricht regelrecht griechischem κ, wo dies aus idgerm. palatalem *k̂* entstanden ist. Dass das κ von κεύθω aus einem (entweder velaren oder palatalen) *k*, nicht aus idg. *gh*, entstanden ist, wird durch cymr. *cuddio* verbergen, ags. *hȳdan* verbergen, got. *huzd* Hort, asächs. *hord* auch „verborgener innerster Raum", aus vorgerm. **kuzdho-* statt **kudhto-*, erwiesen. Dass das κ von κεύθω ein velares *k* voraussetze und dass arm. *soiz* daher von gr. κεῦθος getrennt werden müsse, könnte man durch aind. *kuhara-m* Höhle, *kuhaka-s* Gaukler, *kuhū-s* Neumond, *kūhā* Nebel und durch das lautlich abweichende *guh- gūhati* „zudecken, verbergen, verhüllen", *gōha-m* „Versteck, Lager", avest. *guz-*, apers. *gud-* „verbergen" erweisen wollen. Allein das Armenische und das Griechische zeigen in unmittelbarer Verbindung mit *u* öfter Consonanten, die idgerm. palatale Verschlusslaute vertreten, wo dagegen das Arische und die slavisch-baltischen Sprachen velare Verschlusslaute voraussetzen lassen. So z. B. arm. *luc* Joch = aind. *yuga-m*, arm. *dustr* Tochter = lit. *duktė̃*; vgl. Meillet Mémoires de la Soc. de Ling. VII, 57 ff. Ich halte daher an der Zusammenstellung vom arm. *soiz*, wozu etr. *suϑi* gehört, mit gr. κεῦθος fest.

Im etr. *suϑi* ist hiernach wie in *lusχnei* das *s* aus idg. *k* entstanden und entspricht einem arm. *s*, allein einem gr. κ. Der inlautende Consonant des etr. *suϑi*, *śusi* ist aus idg. *dh* entstanden. Derselbe wurde wol, wie man aus der Bezeichnung (gewöhnlich *ϑ*, selten *s*) folgern darf, am öftesten anders als arm. *z* ausgesprochen, vielleicht dialektisch verschiedentlich, gewöhnlich als eine Aspirata, zuweilen als ein stimmhafter Zischlaut [1]).

Wie *śusi* haben auch mehrere etr. Familiennamen, die mit jenem Appellativum wahrscheinlich verwandt sind, im Inlaute einen Zischlaut: *susinal* F. 215, im Museum von Florenz, Gen. fem.; *suśnal* F. Spl. II, 90, Perugia; *suses* F. 2327 bis, Corneto, Gen. masc. [2]).

Nachdem der obige Aufsatz über *suϑi* geschrieben war, fand ich, dass Robert Ellis (The Sources of the Etrusc. and Basque Lang. p. 68) das folgende bemerkt hat: „As *suthina* is found in votive, so is *suthi* in sepulchral inscriptions; a word ... to be connected ... with the ... Armenian *sotz-*, 'submergere, celare', ... = Welsh *cudd-*, 'condere'." Er trennt *śuϑina* mit Unrecht gänzlich von *suϑi* und mischt aus dem Ind. und Lit. fremdartiges hinein. Die Zusammenstellung des etr. *suϑi* mit arm. *suz-* findet sich bereits in einer früheren Schrift von Ellis „The Asiatic Affi-

---

1) Im Armen. wechselt *t* mit *ç* (Patkanow Arm. Spr. § 16).

2) Die Lesung *suses* bei Corssen II, 633 nach Murray, in Bull. d. Inst. 1859 p. 100 und Fabretti's Gloss.; *susus* in dem Texte Fabretti's ist also falsch.

nities of the Old Italians" (1870) p. 61 f. Hier folgert er aus dem *s* des etr. *suϑi*, dass das Etruskische zu einer andern Gruppe der indogermanischen Sprachen als Griech., Lat., die celt. und german. Sprachen gehört. Im einzelnen enthält die Darstellung Ellis' auch hier viel irriges.

Die formelle Einheit des Subjects und des Objects.

In seiner Abhandlung „Die Nominativ-Bildung im Etruskischen" in Pauli's Altital. Stud. II, 1—22 hat Schaefer, wie ich jetzt einräume, bewiesen, dass die etr. Appellativa weder eine besondere Nominativ-Bildung noch eine besondere Accusativ-Bildung zeigen; dass dieselbe Wortform vielmehr sowol in dem Verhältnisse des Subjects als in dem des Objects angewendet wird, und dass diese Wortform keine Casusendung zeigt.

Ich nenne im folgenden einige Wortformen, die sowol in dem Verhältnisse des Subjects als in dem des Objects vorkommen.

suϑi kommt am öftesten als Subject vor. Dagegen ist es Object z. B. F. 1915: *cehen* : *suϑi* : *hinϑiu* : *ϑueś* : *sianś* : . . . . . „Dies Toten-Grab schenkte der Senat". Ebenso F. 1487; F. 2335, und öfter.

cana ist nach lateinischem Ausdrucke Nominativ z. B. F. 2045 bis: *larϑealcaicnaṣamriescana* — „Des Larth Caiena Amrie Kunstwerk". Dagegen Accus. z. B. F. 349: *mi* : *cana* : *larϑiaś* : *zanl* : *velχinei* : *śece* — „Dies Kunstwerk weihte (?) Velchinei der Larthia . . ."

fleres, das wahrscheinlich „Ehrenbild" „Ehrenstatue" bezeichnet, ist gewöhnlich Accusativ: F. 1055 bis, F. 1922, F. 1930, F. 2613. Anders verhält es sich mit F. 2599: *fleres tlenaces cver* —. Wenn hier (was wahrscheinlich sein dürfte) *tlenaces* Genetiv, nicht Nomin. pl., und *cver* ein Substantiv „Gabe" ist, muss *fleres* als Nominativ aufgefasst werden. Das Substantiv *acil* ist Nominativ F. Spl. III, 352 und F. Spl. I, 440, dagegen Accusativ F. 1487, G. 104.

Die Zahlwörter verhalten sich nicht anders. Auf den Würfeln F. 2552 ist *maχ*, das wahrscheinlich das Zahlwort für 1 ist, nach lat. Ausdrucke Nominativ. Dagegen in der Verbindung *ṃaχ · cezpạlχ · avil | svalce* (Pa. Etr. St. V, 8 Nr. 15) findet sich *maχ* in einer Verbindung, wo das Lat. den Accusativ anwendet.

Endlich nenne ich Pronominalformen als Beispiele. *mi* und *ein* finden sich sowol in dem Verhältnisse des Objects als in dem des Subjects.

Im folgenden werde ich die Pluralbildung besprechen, welche sowol im Verhältnisse des Objects (*clenar*) als in dem des Subjects (*iχutevr*) die Endung *-r* zeigt.

Die angeführten Wortformen sämmtlich als neutrale Wortformen aufzufassen, ist schon wegen der Bedeutung von *clenar* d. h. filios, und *iχutevr*, d. h. eine Art von Priestern, unstatthaft. Überhaupt ist im Etrusk., das (wie das Armenische) die Motion kennt, ein sonstiger grammatischer Unterschied verschiedener Geschlechter nicht nachgewiesen, gleichwie ein solcher auch im Armenischen fehlt.

Schaefer hat also darin Recht, dass das Etruskische weder eine besondere Nominativform noch eine besondere Accusativform bei den Appellativen kennt, sondern dass eine und dieselbe Wortform, welche keine Casusendung hat, sowol in dem Verhältnisse des Subjects als in dem des Objects angewendet wird. Schaefer glaubt hiermit einen Gegensatz zwischen dem Etruskischen und den indogermanischen Sprachen bewiesen zu haben. Er bemerkt S. 8 „dass in diesen [den etr.] Wörtern von einer Nominativ-Bildung nach Art der indogermanischen Sprachen nicht die Rede sein kann“. Allein die Voraussetzung Schaefers, dass die Anwendung derselben Wortform ohne besondere Casusendung sowol in dem Verhältnisse des Subjects als in dem des Objects sich in indogermanischen Sprachen nicht finde, ist bekanntlich irrig. Aus dem genannten für das Etruskische nachgewiesenen Verhältnisse folgere ich vielmehr, wenn ich dasselbe mit dem ganzen Charakter der Sprache vergleiche, dass das Etruskische mit dem Armenischen auf derselben Entwickelungsstufe steht.

In der classischen armen. Sprache haben der Nom. sg. und der Acc. sg. dieselbe Endung, welche kein Casussuffix zeigt; der Accusativ wird jedoch vom Nominative gewöhnlich dadurch unterschieden, dass die den beiden gemeinsame Nominalform im Accus. mit dem Präfixe *z* versehen wird. Jedoch kann *z* in gewissen Fällen als das Präfix des Accusativs unterdrückt werden; so namentlich wenn das Nomen unbestimmt aufzufassen ist, Dulaurier bei Patkanow Langue Arm. S. 96; vgl. Cirbied 346, 603.

In den arm. Dialekten ist der Acc. sg. gewöhnlich gar nicht verschieden vom Nom. sg. Dies gilt u. a. in den Dialekten von Tiflis (Petermann 66 f.), Agulis (Petermann 736), Achalzich (Tomson). In dem Dialekte von Tiflis pflegt man dem Accusative, wie den andern Cas. obl., ein enklitisches *-s*, *-d*, *-n* oder noch häufiger ein *-ę* anzufügen, allein dies ist nicht Casussuffix, sondern ein bestimmter Artikel.

In der class.-arm. Sprache ist der Acc. pl. gewöhnlich formell verschieden von dem Nom. pl. Allein in den arm. Dialekten fällt der Acc. pl. mit dem Nom. pl. gewöhnlich zusammen; denn sowol der Acc. pl. als der Nom. pl. haben hier gewöhnlich als Endung *r* mit einem vorausgehenden Vocale, welche Endung auch im Etr. bei dem Nom. und Acc. pl. vorkommt. Auch hierin steht die etr. Sprache der vulgären arm. Sprache näher als der classischen.

Nach dem vorhergehenden hat das Etruskische nicht vom Anfang an den Wortstamm im Verhältnisse des Subjects und des Objects angewendet. Casusendungen des Nomin. und des Accus. waren früher vorhanden, sind aber im Laufe der Zeit abgeschliffen worden.

etera.

Die Bedeutung des etr. *etera* ist durch treffliche Untersuchungen von Deecke und Pauli erläutert worden. Namentlich weise ich auf Deecke Fo. VII, 35 f. hin. Es ist allgemein anerkannt, dass *etera* eine substantivische Personenbezeichnung ist, die ein privatrechtliches Verhältniss angiebt. Allein aus den Ausdrücken *zil eteraias* F. Spl. I, 436, *zilaϑ · eterav ·* F. 2055, *camϑi eterau* F. Spl. I, 438 folgert Deecke wol mit Recht, dass die *etera*'s einen Stand bildeten, der eigene Beamten hatte. Die Verbindung des von *etera* abgeleiteten Adjectivs *eteri* mit *lautni* (das im Lat. durch *libertus* wiedergegeben wird) zu *lautn · eteri* zeigt nach Deecke, dass die *lautni*'s in den Stand der *etera*'s übergehen konnten, so dass diese, wie auch ihre Namengebung bestätige, eine Art Mittelstellung zwischen den Freigelassenen und den Vollbürgern eingenommen haben müssen. In den *etera*'s sieht Deecke die von den alten Schriftstellern mehrfach erwähnten etruskischen πενέσται (siehe über diese Müller-Deecke I, 352 ff.), welche die Masse der untertänigen Landbevölkerung bildeten ähnlich wie im griechischen Thessalien.

Ich finde etr. *etera* im arm. *cař̃ay* (d. h. *tsař̃ay*), Gen. sg. -*i*, Gen. pl. -*iç*, wieder. Dies bedeutet jetzt „Leibeigener", auch „Diener", dagegen jetzt nicht „Sclave"[1]). Ciakciak übersetzt: „servo, servitore, . . . famigliare, domestico, . . valletto, . . schiavo . . . vassallo, sudito". Für die Anwendung des Wortes vergleiche man z. B. Gen. 41, 37: *ař̃aji Pharaoni ev ař̃aji amenain cař̃ayiç iuroç* vor Pharao und vor allen seinen Dienern.

Auch sonst entspricht etr. -*a* dem arm. auslautenden -*ay*, das jetzt -*ah* gesprochen wird. So entspricht z. B. etr. -*a* als Endung des Präs. Ind. 3. Ps. sg. dem arm. -*ay*. Im Poln.-Arm. wird -*a* für -*ay* gesprochen: *dzarà* Diener = class. *cař̃ay* (Wiener Z. II, 126). Man muss fragen: warum entspricht im Gegensatz hierzu dem vulg.-arm. *lusnkay* etr. *lusχnei* (nicht *lusχna*)? Vielleicht darf man vermuten, dass etr. -*ei* aus -*ăi*, -*a* dagegen aus *āi* entstanden ist. Die Endung von *lusχnei* ist wol aus -*ăi̯a* entstanden; die Endung -*a* des Präs. Ind. 3. Ps. sg. dagegen aus -*āi*, -*āyi*, -*āti*. Jedoch erwecken andere Beispiele Bedenken gegen die vermutete Regel. Das -*ai* des etr. *etera* ist vor *a* in dem abgeleiteten *eteraias* erhalten.

Das *er* des etr. *etera* entspricht dem *ař̃* des arm. *cař̃ay*. Da die etr. Schrift die Consonantengemination gewöhnlich nicht bezeichnet (*arunϑ* d. h. **arrunϑ*), ist es natürlich, dass das stark gerollte *r* forte durch *r* bezeichnet wird. Für etr. *e* vor *r* dem arm. *a* gegenüber vergleiche man etr. *erus* Sonne neben arm. *arev* und die dabei angeführten Beispiele arm. *erag* = *arag*, *eragaz* = *araguz*, *erastoy* = *arastoy*. Auch beachte man poln.-arm. *abçsperełù* befehlen = class. *apsparel;* poln.-arm. *hargeŗ̣r* ehrenhaft = class. *argavor;* poln.-arm. *łabestak* Hase = class. *napastak* (Wiener Z. I, 285); andererseits poln.-arm. *hasẹràk* Mitte = class. *hasarak*, poln.-arm. *pẹrnełù* halten = class. *bař̃nal* (Wiener Z. I, 297). Man kann daher daran zweifeln, ob

1) Siehe Dictionnaire Franç.-Arm. par Néandre (Norayr) de Byzance.

das zweite *e* von *etera* ein volles *e* ist oder aber als *ę* ausgesprochen wurde.

Im etr. *etera* erscheint ein nach meiner Ansicht prothetisches *e*, das im arm. *cařay* fehlt. Ähnlich findet sich im Etr. *esals* neben *sal*, *zal*; *epl* neben *pul*; *eprϑni* neben *purϑne*; *escuna* neben *scuna*. Dem class.-arm. *sterǰ* = gr. στεῖρα entspricht in dem Dialekte von Achalzich *ęsderč* (Tomson S. 44). Im arm. *atean* neben dem etr. *tenu* scheint mir das *a* prothetisch. Arm. *ataλǰ* „materia da fabbricare" ist wol mit *steλcanem* Aor. 3. Ps. sg. *steλc* „creare, fabbricare" verwandt. Statt *eteλ* wird im Vulg.-Arm. *teλ* (*teλ -s*, *-d*, *-n*) gesagt (Cirbied 777).

Das etr. *etera* zeigt *t* im Gegensatz zum *c* (d. h. *ts*) des arm. *cařay*. Hierfür vergleiche man die Erscheinung, dass *c* im Armen. mit *t* wechselt (Patkanow Arm. Spr. § 18). Neben arm. *cic* „Weibsbrust, Zitze" erscheint *merkatit* „mit nackten Brüsten" (das an nhd. *zitze*, ags. *tit* pl. *tittas* stark erinnert). Hier haben wir also inlautendes *t* neben anlautendem *c* wie in etr. *etera* neben arm. *cařay*. Neben arm. *xait* „varius" steht *xaicem* „varior". Das von Patkanow angeführte arm. *ktit* = *kcic* ist mir sonst unbekannt.

Nach meiner Vermutung ist etr. *etera*, arm. *cařay* aus einer Grundform **drāti-s* Accus. **drāti-m* entstanden. Ich verbinde es mit gr. δράω „tue, warte als Diener auf", wovon δρηστήρ „Diener". Anlautende idg. *r*, *tr*, *pr*, *bhr*, *gr* sind im Armen. nicht ungeändert geblieben; daher muss dasselbe für das anlautende idg. *dr* vorausgesetzt werden. Anlautendes idg. *r* hat im Arm. einen vocalischen Vorschlag erhalten, z. B. arm. *erek* Abend = got. *riqis*, aind. *rajas*. Anlautendes idg. *pr* ist im Arm. zu *er-* geworden: arm. *erēç* neben gr. Dial. πρεῖσγυς. Ebenso ist anlautendes idg. *tr* im Arm. zu *er* geworden; z. B. arm. *erek* = gr. τρεῖς, dagegen etr. *zal* Gen. *esals*. Hiermit vergleiche man das Verhältniss des etr. *etera*, arm. *cařay* zur Grundform **drāti-m*.

Idg. *d* wird im Arm. und Etr. regelrecht zu *t*; in Übereinstimmung hiermit finden wir *t* im etr. *etera* und im arm. *cařay*, d. h. *tsařay*. Dass im arm. *cařay* ein Zischlaut nach *t* entwickelt ist, hat einerseits im etr. *zal* (wenn dies *ʒ* ist), andererseits in dem oben angeführten arm. *cic* Analoga. Jedoch ist der Zischlaut im arm. *cařay* wie im etr. *zal* unter andern Bedingungen als im arm. *cic* entwickelt, indem jene Wörter ursprünglich einen anlautenden Explosivlaut vor einem *r* im Anlaute hatten.

Anlautendes idg. *dr*, das nicht eben eine sehr häufige Lautverbindung gewesen ist, finde ich in einem andern arm. Worte ebenso behandelt. Arm. *caṙ* Gen. *caṙoy* „Baum, Obstbaum“ stelle ich mit gr. δρῦς zusammen. Das *a* von *caṙ* hat sich aus dem folgenden *r* entwickelt. Vielleicht in δάρυλλος · ἡ δρῦς ὑπὸ Μακεδόνων Hesych. und sicher im air. *daur* Eiche ist dagegen der Vocal vor *r* ursprünglich. Mit arm. *caṙ* (wovon kürin. *ṭar* „Baum“, kasiküm. *ṭar* „Fichte“ wol entlehnt ist) verwandt ist nach meiner Vermutung *antaṙ* (Gen. *-i* Gen. pl. *-aç*) „bosco, selva, alberata“ „δρυμός, δασέα“ (Lagarde Stud. S. 162). Das *-taṙ* von *antaṙ* vergleiche ich mit dem gleichbedeutenden gr. δρία, auch sing. δρίος. In *caṙ* neben *antaṙ* haben wir also anlautendes *ts* neben inlautendem *t* wie in arm. *cic* neben *merkatit*, arm. *caṙay* neben etr. *etera*. Ob das *an-* von *antaṙ* aus *sm̥-* „zusammen“ entstanden ist, lasse ich unentschieden.

Vom etr. *etera* (aus **eterai*) ist durch das Suffix *-i* (= gr. -ιος) das Adjectiv *eteri* abgeleitet. Also ist *eteri* aus **eteraịi* entstanden; vgl. poln.-arm. *dzarutin* Dienst = class. *caṙayutiun* (Wiener Z. II, 297). Ableitungen von Stammwörtern auf *-r* (vgl. etr. *esari* von *aisar*) haben vielleicht zum Ausfall des *aị* mitgewirkt.

In der Sarkophaginschrift F. Spl. I, 436 findet sich *zil eteraias* als Apposition zu dem Gen. sg. masc. *larϑial apaiatrus*. In *eteraias* findet Deecke Fo. VII, 35 ein Collectiv *eteraia*. Ich vermute dagegen, dass *eteraia*, welches von **eterai* (später *etera*) durch das Suffix *-a* abgeleitet ist, von dem Beamten „der zu den *etera's* gehört“, von dem Beamten der *etera's* angewendet wird. In *zilaϑ · eterav ·* F. 2055, *camϑi eterau* F. Spl. I, 438 haben wir vielleicht eine adjectivische, von *eteri* dem Sinne nach verschiedene Bildung, die ein verschiedenes Suffix (*-u*) enthält. Pauli (Etr. St. V, 69) versteht *eterau*, *eterav* als einen Locativ auf *-u*, *-v*. Eine Singularform von *etera* passt hier nicht, wenn man nicht *etera* als Collectiv auffasst; allein sonst ist *etera* nirgends als Collectiv angewendet.

Pauli (Etr. St. IV, 60—64 und Altit. St. III, 46 f.) vermutet, dass etr. *atrś*, *atiu*, *aϑnu*, *aϑumic*, *itruta* zu derselben Wortsippe wie *etera* gehören. Ich trenne jene Wörter gänzlich von diesem.

Dagegen scheint es mir jetzt möglich, dass *etera*, wie Taylor und Deecke vermutet haben, das zweite Glied von ἀγαλήτορα · παῖδα Τυῤῥηνοί Hes. bildet.

penϑna.

F. 1900, tab. XXXVII, Travertinstein aus Perugia: *cehen* | *cel* · *teza*|*npenϑn* *aϑaur*[*a*] | *śϑanr* —. Hier ist *tez* Verbum „setzte" oder „setzten"; *an* pron. demonstr., das zu dem Objecte *penϑna* gehört. Dies scheint also den Stein, auf welchem die Inschrift angebracht ist, zu bezeichnen. F. 1937, Perugia, Grabstele, nach Conestabile: *suϑiś*: | *penϑ* ... | *caiepla* | *ϑareśla* (statt des *ϑ* Z. 4 lesen andere *c*). Z. 2 ist mit Pauli Etr. St. III, 96 *penϑ*[*na*] zu ergänzen. Der Genetiv *suϑiś* „Grabes" wird von *penϑ*[*na*] regirt. Der Gegenstand, auf welchem die Inschrift angebracht ist, wird als „Grab-*penϑna*" bezeichnet.

Auf einem Marmorcippus von Perugia F. 1916 kommt Z. 3—4 *penϑna* vor. Vgl. über diese Inschrift Verf. Beitr. I, 129 f., 188; Bezz. Beitr. X, 111.

Auf dem grossen perusinischen Cippus F. 1914 B 12—15: ... *aϑ*|*umicś* · *afu*|*naś* · *penϑn*|*a* · .... Hier ist *penϑna* unter Gegenständen, die dem Verstorbenen geschenkt werden, genannt.

Pauli Etr. St. III, 97 bemerkt: „Das Wort [*penϑna*] kommt nur auf Grabsteinen vor ... Daraus lässt sich der Schluss ziehen, dass das Wort „lapis" bedeute."

Etr. *penϑna* würde nach meiner Vermutung in arm. Form **pndanak* lauten. Das Wort ist von arm. *pind* fest, stabilis abgeleitet; man sagt z. B. *pind kal*, ich stehe fest. Von *pind* wurde durch das Suffix *-an* *pndan* abgeleitet, wie arm. *ahekan* „link" von *aheak* „link". Ciakciak hat *i pndan arkanem* „stringere". Von *pndan* wurde wieder **pndanak* durch das Suffix *-ak* abgeleitet, wie arm. *ẹmpanak* von *ẹmpan*, arm. *poxanak* von *poxan* „anstatt". Arm. *pnd-* wird gewöhnlich *pẹnd-* ausgesprochen. Das *e* wurde in *penϑna* wahrscheinlich, wie in *snenaϑ* neben arm. *snndakan*, als *ẹ* ausgesprochen. Im Poln.-Arm. wird *i* ausserhalb der Schlusssilbe zu *ẹ*, z. B. *miś* Fleisch, pl. *mẹśèr* (Wiener Z. I, 298). Dieselbe Änderung liegt im etr. *penϑna* neben arm. *pind* vor. Für das Suffix vergleiche man etr. *mutna* neben *mutana*, *ϑalna* neben *ϑalana*, *eepana* u. m. In *penϑna* ist vor *n* ein *a* geschwunden wie in *mutna*, *papni* für *papani* u. s. w.

In *penϑna* entspricht etr. *nϑ* dem arm. *nd* wie in etr. *vanϑ* neben arm. *vandem*.

Im etr. *snenaϑ*, vgl. arm. *snund*, *snndakan*, und im etr. *cana* = arm. *kandak* entspricht dagegen etr. *n* (wahrscheinlich *nn* ausgesprochen) dem arm. *nd*. Diesen Unterschied erkläre ich zweifelnd folgendermassen: *penϑna* ist aus **penϑana* entstanden. In dieser dreisilbigen Wortform, in welcher die zweite Silbe unbetont war, erhielt die erste Silbe einen stärkeren Nebenton als in den zweisilbigen Wortformen *snenaϑ* (statt **snenϑaϑ*), *cana* (statt **canϑa*). So konnte das *nϑ* in *penϑ(a)na* erhalten bleiben, während es in *snenaϑ*, *cana* zu *n* geworden ist.

Nach der hier gegebenen Erklärung bezeichnet etr. *penϑna* etymologisch „einen feststehenden Gegenstand". So nannte man einen Grabstein im Gegensatz zu den leicht beweglichen Gegenständen, die den Verstorbenen als *śuϑina* (Grabgerät) geschenkt wurden.

Arm. Beitr. S. 34 habe ich arm. *pind* „fest" mit gr. σφιγκτός „geschnürt" verglichen. Wenn dies richtig ist, muss das *d* des arm. *pind*, das *ϑ* des etr. *penϑna* aus idg. *t* entstanden sein.

ϑes, *tece*, *hece*, *hence*, *ϑentma*, *tezis*.

Auf dem Gefässe von Tragliatella (im südlichsten Etrurien) ist hinter dem Bilde der Aphrodite *mi ϑes aϑei* geschrieben. Deecke (Ann. 1881 S. 163) übersetzt: „hoc (vas) dat Ateia." Er deutet *ϑes* als Präsens von *ϑue-* „dare" (vgl. lat. *duim*) (S. 166); jedoch bezeichnet er es als möglich, dass *ϑes* zu der Wurzel *dha-* „ponere" gehört (S. 168). Ich habe dagegen (Bezz. Beitr. X, 104) *ϑes* als Aorist von *dhē-* τίθημι erklärt, und diese Erklärung scheint mir noch jetzt die richtige.

Die Inschrift *mi ϑes aϑei* ist mit *mi amnu arce*, d. h. hoc Amno fecit, auf demselben Gefässe ganz analog. Wie *arce* ein Präteritum ist, so darf man auch in *ϑes* ein Präteritum suchen.

ϑes zeigt dieselbe Endung wie *ϑueś*. Dies habe ich mit dem vulg.-arm. Aoriste *tucaç* oder *tueç* „gab" identificiert; folglich muss auch *ϑes* ein Aorist sein. *ϑes* gehört zu der idg. Wurzel *dhē-*, wozu u. a. arm. *dnem* (aus **dinem*) setze, Aor. 1. Ps. *edi*, 3. Ps. *ed*. Arm. *ed* ist = aind. *ádhāt*, gr. (κατ)έθη (kypr.) Hübschm. Grundz. Nr. 84. Etr. *ϑes* verhält sich zum arm. *ed* wesentlich wie etr. *ϑueś* zum arm. *et*. Im vorhergehenden habe ich nachgewiesen, dass etr. ϑ im Auslaute und Inlaute einem arm. *d* entspricht, z. B. *canϑ* neben arm. *vandem*. *ϑes* zeigt, dass auch anlautendes etr. ϑ dem arm. *d* entspricht. Darin erscheint eine bedeutsame Abweichung des Etr. vom Arm., dass das Etr. nirgends, wenigstens nicht in der Schrift, Mediae kennt.

In dem Satze *mi ϑes aϑei* ist das Verbum „setzen, stellen" von der Aufstellung einer heiligen Gabe, von der Widmung angewendet, wie gr. ἀνατίθημι regelmässig so angewendet wird. Ebenso findet sich ja *posuit* sehr oft in lat. Votivinschriften.

Deecke weist dieselbe etr. Verbalform *ϑes* in den folgenden Inschriften nach. Auf einer zerbrochenen Schale von rotem Thon, sicher aus Campanien, Corssen I Taf. XXIII B 5, F. Spl. III, 410: *χarileϑesnip* — d. h. *χarile ϑes nip*, nach Deecke „Charile (Χάριλλος) dat vas"[1]). F. 2754 b, unter einer Schale aus Capua: *icarϑesiuχnip*, d. h. *icar ϑes iuχ nip*, nach Deecke „Icarus dat Jugi (?) vas". F. 2754 auf einer Schale aus Capua: *mimaercepṛziāeϑes* — d. h. *mi maerce prziae ϑes*, nach Deecke „hoc (vas) Marcus Perusiaeus dat". F. 2336, auf einer kleinen Nenfroquader von Corneto: *mi · apirϑespu* — d. h. *mi apir ϑes pu*, nach Deecke „hoc donum (?) dat Publius". Auf die Bedeutung des Substantivs *apir* gehe ich hier nicht ein. Auf einem Spiegel aus Vulci, F. 2175 nach der Lesung Corssens: *aχle · truiessϑesϑufarce* —[2]) d. h. nach Deecke *aχle truies s ϑes ϑu f arce*, wo er *s* (d. h. *seϑre*) *ϑes* durch „Sertor dat" übersetzt. Auch hier wird, wenn die Deutung richtig ist, *ϑes* als Aorist „posuit" durch das daneben stehende *arce* „fecit" wahrscheinlich gemacht.

Dieselbe Verbalform *ϑes* habe ich (Academy 6. Mai 1882) G. 912 bis, auf einer zu Foiano (zwischen Chiusi und Arezzo) gefundenen Schale vermutet: *ekuϑuϑiialzreχuvazcleśulzipuleϑesuva* ..... (den Schluss der Inschrift lasse ich hier aus). Ich habe in *ϑesuva ϑes* mit einer enklitischen Partikel gesucht. Hierher ge-

---

1) Anders Pauli Etr. St. V, 16. Das *s* steht unter den andern Buchstaben.
2) Etr. Sp. 5. Bd. S. 65 wird gelesen: *Aχle · truieịϑestufarce* —.

hören ferner Formen mit anlautendem *t*. Poggi Appunti 49 („coppa di bucchero", Chiusi): *larikiatesin* — „Larikia weihte dies". In *tesin* ist *tes* = *ϑes* und *in* = *ein* (Verf. Bezz. Beitr. X, 104). Nahe verwandt ist Poggi Appunti 47 („piatto di bucchero", Chiusi): *tisein · naime* —, wo *tiscin* = *tesin* ist.

F. 2279 (Gefäss aus Vulci) liest Deecke [*c*]*aisu tez usi ar*[*c*]*e*, und er versteht *tez* = *ϑes*. Hier giebt das *z*, welches dem arm. *ç* entspricht, eine genauere Bezeichnung des Lautes als das *s* von *ϑes* [1]).

F. 808, auf einem irdenen Topf von Chiusi: *miteṣanteia-tarχumenaia* —. Hier teile ich mit Deecke *mi tes anteia tarχu-menaia* und ich verstehe dies so: „Dies (Gefäss) widmete (eig. setzte) Anteia der Tarchumenai". Pauli hat die Inschrift ganz anders aufgefasst.

Hier ist ferner zu nennen F. 1900 (Perugia, Travertinstein): *cehen* | *cel · teẓa* ⁝ *npẹnϑṇ* | *aϑaur*[*a*] | *śϑanr* —. F. 1914 A Z. 4—5: | *tezanfuśleritesnśteiś* | *raśneśipahennaper* | —. An diesen Stellen teile ich jetzt mit Deecke *tez an*. Ich sehe hier in *tez* den Aor. „setzte", der bei einem folgenden pluralen Subjecte ungeändert bleibt; in *an* sehe ich ein Pron. demonstrativum.

Die hier besprochene Verbalform wird also in Südetrurien gewöhnlich mit *ϑ* geschrieben (*ϑes*); dagegen in Mitteletrurien gewöhnlich mit *t* (am öftesten *tez*, auch *tes*, einmal *tis*). Dieser Wechsel von *ϑ* und *t* ist, wenigstens vom Anfang an, kaum nur graphisch. Ob derselbe ursprünglich nur dialektisch, nicht grammatisch gewesen ist, kann ich hier nicht entscheiden.

Zu derselben Wurzel gehören, wie Ellis (Asiatic Affinities S. 91, wo jedoch viel irriges hinein gemischt ist), Corssen I, 713 f. und andere gesehen haben, *tece* [2]) F. 1922, Perugia, Bronzestatue eines Volksredners od. dgl.: *auleśi · meteliś · ve · vesial · clenśi* | *cen · fleres · tece · sanśl ·* .... „Dem Aule, dem Sohne des Vel Meteli (und) der Vesi, setzte der Senat dies Ehrenbild".

tece, das wie *tez* anlautendes *t* hat, scheint eine mit der Partikel *-ce* verbundene Aoristform zu enthalten. Im Arm. lautet

---

1) Die Bedeutung von *tez* F. 1052 ist kaum sicher.

2) Die Einwendungen von Pauli (Etr. Stud. V, 73) scheinen mir nicht begründet.

der Aor. 3. Ps. sg. *ed* = aind. *ádhāt*, kypr. (κατ-)έθη. In *tece* fehlt das Augment, wie gewöhnlich bei andern Verben im Vulg.-Arm. Die Wurzelform *te-* des etr. *tece* entspricht wahrscheinlich der arm. Form *dĕ-*, welche in Aor. 2. Ps. sg. *eder* (neben *edir*) erscheint. Im arm. Präsens *dnem* aus **dinem* hat sich das *i* aus *e* wegen des folgenden *n* entwickelt. Weniger wahrscheinlich ist es mir, dass *tece* in der ersten Silbe ein langes *e* bewahrt haben sollte. Auch F. 2596 (olla) scheint *tece* „posuit“ zu bezeichnen.

Die Verbalpartikel *ce* ist öfter an Präsensformen (z. B. *mulrunnice*) oder an Nominalformen (z. B. *turuce*) gefügt. Jedoch finde ich es der armenischen Präsensform *dnem*, 3. Person *dnē* wegen nicht wahrscheinlich, dass die im etr. *tece* enthaltene Verbalform **te* ein Präsens sein sollte, dem die Reduplication des aind. *dadhāti* und des gr. τίθησι fehlte.

Eine Nebenform zu *tece* ist vielleicht, wie mehrere Gelehrte vermutet haben, *hece* F. 1487, Perugia, auf einem Pfeiler der Grabpforte: *arnϑlarϑvelimnaś* | *arnzneal husiur* | *suϑiacilhece* —. Das Subject ist „Arnth, der Sohn des Larth Velimna“; das Verbum *hece* „setzte“; das Object *suϑi* „das Grab“; *acil* ist Apposition zum Objecte. *huśiur* bespreche ich nicht in dieser Verbindung.

Ob man darin, dass das anlautende *ϑ* in *tece* zu *t*, in *hece* dagegen zu *h* geworden ist, dialektische Verschiedenheiten zu sehen hat, wage ich nicht zu entscheiden. Auch sonst geht anlautendes etr. *ϑ* in *h* über: *hulχniesi* F. Spl. I, 398 = *ϑulχniesi* F. Spl. I, 419—20, vgl. De. Fo. V, 2—4; *hui* F. 986 wahrscheinlich = *ϑui*. Das Armenische hat nichts entsprechendes.

F. Spl. I, 399 (Wandinschrift eines Grabes auf dem Montarozzi bei Corneto), Z. 2 ist nach Deecke Fo. VII, 2 das letzte Wort *hece* in dem ursprünglichen eingeritzten Texte, dagegen *he · ce* in der schwarzen Übermalung. Danielsson teilt mir mit, dass er **ence* eingeritzt, *hecce* in der Übermalung gelesen hat. Hiernach vermute ich *hence* „sie setzten“. Dies deute ich als Aor. 3. Ps. pl. **ϑen* mit der Partikel *-ce*. In *ϑamce* habe ich *-ce* nach einer 3ten Ps. pl. nachgewiesen. Das *hen* von *hen-ce* zeigt dieselbe Endung der 3. Ps. pl. wie etr. *tun* und *ϑam* (in *ϑamce*), *tan* (in *tanna*). *hen-* ist seinem Ursprung nach von dem arm. Aor. 3. Ps. pl. *edin* darin verschieden, dass demselben das Augment fehlt.

Das nach *hence* vermutete *θen* = arm. (*e-*)*din* „setzten" findet sich vielleicht in *θentma* F. 346. Diese Inschrift ist auf einem Quadersteine, der bei einem etr. Grabe in der Nähe von Volterra gefunden wurde, geschrieben. Dieselbe ist eine Schenkungsurkunde, die mit F. 1914 analog ist, obgleich weit kürzer als diese grosse perusinische Cippus-Inschrift. Beide nennen Opfergaben, die an ein Grab geschenkt sind. Das Verbum finde ich F. 346 jetzt in *θentma* Z. 5. Dies ist nach meiner Vermutung als **θen* mit enklitischem *ma* aufzufassen. Für das *t* (wenn dies eingeschoben ist) vergleiche man poln.-arm. *dzandr* = class. *canr* schwer, poln.-arm. *mandr* = class. *manr* klein (Wiener Z. III, 43). Oder hat sich eine ursprünglichere Form *θent* vor *ma* erhalten? *ma* ist formell mit dem Pron. demonstr. *ma* identisch, kann aber hier nicht Object sein, da Objecte (u. a. *huθ naper*) im vorhergehenden genannt sind. Die arm. Pronomina dem. *na* und seltener *da*, *sa* werden zugleich als Partikeln angewendet, welche die Verbalform hervorheben und oft gr. δέ, γάρ u. s. w. wiedergeben. Siehe de Lagarde Stud. § 1579. Hiernach verstehe ich *ma* in *θentma* als Partikel mit schwach hervorhebender Bedeutung. Dasselbe ist hier dem *θen*(*t*) nachgestellt; vgl. *na* in *cina* = vulg.-arm. *ki na*.

Man kann daran zweifeln, ob *hence* und *θentma* das ursprüngliche *e* erhalten haben, welches im arm. *edin* vor *n* zu *i* übergegangen ist. Eine andere Auffassung ist die, dass das *e* der ersten Silbe von *hence* und *θentma* einem arm. *ę*, wie oft, entspricht und dass *ę* ausserhalb der Schlusssilbe aus *i* entstanden ist. Sowol der Übergang von *e* vor *n* in *i* als der Übergang von *i* ausserhalb der Schlusssilbe in *ę* (geschrieben *e*) lässt sich im Etr. sonst nachweisen.

Auf einer Lampe aus Arezzo, der jetzt die Schnauze („il becco") fehlt, sind die folgenden Worte von der Dille aus in einem Kreise geschrieben: . . . *alieθi* : *frast tezis* : *luθ* . . . (Gamurrini Notizie d. sc. 1887 S. 438). Das unvollständige . . . *alieθi* ist nach seiner Endung ein Locativ. Auch *frast* kann nach seiner Endung ein Locativ (*fras-t*) sein. Dass es *frast* (nicht *frasθ*) heisst, ist durch das vorhergehende *s* veranlasst. Vgl. *falsti*

F. 1911 A 15 neben *śpelϑi* ib. B 6, *śpelϑ* ib. A 22 f., *śpelaneϑi* ib. B 4 f.; arm. *ast* hier neben *and* dort. ... *alieϑi* mit auslautendem *i* steht neben *frast* ohne *i* wie *falśti*, *śpelϑi* neben *śpelϑ*. Ebenso finden sich in einer und derselben Inschrift Formen auf *-śi* neben Formen auf *-ś*. Hiernach ist ... *alieϑi* wahrscheinlich ein zu dem Substantive *fras-t* gehöriges Adjectiv.

Anlautendes etr. *f* entspricht, wie ich durch mehrere Beispiele nachzuweisen hoffe, dem arm. *b*. Daher deute ich *fras-t* als Locativ von einem dem arm. *brac* „lo scavare; il luogo scavato, scavo, fossa" entsprechenden Worte. Arm. *brac* ist von *brem* „höhle aus" (aus **birem*) abgeleitet. Ebenso entspricht im etr. *sce*, das ich = arm. *ccë* deuten werde, das erste *s* einem arm. *c*.

tezis gehört zu derselben Wurzel wie *tece*, *tez*. Vom arm. *dnem* „ich setze, lege" lautet Fut. II Imperat. nach Cirbied 268 *dijir*. Allein auch *diçes* kann angewendet werden; z. B. *diçes i tapanakin zrkayutiunsn* Exod. 25, 16 ἐμβαλεῖς εἰς τὴν κιβωτὸν τὰ μαρτύρια. Mit diesem stelle ich etr. *tezis* zusammen. Das *e* von *tezis* ist kaum dem Vocale eines arm. **dçés*, nach der Aussprache *deçés*, aus *diçés*, gleichzusetzen, sondern eher wie das *e* vom etr. *tece*, *ϑes* ein volles *e*. Das *-is* von *tezis* ist wol eine dialektische Aussprache statt *-es*, wie etr. *e* in mehreren Verbindungen mit *i* wechselt (z. B. *tisein* = *tesin*) und wie in dem arm. Dialekte von Tiflis *is* statt *es* ausgesprochen wird. Die arm. Endung der 2. Person *-es* ist durch den Einfluss von *es* „du bist", das **essi* voraussetzt, entstanden (Hübschmann Grundzüge S. 95). Wie in *tezis*, so entspricht auch in *tez* u. m. etr. *z* einem arm. *ç*.

Endlich *luϑ* ... ergänze ich *luϑ*[*sci*] = arm. *luçki* „fomes". Wie franz. *mèche* sowol „fomes" als „ellychnium" bezeichnet, dürfte *luϑ*[*sci*] hier „Docht" bedeuten. Arm. *luçki* gehört zu arm. *luçanem* „zünde", das wol in Übereinstimmung mit andern Causativen aus *-uçanem* entstanden ist[1]. Etr. *lusχnei* entspringt derselben Wurzel.

Mit der Schreibung *luϑ*[*sci*] vergleiche man *caraϑsle*, *caraϑsleis* F. 1933, *araϑsia* F. 2605, *veitsnal*, *valtsnisa* u. ähnl. Der Unterschied der Bezeichnung zwischen *tezis* mit *z* und *luϑ*[*sci*] mit *ϑs*

1) Andere Auffassungen bei Hübschmann Grundzüge Nr. 130 und bei Bartholomae Bezz. Beitr. X, 290.

kann darin begründet sein, dass die Affricata als solche bestimmter vor einem Consonanten gehört wurde; vgl. nhd. *herz* = asächs. *herta*, *malz* = asächs. *malt*, *lenz* = ndl. *lente*, dagegen *essen* = asächs. *etan*.

Ich deute also *frast tezis luϑ[sci]* „in die Höhlung lege du den Docht". Dies ist ja für eine Lampeninschrift, die von der Schnauze aus anfängt, nicht unpassend. Die Inschrift ist in sprachlicher Hinsicht mehrfach wichtig. *frast* neben arm. *braç* für **biraç* zeigt die arm. Regel, dass *i* ausserhalb der Schlusssilbe schwindet; vgl. u. a. etr. *penϑna* neben arm. *pind*. Etr. *fras-t* giebt ein Beispiel des arm. Suffixes *-aç*, das nach meiner Vermutung aus *-asti-s*, Accus. *-asti-m* entstanden ist (was ich hier nicht begründe).

Im etr. *tezis* haben wir das einzige bisher gefundene Beispiel von *-s* als der etr. Endung der zweiten Ps. sg. Etr. *luϑ[sci]* setzt die arm. Causativbildung voraus.

Zum Schluss wage ich das erste Wort ... *alieϑi* zu ergänzen, wenn auch die Ergänzung unsicher bleiben muss. In *eleivana* F. 2614 quat. habe ich Bezz. Beitr. XI, 16 eine Ableitung von einem dem gr. ἔλαιον entlehnten Worte vermutet (also vom arm *iuλ* „Öl" ziemlich abweichend). Hiernach ergänze ich *[ele]alieϑi*. Im Etr. wechselt *ei* mit *e*, und *v* ist mehrfach zwischen Vocalen geschwunden. Ich vermute in *[ele]alieϑi* dasselbe Suffix wie im arm. *iuλali* „mit Öl gefüllt". Also: *[ele]alieϑi* : *frast tezis* : *luϑ[sci]* „In die mit Öl gefüllte Höhlung lege du den Docht".

Anlautendes *f* im Etruskischen; *frontac*.

Das Etruskische weicht darin vom Armenischen ab, dass es die stimmhaften Verschlusslaute nicht hat oder wenigstens besondere Zeichen für dieselben nicht kennt. Es entsteht bei dieser Sachlage die Frage: Wie ist anlautendes arm. *b* im Etr. vertreten? Da anlautendes arm. *d* durch etr. *ϑ* vertreten ist (z. B. etr. *ϑes*), so liegt die Vermutung nahe, dass anlautendes arm. *b* (aus idg. *bh*) im Etr. durch *f* vertreten ist. Ein Beispiel hierfür habe ich bereits im etr. Locative *fras-t*, der zum arm. *brac* Höhlung gehört, angeführt.

Beachtenswert ist etr. *frontac*, das in der Bilinguis von

Pesaro (F. 69, Deecke Fo. VI, 27) dem lat. *fulguriator* entspricht. Man hat *frontac* längst mit gr. βροντή zusammengestellt. Allein gr. βροντή, βρόμος, βρέμω lassen sich von kslav. *gromŭ* „Donner", *grŭměti* „donnern" nicht trennen (Fick Bezz. Beitr. VI, 212 f.). Da nun das Etr. wie das Arm. die Labialisation der velaren Verschlusslaute nicht kennt, muss das Stammwort des etr. *frontac* aus dem gr. βροντή entlehnt sein[1]). Hier ist also gr. β in einem Lehnworte zu etr. *f* geworden.

In der Bilinguis entspricht dem lat. *haruspex fulguriator* das etr. *netšvis · trutnvt · frontac ·*

Da eine copulative Partikel in dem lat. Texte fehlt, dürfen wir die Endung von *frontac* nicht ohne Not mit Deecke als *-c* d. h. *-que* deuten. Das *-c* kann, wie Corssen I, 331, R. Ellis (Sources of the Etr. a. Basque Lang. 57) und ich (Bezz. Beitr. XI, 55—57) angenommen haben, dem Suffixe angehören. Formell dasselbe Suffix haben wir in dem Zahlworte *maχ* und in Adjectiven, die von Städtenamen abgeleitet sind, *rumaχ*, *cusiaχ* u. m. Das *c* ist in *tlenaces* F. 2599 neben *tlenaχeiš* F. 1055 erhalten. Mit derselben Anwendung wie in *frontac* finden wir das Suffix *-ak* im Armenischen[2]): *imastak* „Sophist" von *imast* „Weisheit". Die idg. Grundform ist wahrscheinlich *-āqos* Acc. *-āqo-m*. Die Schlusssilbe ist im Etr., wie im Arm., abgefallen.

falandum.

Bei Paul. exc. Fest. p. 88 M. (p. 63 Ponor) heisst es: „falae dictae ab altitudine, a *falando*, quod apud *Etruscos* significat *caelum*"; v. Ponor hat *falado*, was also in guten Handschriften von Paulus steht, allein *-ado* kann leicht aus *-ādo* d. h. *-ando* entstanden sein.

Als die etruskische Form des Worts betrachte ich **falnϑ*, daraus mit Svarabhaktivocal **falanϑ*[3]). Vgl. etr. *ramaϑa* neben

1) Pauli (Inschr. von Lemnos S. 39) betrachtet etr. *fronta-* als „einen indogermanischen Eindringling".

2) Auch Ellis vergleicht das arm. Suffix *-ak*.

3) Ebenso sagt Pauli (Inschr. v. Lemnos 52): „*falandum* „Himmel" ..., welches in etruskischer Form **fal(a)nϑ* lauten würde". Deecke Falisker S. 25: „Das Wort müsste etr. etwa **falanϑe* oder **falanϑ* heissen."

ramϑa; lautnata neben *lautniϑa;* etr.-lat. *Mastarna* neben etr. *macstrna;* etr. *aleϑans* = *aleϑnas*, vgl. *aleϑanei; prumaϑś* = *prumts*, d. h. lat. *pronepos*, u. m. In lat. Schrift wird nichtanlautendes etr. *ϑ* öfter durch *d* wiedergegeben: z. B. *lautnida* Pauli Inscrr. Clus. ined. p. 283.

Im etr. *falnϑ* „Himmel" finde ich nach *n* dasselbe Suffix -*ϑ* wie in *arnϑ* und *larnϑ*. Dasselbe Suffix erscheint nach *n* im poln.-arm. *gayant* „Unterwelt", das in class.-arm. Schreibung **kayand* sein würde, neben dem class. *kayan* Aufenthaltsort (Wiener Z. III, 43).

Dasselbe Suffix vermute ich im armen. *undundk* Gen. *andndoç* abyssus, verglichen mit aind. *adhas* unten, *adhama-s* der unterste. Es ist beachtenswert, dass dieselbe Endung bei den Ausdrücken für die entgegengesetzten Begriffe „Himmel" und „Hölle" erscheint.

Mit etr. **faln-ϑ* „Himmel" vergleiche ich arm. *barjunk* (d. h. *bardzunk*) Nom. pl., Gen. *barjanç* „Himmel", welches eigentlich „Höhen" bedeutet und zu *barjr* Gen. *barju* „hoch" gehört. Ich nehme an, dass etr. **falnϑ* aus **falznϑ* entstanden ist und dass ein dem arm. *dz* entsprechender Consonant (welcher im Etr. *z* oder *ś* geschrieben worden wäre) zwischen *l* und *nϑ* ausgefallen ist. Vgl. etr. *fuflunl* F. Spl. I, 453 = *fuflunsl* F. Spl. III, 402, *fuflunsul* F. 2250, G. 30 (wo Sayce in Pauli's Altit. St. II, 127 jedoch das Verhältniss anders auffasst). Aus dem Armen. vergleiche man den Ausfall des *j* (= *dz*) in *bařnam* „hebe" neben dem Aoriste *barji*. Die Consonantenverbindung *lznϑ* des früheren etr. **falznϑ*, woraus durch den Ausfall des *z* **falnϑ* entstand, muss ausserhalb der Schlusssilbe eingetreten und dadurch bewirkt worden sein, dass das *u*, welches im arm. *barjunk* erscheint, ausserhalb der Schlusssilbe ausgefallen war. Vgl. z. B. arm. *andndoç* Gen. von *undundk*.

Das *r* des arm. *barjunk* ist im etr. **falnϑ* zu *l* geworden. Der Übergang von *r* in *l* ist im Etrusk. bereits durch einige Beispiele belegt: *mestleś* aus **mestreś*; *tuntle* Τυνδάρεος; vgl. ferner *zal* aus **zar*, *zelar* = *zeral* und Verf. Beitr. I, Register S. 260. Diesen Lautübergang werde ich später durch noch mehrere Belege stützen. Im Armen. ist *λ* oft aus *r* enstanden: *astλ* = gr. ἀστήρ; *aλbeur* = gr. φρέαρ; *aλt* = gr. ἄροα; *aλaçem* vgl. ἀράομαι;

kaɫamb aus χράμβη (auch im Pers. mit *l* neben *r*) u. s. w. Vgl. Lagarde Stud. § 1083; Hübschmann Grundzüge S. 73; Verf. Arm. Beitr. 35 f. Im Arm. geht *r* auch in *l* über: neuarm. *gulpay* = class.-arm. *gurpay* calza[1]).

falas', fals'ti, falzaϑi.

Auf dem grossen perusinischen Cippus F. 1914 findet sich A 13 *falaś* „als Geschenk ins Grab oder Grabausrüstung" (Deecke Bleiplatte von Magliano 23). Das offenbar damit zusammengehörige *falśti* A 15 leitet zu einer näheren Bestimmung der Bedeutung. Die Wortform *falśti* gestattet nicht *falaś* mit Deecke als Acc. pl. von einem **fala* aufzufassen. Vielmehr ist *falśti*, welches das Locativsuffix *-ti* enthült, Locativ von *falaś*, dessen *ś* dem Stamme angehört. In *falaś* kann das zweite *a* Svarabhaktivocal sein. Man vergleiche, was ich bei *falandum* angeführt habe; zugleich *velaśnei* F. 287 statt **velśnei* neben *velisnas* F. 2104; *alapu* u. s. w. Der Ausdruck *naper śranc zl ϑii falśti* zeigt, dass *falaś* ein Gegenstand war, auf welchem im Grabe *naper*, d. h. wahrscheinlich: Libationen, gebracht wurden.

Mit etr. *falaś* Loc. *falśti* vergleiche ich arm. *barj* (d. h. *bardz*) Gen. *barji* Kissen; auch „trono, dignità". Die Lautbehandlung ist bei etr. *falaś* neben dem arm. *barj* dieselbe wie bei etr. **falnϑ* „Himmel" neben dem arm. *barjunḱ*. In Betreff der religiösen Bedeutung entspricht etr. *falaś* wahrscheinlich dem römischen *pulvinar*.

Zu *falaś* gehört ferner der Locativ *falzaϑi* Magliano A. Ein Opfer wird hier gebracht *falzaϑi* d. h. in pulvinari. *falza-* in *falzaϑi* ist vielleicht aus **falzac* entstanden (vgl. etr. *cana* = arm. *ḱandak* u. s. w.). Es verhält sich bei dieser Auffassung etr. *falza* zum arm. Deminutive *barjik* (bei Calfa) wie arm. *ęmpak* zu *ęmpik*. Allein das zweite *a* von *falzaϑi* ist vielleicht Svarabhaktivocal; vgl. *lautnaϑa*.

Arm. *barj* Kissen, womit ich etr. *falaś*, *falśti*, *falzaϑi* zu-

---

1) R. Ellis (The Asiatic Affin. 18 und Sources of the Etr. a. Basque Lang. 78) vergleicht etr. *falandum* Himmel mit pers. *buland* hoch. Dies ist mit arm. *barjr*, *barjunḱ* verwandt.

sammengestellt habe, entspricht dem aind. *barhiṣ-* „Opferstreu", avest. *bareziṣ-* und ist mit apreuss. *balsinis* „Kissen", *pobalso* „Pfühl" verwandt. Wie das idg. palatale *k̑* im Arm. und Etr. zu *s* geworden ist, so ist das idg. palatale *ǵh* im Arm. zu *j* d. h. *dz* geworden, und derselbe oder ein nahe verwandter Laut wird durch das etr. *ś* oder *z*, das dem arm. *j* entspricht, bezeichnet. Wenn ich etr. *falaś*, *falśti*, *falzati* richtig gedeutet habe, beweisen diese Wortformen, dass das Etruskische zu einer andern Abteilung der idg. Sprachen als das Griechische und das Lateinische gehört.

Das *l* von *falaś*, *falśti*, *falzati* ist wahrscheinlich eine speziell etr. Änderung des *r* des arm. *barj* und beruht kaum auf alter Übereinstimmung mit apreuss. *balsinis*; denn ebenso verhält sich etr. ***falnϑ** zum arm. *barjunk̑*.

Übergang von *l* in *h*.

Im Etrusk. erscheint ein Übergang von *l* in *h*, den Deecke Gött. g. Anz. 1880 S. 1430 als „sehr auffällig" bezeichnet hat. Pauli Altit. St. IV, 103, vgl. 113, nennt die Identität von *heϑari* mit *leϑari* „überraschend, aber durchaus sicher" [1]).

Als Familienname findet sich in Clusium *leϑari* F. Spl. III, 236; *leϑaria* ib. 240; *letaria* ib. 239; *letarinal* F. Spl. I, 202. Daneben findet sich die Schreibung mit *h*: *heϑaria* F. Spl. III, 237 und ib. 238; *hetaria* G. 445; *hetari* F. Spl. III, 235; *hetarias* ib. 241. Sogar mit vocalischem Anlaute *éϑari* G. 443. Dass *heϑari* mit *leϑari* identisch ist, kann nicht zweifelhaft sein. Die Inschriften F. Spl. III, 235—238 stammen sämmtlich aus zwei Gräbern, die beide in demselben Hügel am See von Chiusi ausgegraben wurden. Namentlich vergleiche man F. Spl. III, 240: *hasti leϑaria vescusa* mit 241: *larϑia vesacnei hetarias.* Die sprachliche Verwandtschaft von *vesacnei* mit *vescusa* zeigt hier, dass *hetaria* derselbe Familienname wie *leϑaria* ist. Ja *larϑia vesacnei hetarias* „L. V. (die Tochter) der H." kann die Tochter von *hasti*

---

1) Ich habe (Beitr. I, 229) mit Unrecht den Lautübergang von *l* in *h* anders zu erklären versucht.

leϑaria vescusa „H. L. (die Frau) des V." sein. Deecke Fo. IV, 40 vermutet, dass dieser Familienname wie die Familiennamen *leϑe*, *letial*, *leϑiu*, *leϑanei*, *letanei* mit dem Namen einer Göttin *leϑam* Gen. *leϑms*, *leϑns* in Verbindung stehen.

Den perusinischen Familiennamen *hamφna*, auch *hanφina* F. 1603 leitet Pauli Altit. St. IV, 125 gewiss richtig von dem bei Pienza nachgewiesenen (F. Spl. I, 120 ff.) clusinischen Familiennamen *lamφe*, *lanφe*, *laφe* (aus **lamφie*) ab. Über andere mögliche Beispiele dieses Lautübergangs siehe Pauli Altit. St. IV, 125—127.

Bei noch einer andern Wortsippe finde ich diesen Lautübergang wahrscheinlich. *hinϑia* kommt F. 2147 in der Bedeutung „ψυχή, anima, Totenschatten" vor; *hinϑial* F. 2144, F. 2162, F. Spl. I, 407 in derselben Bedeutung; F. 2475 als Bezeichnung der Göttin Ψυχή. Hierher gehört auch *hinϑacape* F. 1914 A 14, d. h. ein für die Toten bestimmter Becher; *hinϑa* verhält sich zu *hinϑia* wie *tina* zu *tinia*, *larϑal* zu *larϑial*. Ferner das Adjectiv *hinϑiu* in *suϑi hinϑiu* F. 1915, d. h. ein Totengrab, ein für die Toten bestimmtes Hypogeum. *hinϑia*, *hinϑial* bedeutet also etymologisch „Totenschatten". Weil das Wort somit dem Sinne nach ungefähr dem gr. ψυχή entsprach, gab man auch Ψυχή als den Namen der Göttin durch *hinϑial* wieder. *hinϑia* ist nach meiner Vermutung von *leinϑ* abgeleitet; bereits Secchi hat diese Wörter zusammengestellt.

Eine Spiegelzeichnung (Gerh. III, 135, t. CXLI = F. 1067) stellt den Herakles dar, wie er siegreich die Unterwelt verlässt. Neben ihm sieht man den gebändigten Kerberos. Die *mean* setzt ihm den Lorberkranz auf. Daneben steht eine andere Frauengestalt *leinϑ* mit verhülltem Oberkörper und abgewandtem Gesicht. Dass diese *leinϑ* eine Todesgöttin ist, scheint nach der Zeichnung klar und wird durch den Zusammenhang des Namens mit etr. *leine*, das man allgemein „starb" übersetzt, bestätigt.

In einer andern Spiegelzeichnung (Gerh. t. CLXVI = F. 480) sitzt das Götterkind *mariš halna* auf dem Schenkel eines mit einem Speere bewaffneten Jünglings *leinϑ*. Da eine Todesgöttin sonst *leinϑ* heisst, ist es wahrscheinlich, dass der Jüngling *leinϑ* eine mythische Personification des gewaltsamen Todes im Kampfe, ein Kampfgott ist.

hinϑia „Totenschatten" ist nach meiner Vermutung von *leinϑ* „Tod" durch das Suffix *-ia* abgeleitet; vgl. *tinia*. Für den Übergang von *ei* in *i* vgl. *siati* F. 2090 neben *seiante*, *seiate*; *apinal* F. 429, *apini* F. 871 neben *apeinal* F. 1620. Sonst wechselt *ei* häufig mit *e*. In *hinϑia* kann das *n* zur Entwickelung des *i* (für *e*) mitgewirkt haben.

Der Lautübergang von *l* in *h* wird durch das Armenische erläutert. ղ λ war im Altarm. ein *l*-Laut (Hübschmann ZDMG. XXX S. 63—67, 70), wird aber im Neuarmenischen als Spirant γ gesprochen. Im Poln.-Arm. entspricht *h* manchmal dem class.-arm. λ, z. B. *Hugas* = class. *λukas*; *ohung* = class. *eλungn* Fingernagel; *ohormeli* = class. *oλormeli* barmherzig (Hanusz Wiener Z. II, 295). Petermann Gramm.[2] 18 nennt arm. *xoλ* (d. h. nach der jetzigen Aussprache *xoγ*) als Nebenform zu *xoh* und *xox*; dies bedeutet „Essen".

In anderen sehr oft vorkommenden etr. Wortstämmen geht das *l* nie in *h* über. So z. B. nie bei *larϑ*, *lar*, *laris*; auch nicht bei *lautn*, *lautni*, *lautniϑa*. Diese Wörter stehen, wie ich nachgewiesen habe, mit arm. *lav* in Verbindung, und arm. *l* geht nie in *γ* oder *h* über. Hieraus folgere ich, dass das Etrusk. wie das Altarmen. zwei verschiedene *l*-Laute gehabt hat. Wenn dies richtig ist, muss das *l* von *leϑari*, *lamφe*, *leinϑ*, weil es in *h* überging, dem arm. λ, nicht dem arm. *l*, entsprechen.

Noch ist zu beachten, dass das *l* von *leϑam* und *leϑc* nie in *h* übergeht, während das mit *leϑam* verwandte *leϑari* die Nebenform *heϑari* hat. Neben *lamφe* hat sich eine Nebenform mit *h* nicht gefunden, während der davon durch *-na* abgeleitete Name *hamφna* lautet. Endlich haben *leine* und *leinϑ* immer ein ungeändertes *l*, während das von *leinϑ* durch das Suffix abgeleitete Wort immer *h*, nie *l*, hat. Der Übergang von *l* in *h* ist also bei *heϑari*, *hamφna*, *hinϑia* von der Anfügung der Suffixe *-ri*, *-na*, *-ia* bedingt. Dies setzt voraus, dass der Hauptton zu der Zeit, als *l* in *h* überging, auf der letzten Silbe lag.

harc.

Poggi Appunti Nr. 5 giebt die folgende Inschrift einer glans missilis, welche zu Campiglia marittima gefunden ist:

harc —

Etruskische wie römische Inschriften von glandes enthalten gewöhnlich Namen, allein *harc* kann seiner Form nach kaum ein Name sein. Daher vergleicht Poggi gewiss mit Recht die Inschriften *feri* und *pet(e) culum* auf römischen glandes. Er deutet *harc* glücklich als einen Imperativ „feri". Diese Deutung lässt sich jedoch nicht, wie Poggi will, durch den Hinweis auf das lat. *arceo* stützen; denn dies Verbum bedeutet ja nicht dasselbe wie lat. *ferio*. Ich vergleiche etr. *harc* vielmehr mit arm. *harkanem* „ferio", Aor. II Indic. *hari*, Aor. II Imperat. *har*. Im Armen. ist *-anem* eine häufige Präsensbildung, z. B. *gtanem* ich finde, Aor. *gti*. Hiernach darf man für den arm. Aor. *hari*, Imperat. *har* eine dialektische Nebenform **harki*, Imperat. **hark* mit dem im arm. Präsens *harkanem* vorkommenden *k* vermuten. Die hier vorausgesetzte Form des Aor. II Imperat. liegt nach meiner Annahme im etr. *harc* vor.

Diese Vermutung lässt sich durch ein anderes arm. Wort stützen. Das mit *harkanem* synonyme *zarkanem* (statt **z-harkanem*) enthält eine Zusammensetzung von *harkanem* mit dem oft vorkommenden Präfixe *z*. Allein während *harkanem* den Aor. Imperat. *har* bildet, lautet der Aor. Imperat. von *zarkanem* dagegen *zark* (aus **z-hark*). Hieraus ist also eine Form **hark* = etr. *harc* zu folgern.

Da anlautendes idg. *p* im Arm. lautgesetzlich zu *h* wird, führt de Lagarde Urgeschichte 273 *harkanem* Aor. *hari* auf eine Wurzel *par-* zurück. Zunächst ist wol kslav. *perą prati* „schlagen" mit dem genannten arm. Verbum zu vergleichen. Dass idg. *p* im Etr. wesentlich wie im Arm. behandelt worden ist, habe ich bereits bei etr. *snenaϑ*, vgl. arm. *snund*, *snndakan*, angedeutet. Ob das *k* des arm. *harkanem* mit dem *k* des lit. *perkúnas* im Gegensatz zum kslav. *perunŭ* zu vergleichen ist, entscheide ich nicht.

Die Verbalpartikel *-ce.*

Im Etr. erscheint *-ce* als die Endung zahlreicher Formen, welche dem Sinne nach Verbalformen der 3ten Person des Indicativs in andern Sprachen entsprechen. Einige dieser Formen haben sicher die Bedeutung der Vergangenheit und können nicht präsentisch aufgefasst werden. So *arce* „machte“, *amce* „war“, *lupuce* „starb“, *svalce* „lebte“ u. m., wenn diese Verba von dem Verstorbenen angewendet werden. Daher sind auch *turce*, *turunke*, *mulvannice* „schenkte“ u. ähnl. als Präterita aufzufassen. Neben mehreren Formen auf *-ce* kommen Formen ohne *-ce*, welche sonst gleichlautend sind, vor. Ein Sinnesunterschied der verbalen Formen auf *-u* und auf *-uce* lässt sich in den Inschriften nicht wahrnehmen. So scheint z. B. *turu* wie *turuce* „schenkte“ zu bedeuten. In der Inschrift F. Spl. II, 115: *larϑ · avles · clan* | *avils huϑs ·* | *muralχls · lupu* — bezeichnet *lupu* „starb“ wie *lupuce* F. 2033 bis Dc: *vel · leinies*: . . . . . *avils · semφś* | *lupuce* —. Dies zeigt, dass *ce* ursprünglich ein eigenes Wort war, welches sich in den genannten Beispielen mit *turu*, *lupu* verbunden hat. Formen auf *-u* habe ich nach Pauli als Locativformen erklärt: *turu* ursprünglich „im Geben“, wobei also „war“ hinzuzudenken ist[1]).

Anders verhält es sich mit etr. *mulvannice*, *mulvuneke* neben *mulune*, *turunke* neben *turune*. Ein Sinnesunterschied zwischen *mulvuneke* und *mulune*, zwischen *turunke* und *turune* lässt sich aus dem Contexte der Inschriften nicht nachweisen. Ich habe *mulvannice* mit *amce* „war“ verbunden und *amce* auf eine ältere Form **annice* zurückgeführt.

Das *anni* von *annice* habe ich mit arm. *aṙni* Präs. Indic. Pass. 3. Ps. sg. „wird gemacht“ „wird“ „ist“ zusammengestellt. Demzufolge habe ich *mulune*, *turune* aus **mulv-anni*, **turv-anni* erklärt. Wenn dies richtig ist, folgt hieraus, dass *mulune*, *turune* auch etymologisch Verbalformen, nicht wie *mulu*, *turu* Nominalformen, sind. Folglich kann *-ce* etymologisch nicht „war“ bedeuten. *amce* „war“ wird, wie bereits gesagt, von dem Ver-

1) Hierbei ist es aber möglich, dass andere etr. Verbalformen auf *-u* armenischen Formen auf *-u* des Präs. Ind. 3. Ps. sg., z. B. *tolu*, entsprechen.

storbenen angewendet. Wenn *amce* „war“ aus dem Präsens **anni* mit *-ce* entstanden ist, muss es eben *-ce* sein, das dem *amce* die Bedeutung der Vergangenheit gegeben hat. *mulune*, *turune* sind, wenn ich diese Formen richtig aus **mulv-anni*, **turv-anni* gedeutet habe, als Präsentia aufzufassen; man vergleiche „dat“ in römischen Inschriften. In *tece* (*hece*) und *hence* scheint *-ce* an Aoristformen getreten zu sein. Eine einzige Form auf *-ce* giebt Pauli durch ein Präsens wieder, nämlich *ceseϑce* in der Grabinschrift F. Spl. I, 402, Corneto: ... *inas* : *sacni* : *ϑui* : *ceseϑce* — (das erste *c* von *ceseϑce* ist nicht völlig sicher). Pauli übersetzt: „hier ruht“. Zum vorhergehenden vergleiche man Deecke Müll. II, 504—506; Pauli Etr. Stud. V, 70—77.

Die Verbalform *ϑamce* F. Spl. I, 398 habe ich in diesen Untersuchungen als „schenkten“ gedeutet und aus dem mit *ce* verbundenen *tan* Präs. 3. Ps. pl. Indic. „geben“ erklärt. Ebenso habe ich *hence* F. Spl. I, 399 (nach der Lesung Danielssons) als „setzten“ gedeutet und aus dem Aor. II 3. Ps. pl. Indic. **ϑen* „setzten“ + *ce* erklärt. Hiernach verbindet sich also *ce* sowol mit Pluralformen als mit Singularformen.

In diesem Affixe verbaler Formen hat Pauli ein demonstratives Pronomen „der“ gesucht, so dass dies als Subject der Handlung aufgefasst sein sollte (Etr. Stud. V, 136). Ich habe ebenfalls *-ce* als demonstratives Element erklärt, allein darin die etymologische Bedeutung „hier“ gesucht (Bezz. Beitr. X, 120 f.). Pauli und ich haben einen Zusammenhang desselben mit dem etr. Pron. dem. *cen*, *cehen* vermutet.

Auch in Betreff des *-ce* zeigt sich die Verwandtschaft des Etruskischen mit dem Armenischen, speziell mit dem Vulgär-Armenischen.

In der westarmenischen Vulgärsprache werden das Präsens und Imperfectum nach Patkanow u. a. so gebildet, dass die classisch-armenischen Formen ein Präfix *gi-* (*gu-*, *gę-* *g-*) bekommen; z. B. *gi-sirem*, *gi-sirim* ich liebe, *gi-sirēi* ich liebte. In der ostarmenischen Vulgärsprache haben die Formen mit *ki-*, *ku-*, *kę-*, *k-* dagegen die Geltung des Futurums. Nach Petermann S. 78 f. nimmt das Futurum in dem Dialekte von Tiflis die Form des altarmen. Präs. an, dem die Silbe *ku* vorgesetzt wird. Hie und da findet man in Schriften, welche in dem Tiflis-Dialekte verfasst sind, auch *g* für *k*. Vor dem Impf. giebt *ku* die Bedeutung des franz. ersten Conditionalis.

Die altarmen. Form des Präs. Indic. ohne das Präfix *ku* wird dagegen jetzt in dem Dialekte von Tiflis mit der Bedeutung des Conjunctivus und des Optativus angewendet.

Auch die Armenier der Türkei haben nach Petermann diese prothetische Silbe, welche bei ihnen nur vor einsilbigen Stämmen *ku*, vor allen andern *kę* lautet, und dem Präs. und Imperf. vorgesetzt wird. Nach Cirbied 759 hat das Präfix die Formen *kę* oder *ki*, *ku*, *kē*, *kiu*, *kö*, wo die Verbalform einen Consonanten im Anlaute hat, dagegen die Form *k* vor Vocalen. Dies Präfix wird nach Cirbied „in Dialekten Gross- und Klein-Armeniens“ angewendet; nach S. XV speziell in dem gordischen Dialekte. *kę*, *ki*, *ku*, *k* gehen nach Cirbied in einigen Provinzen in *k̄ę*, *k̄u*, *k̄iu*, oder *k̄* über. In anderen bedient man sich der Partikel *kor* (*kör*), die man dem Verbum nachstellt. Diese Partikeln geben nach Cirbied sämmtlich die Realität der Handlung an.

Speziell hebe ich das Verhältniss in dem westarmenischen Dialekte von Achalzich hervor.

Tomson S. 64 führt die folgenden Paradigmata des Präs. Indic. auf: *marem-gę* ich lösche, *mares-gę*, *marē-gę* u. s. w., 3. Ps. pl. *maren-gę; g-ayam-gę* ich mahle, *g-ayas-gę*, *g-aya-gę*, *g-ayan-gę; desnim-gę* ich sehe, *dēsnis-gę*, *dēsni-gę*, *dēsnin-gę*. Sämmtliche Verba, welche das Zeichen des Indicativs *g*, *gu*, *k*, *ku* vorangesetzt haben, können gleichzeitig *gę* und *kę* am Ende anfügen, mit Ausnahme der Fälle, wo das Verbum den Zusatz eines Accusativs oder eines Infinitivs nach sich hat. *ku*, *k*, *gu*, *g* werden gewöhnlich nach folgenden Regeln angewendet: einsilbige Verba erhalten im Indic. *ku*, *gu*, z. B. *ku-kum*, *gu-dam*. Mehrsilbige Verba, welche einen Vocal im Anlaute haben, erhalten *g'* vorgesetzt, allein den consonantisch anlautenden wird am Ende *-gę* angefügt (Tomson § 122). Die Formen des Präsens haben auch die Bedeutung des Futurums (§ 125).

Das Poln.-Arm. hat *gi* vor mehrsilbigen consonantisch anlautenden Verbalformen, *gu* vor einsilbigen: *gi-perìm* ich trage; *gi-sorveçnùm* ich lehre; *gu-dàm* ich gebe.

Endlich nenne ich hier das Verhältniss in dem ostarmen. Dialekte von Dschulfa. Dieser hat zwei Formen des Präsens und des Imperfectums. Die Form des eigentlichen Präsens wird durch die Verbindung einer Verbalform auf *-man* mit *am* „ich bin" gebildet, z. B. *gnaman am* „ich gehe". Die andere Form ist die des class.-arm. Präsens mit vorgesetztem *kę*, z. B. *kę gnam*. Diese Form wird in der Erzählung von vergangenen Ereignissen mit der Bedeutung des historischen Präsens angewendet, hat aber auch die Bedeutung des Futurums. Dem entsprechend verhalten sich formell und begrifflich die zwei Formen des Imperfectums zu einander (Patkanow S. 90—92). Impf. z. B. *kę gnēr* „er gieng" und „er würde gehen". In diesem Dialekte ist die Form der Verbalpartikel überall *kę*.

Die etr. Verbalpartikel *-ce* stelle ich mit der vulg.-arm. Verbalpartikel *kę* zusammen. Etr. *e* entspricht regelmässig dem arm. *ę*; siehe unter *eϑuna*, *cepana*, *penϑna*, *snenaϑ*. In diesem Falle wurde etr. *e* wahrscheinlich wie arm. *ę* ausgesprochen. Wie etr. *-ce* den Verbalformen am Ende angefügt wird, so auch arm. *-gę*, *-kę* in dem Dialekte von Achalzich. Die mit *-ce* versehenen etr. Verbalformen haben (wenigstens gewöhnlich) die Bedeutung der Vergangenheit, selbst wenn die Form, an welche *-ce* gefügt ist, präsentisch ist. In dem arm. Dialekte von Dschulfa wird ein mit *kę* versehenes Präsens als Präsens historicum in der Erzählung von vergangenen Begebenheiten angewendet. Im Etr. findet sich ein Beispiel (*çeseϑce*), wo die mit *-ce* versehene Verbalform nach Pauli die Bedeutung des Präsens hat. Dies ist im Westarm. gewöhnlich der Fall bei den mit *gę-* versehenen Präsensformen. Allein siehe über *ceseϑce* im folgenden. Im Etr. wird das *-ce* an Formen des Präsens (*amce* aus **amice*, *mulvannice*, *ϑamce*), des Aorists (wahrscheinlich *hence*, *tece* u. m.) und an Formen auf *-u* gefügt. In *çeseϑce* ist *ceseϑ* nach Pauli eine Locativform. In den arm. Dialekten wird *kę*, *gę* mit Präsens- und Imperfectformen verbunden.

Seltener erscheint das etr. Verbalaffix in der Form *-c* statt *-ce*: *arc* Magliano; *zec* F. 1930; *rc* = *arce* in *atrśrc* F. 2335, vgl. *rkem* F. 806 = *arke em*; wahrscheinlich gehört hierher *estak* F. 1916 Z. 7; *eśtac* F. 1914 B. Die Formen auf *-c* statt *-ce* sind wol entstanden, nachdem die erste Silbe den Hauptton erhalten hatte. Statt *-ce* findet sich *-χe* in *farϑnaχe* F. 2327 ter b und F. Spl. I, 387 (F. 2033 bis Ga ist nur *farϑnaχ* erhalten) neben *farϑana*, *harϑna*. Ferner in *ziχuχe* F. 1914 B 22 und nach Deecke Fo. VII, 51 in *śeχ* F. 1009, was er *śeχ[e]* ergänzt. Bei *farϑnaχe* und *ziχuχe* scheint eine Assimilation vorzuliegen. Vgl. einerseits arm. *xaxank* neben gr. καχάζω (Verf. Arm. Beitr. S. 19), arm. *pampušt* neben gr. πομφός (S. 20), arm. *aparpi* εὐφόρβιον: andererseits in dem arm. Dialekte von Achalzich *ku-kam* neben *gu-dam* (Tomson S. 64). Nach Cirbied wird die arm. Verbalpartikel an einigen Stellen *kę* ausgesprochen.

Die Zusammenstellung der etr. Verbalpartikel *-ce* mit der vulg.-arm. *kę* ist von der etymologischen Erklärung der letzteren unabhängig. Die arm. Partikel ist etymologisch noch nicht befriedigend erklärt worden. Petermann „Über den Dial. d. Armenier v. Tiflis“ S. 79 teilt vier verschiedene Versuche zur Erklärung mit, welche, wie mir scheint, sämmtlich unhaltbar sind. Aidynian I, 151 und Patkanow Dialekte S. 17 erklären *ku dipi* (*dipi* es trifft ein) aus *k' u dipi*, *kay u* (= *ev*) *dipi* (*kay* 3. Ps. von *kam* stehe; *u*, *ev* „und“). Auch dies scheint mir unstatthaft. Unerklärt bleibt dabei u. a. die in dem Dialekte von Achalzich gebräuchliche Form (*maremgę* u. s. w.); ebenso die von Cirbied angeführte, nachgestellte Form *kor*.

Die verschiedenen Formen der genannten Verbalpartikel stehen wahrscheinlich mit einer Pronominalwurzel in Verbindung. Als Formen der vulg.-arm. Verbalpartikel werden u. a. *kē* und *ki* angeführt. Dieselben Formen führt Cirbied 780 auch als vulgärarm. copulative Conjunctionen mit der Bedeutung „et, encore“ an.

Nach den obigen Zusammenstellungen, namentlich aus dem Dialekte von Dschulfa, darf gefolgert werden, dass arm. *kę* eigentlich nicht eine Zeitstufe angab. Dagegen konnte dasselbe als die Bezeichnung der nicht durativen Actionsart angewendet werden. Die einzige etr. mit *-ce* zusammengesetzte Verbalform, deren Actionsart durativ aufgefasst werden muss, ist *ceseϑce*, wenn die Übersetzung Pauli's von *ϑui ceseϑce* „ruht hier“ richtig ist. Allein eben darum ist mir diese Übersetzung sehr bedenklich. Wenn wir *ϑui ceseϑce* „ist hier begraben“ übersetzen, ist auch bei dieser Verbalform die Actionsart nicht durativ.

Die arm. Verbalpartikel *kę*, *ku* bei einem Imperfectum Indic. kann in ostarmen. Dialekten die Bedeutung des Conditionalis geben, z. B. Dschulfa *kę gnēr*, er würde gehen. Dies erinnert uns daran, dass gr. κεν, κε mit dem Indicativ des Aorists dasjenige, was unter der Annahme einer gewissen Bedingung eintreten oder eingetreten sein würde, angiebt.

Ostarm. *kę* weist darauf hin, dass die Action nicht durativ aufgefasst wird. Gr. κεν beim Conjunctiv und Optativ weist nach Delbrück (Syntakt. Forsch. I, 86) auf das Eintreten der Handlung hin.

Es entsteht hiernach die Frage: Lässt sich arm. *kę* mit gr. κεν, κε formell verbinden? Was den Anlaut betrifft, scheint die Verbindung möglich, wenn κεν, κε zu derselben Pronominalwurzel wie ind. *kam* gehört; dagegen ist dieselbe unstatthaft, wenn κεν, wie Osthoff annimmt, zum aind. *çam* „zum Heil, wol“ gehört. Dass arm. *k* im Inlaute dem aind. *k* entsprechen kann, scheint sicher; vgl. z. B. arm. *akn* Gen. *akan* Auge. Hierbei ist daran zu erinnern, dass die arm. Verbalpartikel *kę* auch so vorkommt, dass *k* im Inlaute steht (Achalzich *maremgę*). Es scheint ebenfalls sicher, dass das anlautende arm. *k* dem griech. κ und dem aind. *k* entsprechen kann.

Freilich zweifelt Hübschmann, ob arm. *kamk̄* Wille echt armenisch oder aus dem Eran. entlehnt ist. Allein ein sicheres Beispiel giebt wol arm. *kerkerim* „inaridirsi le fauci, arrocare“, vgl. aind. *karkara-s* hart (nicht in der ältesten Litteratur); der Bedeutung nach näher liegt das durch ein anderes Suffix abgeleitete aind. *karkaçá-s* rauh, hart (auch von der Rede). Aus dem Griechischen vergleiche man κάρκαρος · τραχύς Hesych.; in Betreff der Bedeutung beachte man das verwandte δίψῃ καρχαλέοι, von Durst rauh im Halse, Il. 21, 541. Andere Belege dafür, dass das anlautende arm. *k* dem griech. κ entsprechen kann, sind die folgenden. Arm. *kap* Keule aus **kałv*, Grundform **kălărā*, zum lat. *clāva*. Arm. *kapiun* il chiudere gli occhi, *kapumn* dasselbe, *kapuçanem* serrare, chiudere, *kapul* chiostro, *kapčim* attaccarsi, aus **kałv-*, zu lat. *clāvis*, gr. κλῃΐς (aus *κλαϝίς), κλῃΐω u. s. w.

Des Anlauts wegen ist es also möglich, dass arm. *kę* mit gr. κεν, κε zusammengehört.

Was den Auslaut betrifft, kann das arm. Wort ursprünglich *m* wie gr. κεν gehabt haben, denn auch bei einsilbigen Wörtern fällt auslautendes idg. *m* im Arm. weg. Die verschiedenen Vocale der arm. Verbalpartikel lassen sich, soweit ich sehe, nicht vereinigen; man muss wol verschiedene arm. Grundformen annehmen. Der Umstand, dass ein und derselbe Dialekt vor einsilbigen Verbalformen *ku*, vor mehrsilbigen *kę* anwendet, spricht dafür, dass *kę* — wenigstens zum Teil — durch Reduction aus *ku* in schwach betonten Silben entstanden ist. Die arm. Form. *ku* kann vor Nasalen aus **kŭ*, urarmen. **kom* entstanden sein. Wenn für aind. *kam*, vgl. kslav. *kŭ*, eine Grundform **kom* anzunehmen ist (Osthoff Perfectum 342), kann arm. *ku* diesem formell entsprechen. Gr. κεν verhält sich in Betreff des Vocals zu diesem **kom* wie nhd. *der*, *den* zum gr. τον; vgl. Osthoff Perfectum 336[1]).

Gr. κε, worin Osthoff nach Spitzer eine Contaminationsbildung von κεν und κα sieht, kann vielleicht (wie aind. -*ca*, -τε, wie aind. *nu*, gr. νύ neben νύν, u. m.) den Pronominalstamm ohne irgend einen Zusatz enthalten. Ich vermute hiernach, dass arm. *ku*, *kę* obgleich mit gr. κεν nicht identisch, jedoch als eine Nebenform dazu aufgefasst werden kann. Dies führt vielleicht zu andern Combinationen. In dem Dialekte von Dschulfa wird ein Präsens historicum von dem class.-arm. Präsens mit vorangesetztem *kę* gebildet. Im Etrusk. werden Formen auf -*ce* als Präterita angewendet, wobei es gleichgültig ist, ob die Form, der das -*ce* angefügt wird, eigentlich ein Präsens, ein Aorist oder eine nominale Verbalform ist.

Dies stützt, wie mir scheint, kräftig die folgenden Annahmen: 1) dass die gr. Aoriste ἔδωκα, ἔθηκα, ἧκα und die gr. Perfecta δέδωκα, τέθεικα (dial. τέθηκα), εἷκα (dial. ἕωκα) oder die Muster dieser Perfecta auf -κα ein enklitisches mit κ anlautendes Wort enthalten haben. Diese von de Saussure zuerst angedeutete Erklärung hat Osthoff (Perfectum 324—390) ausführlich begründet. Dasselbe habe ich in Bezz. Beitr. X, 117—121 angenommen. 2) Dass das enklitische Wort, welches in ἔδωκα, δέδωκα u. s. w. enthalten ist, mit κε, κεν, κα, wie Osthoff annimmt, zusammen gehört, wobei jedoch die von Osthoff vorgeschlagene Zusammen-

1) Allein warum lautet bei dieser Auffassung die gr. Form κεν, nicht *τεν? Ich gehe auf diese Schwierigkeit hier nicht ein. Ich frage nur: Kann das κ von κεν nicht wie z. B. das γ von ἀγείρω erklärt werden? Kann oder richtiger muss man nicht für die idg. Ursprache mediopalatale Verschlusslaute neben präpalatalen und postpalatalen annehmen? Kann das κ von κεν nicht ein mediopalatales *k* der Grundsprache voraussetzen?

stellung von κεν mit aind. *çam* aufgegeben werden muss. 3) Dass die Keime des gr. κ-Perfectums, wie ich Bezz. Beitr. X, 121 angenommen habe, vorgriechisch sind, obgleich die volle Entwickelung desselben eine speziell griechische Neuerung ist. Dass Stammerweiterungen wie ὄλεκον neben ὤλεσα zur Entwickelung dieses κ-Perfectums mitgewirkt haben, ist hierbei nicht ausgeschlossen. 4) Dass die etr. Präterita auf *-ce* (*tece* u. s. w.) in einem wenn auch nicht unmittelbaren Zusammenhange mit den gr. Formen auf κ (ἔθηκε u. s. w.) stehen.

Jedenfalls scheint mir der Zusammenhang zwischen dem etr. *-ce* und dem vulg.-arm. *-gę*, *-kę* evident. In der Verbalpartikel *ku*, *kę* hat das Vulgär-Armenische etwas uraltes beibehalten, das in der class.-arm. Sprache aufgegeben ist.

Pluralbildungen auf *-r*.

Noch jetzt nehme ich wie früher etr. Pluralbildungen auf *-r* an. Taylor hat zuerst eine solche Bildung in *clenar* anerkannt, indem er dies als Pluralform von *clan* „Sohn" aufgefasst hat. Vom Verstorbenen heisst es F. 2056: *clenar · zal · arce ·* d. h. filios tres creavit (wobei es hier gleichgültig sein kann, ob das Zahlwort *zal* eben 3 bedeutet). F. 2055 nennt im Verhältnisse des Subjects *clenar · ci* „filii quinque" (die Übersetzung des Zahlworts *ci* durch „quinque" begründe ich hier nicht); F. 2340 findet sich *ci clenar ·* „5 Söhne". Einen hierzu gehörigen Gen.-Dat. haben wir in der Grabinschrift F. 1915 (Torre di S. Manno bei Perugia). Hier werden diejenigen, denen das Grab gewidmet ist, im Gen.-Dat. Z. 2 als *larϑialisvle*: *cestnal* : *clenaraśi* : bezeichnet, d. h., wie Schaefer und ich übersetzt haben, „den Söhnen des Larth (und) der Cestnei". Dies *clenaraśi* kann nicht, wie Schaefer meint, mit *ara* „Gemeinschaft" zusammengesetzt sein; denn ein solches Wort lässt sich nicht nachweisen. Vielmehr ist *clenaraśi* Gen.-Dat. zum Nom.-Acc. *clenar* „Söhne".

Im Gegensatz zu *clan* mit *a* haben *clenś*, *clenśi* (Gen.-Dat.), *clenar*, *clenaraśi* *e* nach *cl*. Der Gen. *clenś* kann aus **cleniś* wie *zaϑrums* aus *zaϑrumis* entstanden sein. Dem *a* der einsilbigen Form *clan* entsprach also ausserhalb der Schlusssilbe das *e* der mehrsilbigen Formen. Dieser Wechsel entstand, als der Hauptton auf der Schlusssilbe lag. Nachdem das jüngste etr. Betonungsgesetz eingetreten war, wurde **clénis* zu *clenś* verkürzt.

Etr. *clenar* „Söhne" (Nom.-Acc. pl.) im Gegensatz zu *clan* „Sohn" zeigt also *-ar* als die Endung des Nom.-Acc. pl.

Auch etr. Pluralformen auf *-er* kommen vor.

F. 2055, Deckelinschrift, Viterbo: *aleϑnas · v · v · ϑelu · zilaϑ · parχis | zilaϑ · eterav · clenar · ci · acnanasa | elśśi · zilaχnu · ϑeluśa · ril · XXVIII | papalser · acnanasa · VI · manim · arce · ril · LXVII* —.

Hier habe ich bereits früher *papalser* als Pluralform mit der Bedeutung „Enkel" gedeutet. *papalser* setzt einen Nomin. sg. **papals* voraus. Das Stammwort desselben finde ich im arm. *pap* „Grossvater", das mit gr. πάππος „Grossvater, namentlich der väterliche," identisch ist. Ich entscheide nicht, ob arm. *pap* Lehnwort ist, wie Hübschmann Grundzüge S. 38 meint, oder ob es als Lallwort (wie z. B. got. *atta*) sich der Lautverschiebung entzogen hat. Es scheint mir wol möglich, dass sich **pap* „Grossvater" als ein in Kleinasien oder anderswo aufgenommenes Lehnwort bereits im Etruskischen fand. Vgl. Πάπας, eine bithynische Benennung des phrygischen Gottes Ἄττης Diod. III, 58.

Etr. **papals* Enkel verhält sich in Betreff der Bedeutung zu **pap* „Grossvater" wie mittellat. *aviaticus* d. h. *ex filio nepos* und afranz. *avelet* „Enkel" zu *avus*; wie nhd. *Enkel*, mhd. *eninkel* zu *Ahn*, ahd. *ano* (Verf. Bezz. Beitr. XI, 59). **papals* ist durch dasselbe Doppelsuffix wie *truials* „Trojaner" abgeleitet.

Allein den Satzzusammenhang in F. 2055 fasse ich jetzt anders als früher auf. In *clenar ci acnanasa .... papalser acnanasa VI manim arce* betrachte ich jetzt *clenar ci . . . papalser . . . VI* als die Subjecte des Verbums *arce*; also „5 Söhne, 6 Enkel machten das *manim*". (Die Verbalform hat hier, wie zuweilen sonst, bei mehreren pluralen Subjecten kein Merkmal des Pluralis.)

acnanasa kann daher nicht, wie ich früher meinte, eine Verbalform sein, sondern muss eine nähere Bestimmung zu *clenar* und *papalser* enthalten. Welche? das will ich hier nicht untersuchen.

In F. 2055 ist *zilaχnu* nicht als Verbum finitum zu verstehen (denn dies giebt eine verkehrte Reihenfolge der Aussagen), sondern als Genetiv eines Nomens: *clenar ci . . . elśśi zilaχnu* „5 Söhne des Mannes, der 3mal *zilaϑ* war". Vgl. *lupu* in F. Spl.

I, 387: *tute* : *larϑ* : *ane* : *farϑnaχe* : *tute* : *arnϑals* : *lupu* : *arils* u. s. w. „dem Arnth Tute, der — Jahre alt starb". *zilaχnu* ist Gen.-Dat.-Locativ von **zilaχan*. Für die Ableitung vergleiche man mit Robert Ellis (The Sources of the Etr. and Basque Lang. 127) arm. Wörter auf *-akan* (z. B. arm. *cerakan* senile von *cer* vecchio, *atenakan* forense von *atean*).

Eine Pluralbildung wie *papalser* ist *iχutevr* „Priester" in der Verbindung *ϑu-χ iχutevr* Magliano „und zwei Priester". *iχutevr* ist nach dem jüngsten etr. Betonungsgesetze aus **iχutever* entstanden. Dies setzt wieder **iχutuer* voraus, von einer Singularform **iχutu*, welche dasselbe Schlussglied wie arm. *lusutu* „Lichtgeber" und analoge Composita enthält. *iχu* ist eine mehrmals vorkommende Bezeichnung eines Weihgeschenks. Vgl. über *iχutevr* meine Erörterung unter *tevaraϑ*.

In F. 1914 A 2 darf man *mevaχr* als ein besonderes Wort abtrennen. Dies zeigt das Suffix *-aχ*, welches sonst bei Zahlwörtern (z. B. *maχ*) erscheint. Daher ist *mevaχr* als Pluralform von **mevaχ* aufzufassen und mit den Zahlwörtern *muvalχls*, *mealχls* zu verbinden. Dasselbe Wort finde ich jetzt F. 346 am Ende, wo ich *meuaϑa* aus **meuaχ-ϑa* erkläre (vgl. z. B. *snenaϑ* aus **snenaχϑ*), d. h. *meuaχ* mit einer Partikel *ϑa* = arm. *da*. *mevaχr* aus **mevaχer* deute ich jetzt „Enneaden". Das Suffix *-aχ* von **mevaχ*, pl. *mevaχr* entspricht dem arm. Suffixe *-ak*. Durch ein verwandtes Suffix ist arm. *inneak* „Anzahl von neun" gebildet. Arm. *inneak* (neben welchem Vulg.-Arm. Wtb. *innaki* anführt) verhält sich in Betreff des Suffixes zum etr. **mevaχ* wie arm. *erkeak* (Substantiv von *erku* 2) zu dem gleichbedeutenden *erkak*. Der etr. Stamm des Zahlworts 9 *muv-*, wie derselbe in *muvalχls* vorliegt, vergleicht sich mit poln.-arm. *nu-sun* 90 = class. *innsun* (Wiener Z. I, 295). Das anlautende *m* ist aus *n* durch den Einfluss des *v* entstanden. Das *n* hat sich im etr. *nurϑzi*, d. h. nach meiner Vermutung zum neunten Male, erhalten.

Für den Lautübergang vergleiche man kleinruss. *mavki*, neuslov. *mavje* = *navje* zu kslav. *navĭ* mortuus (Miklosich). Im poln.-arm. *odęmvęr* „Hochzeitsgesell" = class. *otnavor* (Wiener Z. III, 42) ist inlautendes *n* durch den Einfluss des *v* zu *m* geworden. Das *e* von *mevaχr*, *meuaϑa* neben dem *u* von *muvalχls* vertritt ein *ę* wie in *tevaraϑ* neben *ϑuveś*, *ϑueś*.

Die Pluralform *mevaχr* ist angewendet, weil neun Velthina's und neun Afuna's gemeint sind.

Eine Pluralform ist wol ferner *ϑuluter* F. 2095 b (der zweitletzte Buchstabe ist wol eher *e* als *v*), die Unterschrift einer Gruppe, welche zwei männliche Figuren darstellt. Ich habe darin (Bezz. Beitr. XI, 9) *ϑu* „zwei" vermutet, und die Singularform zu **luter* in *tinś* | *lut* G. 88 (Quaderstein von Travertin) gesucht. *tinś* ist der Gen. des Götternamens, d. h. „Zeus". Hiernach kann *lut* den dem Gotte angelobten Gegenstand od. ähnl. bezeichnen.

Das letzte Wort von G. 799 liest Undset *armpier* (nicht *armrier*); *p* glaube auch ich auf einem Papierabdrucke zu sehen. In *armpier* vermute ich eine Pluralform; allein eine nähere Besprechung dieses Wortes halte ich zurück, solange die Lesung desselben nicht völlig gesichert ist.

F. 1914 A 17—19: *afunavel*|*ϑinamlerzinia·intemame*|*r·cnl·*.... Hier werden unter Weihgeschenken, die zur Ausrüstung des Grabes dienen sollen, *intemamer* genannt. Über dies Wort wage ich eine Vermutung zu äussern. Ich sehe darin ein Compositum *intem-amer*. In *amer* sehe ich eine Pluralform von *ama*. Vor der Pluralendung *-er* ist das zweite *a* von *ama* geschwunden; vgl. *eteri* von *etera*, *hinϑiu* von *hinϑia*. Unter Weihgeschenken, die zur Ausrüstung des Grabes gegeben werden, findet sich *ama* F. 1914 A 5: *ipa-amahennaper* | *XII* . . ., B 15 *penϑn*|*aama* . . . Corssen I, 478 und Deecke (Bleiplatte v. Magl. 26) deuten *ama* als „Gefäss". Ich stelle etr. *ama* mit dem arm. *aman* „Gefäss" zusammen. *ama* hat im Auslaute ein *n* verloren, wie *ei* = *ein*, *culšu* aus **culšun* u. m.

In dem ersten Gliede von *intem-amer* suche ich arm. *ẹntani* domesticus (von *ẹn-* und *tun* Gen. *tan* „domus" durch das Suffix *-i* gebildet).

Im Auslaute des ersten Glieds ist *m* aus *n* entstanden; vgl. *amce* = *ance*, *am* = *an*, *em* = *en*, *ein* u. m. Vor dem *a* von *amer* ist ein *i* am Ende des ersten Gliedes geschwunden; vgl. *lautn·eteri* aus *lautni eteri*, *velχatini* aus *velχe atini* (Pauli Etr. St. IV, 55—57). Das *e* von *intem-* vertritt ein *ẹ*, das ausserhalb der Endsilbe aus *a* entstanden ist. Vgl. etr. *clenar* neben *clan*; poln.-arm. *haskẹnalù* verstehen = class. *haskanel* u. ähnl. (Wiener Z. I, 297). Das *i* von *intem-* ist vor *n* aus *ẹ* entstanden wie in *ituna*; siehe meine Bemerkungen zu diesem. In dem Compositum *intemamer* ist das Adjectiv, welches das erste Glied bildet, Attribut zu dem Substantive, welches das zweite Glied bildet; analoge Zusammensetzungen sind etr. *lautn*, *culšu*. Nach der im vorhergehenden gegebenen Erklärung sollte *intemamer* also „vasa domestica“ bedeuten. Darunter sind wol Gefässe zu verstehen, die früher in den Häusern des Afuna und des Velthina von lebenden Menschen gebraucht wurden.

Endlich nenne ich *tusurϑir*. Dass dies eine Pluralbildung ist, wird von der Bedeutung desselben bezeugt. F. 1246, perusinischer Sargdeckel mit Manns- und Frauenbild: *la · tite · petruni · ve · clantial · fasti · capznei · ve|tarχisa · χvestnal · tusurϑir* — „Larth Tite Petruni, (Sohn) des Vel (und) der Clanti; Fasti Capznei, (Tochter) des Vetarchi (? vgl. falisk. *uentarc*[*o*]), (und) der Chvestnei ...“ F. 1247, perus. Sargdeckel mit Manns- und Frauenbild: *veti* : *petruni* : *ve* : *aneinal* : *spurinal* : *clan* : *veilia* : *clanti* : *arznaḷ* | *tušurϑi* — „Vel Tite Petruni, Sohn des Vel (und) der Aneinei Spurinei; Veilia Clanti, (Tochter) der Arznei ....“ Es sind dies die Eltern jenes Larth. F. 2003, Perugia, Grabsäule: .... *tarnei* | ... *nei* : *tušurϑiṛ* —. Deecke übersetzt *tušurϑir* „Ehegatten“. Das Wort ist nach meiner Ansicht von *husiur* ganz verschieden. In *tu-* vermute ich *ϑu* „zwei“. Auch in andern Wörtern schreibt man in Mitteletrurien *t* für das südetr. *ϑ*, z. B. *tez* = *ϑes*. Wenn wir in *tušurϑir -ir* als Pluralendung betrachten, finden wir hier ein Substantiv auf *-urϑ*. Darin erkenne ich das häufige arm. Suffix *-ord* (woneben *-urd*), z. B. in *kçord* partecipe (von *kiç* congiunto), auch: conjuge, consorte. Etr. *ϑ* entspricht regelrecht dem arm. *d*, siehe *canϑ*. Ich vermute sogar, dass wir in *tušurϑir* das Zahlwort *ϑu* „zwei“ mit der Pluralform des arm. *kçord* „conjuge, consorte“ haben. Dann ist *tušurϑir* aus **tucšurϑir* entstanden; vgl. den perusinischen Namen *asi* neben *aχsi* und *acsi* in demselben Grabe, siehe F. 1110—1135. *ϑu* „zwei“ war früher als adjectivisches Attribut mit **cšurϑir* „Gatten“ verbunden, vereinigte sich aber später mit diesem zu einem Worte *tušurϑir* um den Begriff „zwei Gatten vereinigt“ auszudrücken. *tušurϑir* ist also eine Zusammenrückung wie lat. *trésviri*, *centúmviri* u. m. (Corssen Aussprache II, 857). Aus dem Etr. habe ich *ϑuluteṛ* als eine analoge Zusammensetzung aufgefasst. Aus dem Armen. vergleiche man Instr. pl. *erkdasivk̄* „i due cori“ von *das* „coro“;

Gen. pl. *erkavurç*, Acc. pl. *erkavurs* „zwei Tage", von *aur* „Tag", u. m. ähnl. Darin, dass die Endung *-ir* nicht *-er* ist, haben wir vielleicht nur eine dialektische oder zeitliche Änderung von *-er* zu sehen. Vgl. *tes* neben *tis*, *zel* G. 912 bis neben *zil* F. Spl. I, 436 a. In der arm. Mundart von Tiflis wird *-ir* für *-er* gesprochen. In *tusurϑir* (Perugia) entspricht das *s* dem arm. *ç* wie in *tes* (Chiusi). Daneben *tuśurϑir*, wie *ś* in *ϑueś* (Perugia) dem arm. *ç* entspricht.

Das arm. Suffix *-urd* erscheint z. B. in *xlurd* Maulwurf von *xul* taub und in *żolovurd* Versammlung von *żolov*, das wesentlich dieselbe Bedeutung haben kann. Dies Suffix ist aus *-ōdhro* entstanden und entspricht dem Suffixe des gr. μυλωθρός „Müller, zur Mühle gehörig", μύλωθρον „Mühle". Ebenso ist das arm. Suffix *-ord* aus *-ŏdhro* entstanden.

Wenn meine Deutung von *tuśurϑir* richtig ist, belegt dies Wort für das Etruskische die Lautregel, dass der Vocal *i*, der in einer einsilbigen Form erhalten bleibt, ausserhalb der Endsilbe schwindet: *tuśurϑir* für **tucśurϑir*, **tuciśurϑir*, wie arm. *kçord* statt **kiçord*, von *kiç* „congiunto, simile, pari" abgeleitet. Vgl. hierüber unter *frast* und *penϑna*.

tuśurϑir belegt zugleich die Umstellung eines nicht anlautenden *ϑr* zu *rϑ*.

Es finden sich in den etr. Inschriften mehrere Pluralformen auf *-r*, auf welche ich hier nicht näher eingehe. So u. a. *ϑetlumr* auf der Placentiner-Bronze. Auch zwei Formen auf *-er* in F. 2343 Tab. XLII sind vielleicht Pluralformen.

Im Armenischen finden sich ebenfalls Pluralformen auf *-r*. In der classischen Sprache kommen solche nur ausnahmsweise vor. Petermann Gramm. [2] 28 nennt einige Formen auf *-er* und *-ear*, z. B. *baner* Nom.-Acc. pl. von *ban* Wort, Sache, *nerder* von *neard* Sehne, *išear* von *ēš* Esel; Cirbied 44 mehrere, die aus alten Schriftstellern nicht belegt sind.

Nach Petermann (Dial. v. Tiflis S. 66) kommen arm. Pluralformen auf *-r* in der classischen Sprache besonders bei den ältesten Autoren aus dem 4. Jahrhundert vor. Aus Faustus von Byzanz wird z. B. *baner* angeführt.

Im Vulgär.-Arm. dagegen werden Nom. und Accus. pl. gewöhnlich so gebildet, dass in einsilbigen Wörtern *-er* an die Form des Nom. sg. tritt, in mehrsilbigen Wörtern *-ner*. So z. B. *haç* Brod, Nom.-Acc. pl. *haçer; aγuēs* Fuchs, Nom.-Acc. pl. *aγuēsner*. Siehe u. a. Cirbied 743 ff.; Aidynian II, 7 ff.; Tomson S. 49—59; Patkanow Dialekte S. 41 f., 68, 87 f.; Wiener Zeitschr. II, 305.

Mit dieser arm. Endung des Nom. und Acc. pl. *-er* stelle ich die etr. Endung *-er, -r, -ir* des Nom. pl. (*papalser, ϑuluter, iχutevr, mevaχr, tusurϑir* u. m.) zusammen. Dass *clan* den Nom.-Acc. pl. auf *-ar* (nicht *-er*) bildet, kann nicht durch das *a* von *clan* veranlasst sein. Denn in *clenar* erscheint *e* statt des *a* von *clan*, und *papalser, intemamer* haben *-er* nach *a*.

In dem arm. Dialekte von Agulis findet sich als Endung des Nom.-Acc. pl. *-ar* (*-nar*) neben *-er* (*-ner*). Die meisten einsilbigen Nomina, welche auf einen Consonanten enden, haben die Endung *-ar;* z. B. *bar*, Nom.-Acc. pl. *barar*; *sōr* (= class. *sar*), *sarar; kōr* (= class. *kar*), *karar*; *mord* (= class. *mard*), *mordar*. Jedoch wenden einsilbige Nomina, welche im Plur. zwei Consonanten im Anlaute haben, die Endung *-er* oder *-ner* an: *tōr* (= class. *tur*), Nom.-Acc. pl. *trer*; *kuv* (= class. *kov*), *kver*; *grōk* (= class. *krak*), *grōkner*; *črōg* (= class. *črag*), *črōgner*.

Vom Agulis-Dialekte weicht hierin der Dialekt von Çγnay [1]) ab. In diesem haben Nomina mit zwei anlautenden Consonanten, zwischen denen ein im Sing. erhaltener Vocal ausgedrängt ist, *-ar*, z. B. *tōr*, Nom.-Acc. pl. *trar*; *kov, kvar*. Die Nomina dagegen, welche auch im Sing. zwei anlautende Consonanten haben, wenden die Endung *-ner* an, z. B. *krōkner* (mit anlautendem erweichtem *k* oder *kj*), *črōkner*. Siehe Sargseanç I S. 75 f. Vgl. Patkanow Dialekte S. 41 f.; Petermann S. 736 f.

Das Etruskische zeigt darin spezielle Übereinstimmung mit dem Agulis-Dialekte, dass es im Nom.-Acc. pl. sowol die Endung *-ar* als *-er* anwendet. Die Regeln, welche für die Anwendung von *-ar* einerseits, *-er* andererseits gelten, sind in den zwei genannten Sprachen nicht dieselben, jedoch, wie es scheint, verwandt. Mehrsilbige Wörter zeigen im Etr. die Endung *-er*: *papalser, ϑuluter, intemamer, armpier* oder die aus *-er* entstandene Endung *-ir*: *tusurϑir*. Hiernach scheint in *iχutevr, mevaχr, ϑetlumr -r* nach einem Consonanten aus *-er* entstanden zu sein.

---

1). Çγnay oder Çáγnay liegt 15 Werst von Agulis (Sargseanç I, 15).

Etr. *clenar* mit *-ar* ist dagegen von einem einsilbigen Worte *clan* gebildet. Im Agulis-Dialekte haben die meisten mehrsilbigen Nomina, welche auf einen Consonanten ausgehen, *-ner*; die meisten einsilbigen Wörter *-ar* (freilich Nomina, die wie etr. *clan* zwei Consonanten im Anlaute haben, *-ner*)[1]).

Die oben genannten Wörter sind jedoch zu wenig zahlreich um die speziellen Regeln der etr. Pluralbildung auf *-r* sicher zu stellen.

Die arm. Pluralendung auf *-r* (*-er*, *-ear*, *-ner*, *-ar*) ist etymologisch bisher nicht genügend erklärt worden[2]). In mehreren nicht-indogermanischen Sprachen des Kaukasus finden sich Pluralbildungen auf *-r*. So u. a. in der Sprache der Kürinen, die in Daghestan am Flusse Samur, der in das kaspische Meer fällt, wohnen. Hier bildet z. B. *qal* „Gerste" den Nom. pl. *qalár*; *ćeć* „Fliege" *ćećér*; *jif* „Nacht" *jifér*; *ner* „Nase" *nérar*. Siehe Schiefner über P. v. Uslars Kürinische Studien S. 20; Mémoires de l'Acad. imp. d. sciences de St. Petersbourg, VIIe Série, Tome XX, 1873.

Man könnte hiernach meinen, dass die arm. Endung des Nom.-Acc. pl. auf *-r*, (*-er*, *-ear*, *-ar*) aus einer nicht-indogermanischen Nachbarsprache übertragen wäre[3]).

Dies scheint mir jedoch nicht sicher. Die in dem Classisch-Armenischen vorkommenden Nomina auf *-r* mit pluraler Bedeutung werden regelmässig singular flectirt. Arm. *orear* „uomini, la nobiltà" bildet den Gen. *oreroy*, später *orearoy*. Dagegen *irear* l'un l'altro Gen. plur. *ireraç*. Zu *ban* „Wort, Sache" gehört *baner* oder *banear* „Sachen", das bei Faustus von Byzanz den Abl. *i baneroy-n* bildet. *banear* ist auch „Zank"; davon *banerol* „zänkisch". Petermann führt *išear* als Plur. von *ēš* „Esel" an. Es findet sich auch *išeark* mit dem Merkmal des Nom. pl. *k*.

1) Das Class.-Arm. kennt *-ear*, aber nicht *-ar* als Pluralendung; nur *y irar* neben *irear* „l'un l'altro", *y irear*.

2) Die Vergleichung der nhd. Endung des Nom.-Acc. pl. *-er* und der aind. Endung des Nom. pl. *-ās* bei Patkanow Arm. Spr. § 43 streitet (wenn das *r* im nhd. *-er* = idg. *s* ist) gegen die arm. Lautgesetze.

3) R. Ellis (The Sources of the Etr. and Basque Lang. 85) vergleicht etr. *clenar* mit Pluralbildungen auf *-r* in den nicht-indogermanischen Sprachen des Kaukasus, z. B. *wazhar* „Brüder" in der Thusch-Sprache, allein — ganz unmethodisch — daneben mit deutschen Pluralbildungen auf *-r* (*-er*).

Hieraus folgere ich, dass *-er*, *-ear* ursprünglich nicht Pluralendung war, sondern ein stammhaftes Suffix, welches den dadurch gebildeten Wörtern oft eine collective Bedeutung gab. Dies hat bereits Bopp vergl. Gr. I, 549 erkannt[1]).

Dafür, dass *-er*, *-ear* eigentlich ein stammhaftes Suffix ist, sprechen auch die folgenden Bildungen. Als Pluralform zu *van* „Kloster“ wird nicht nur *vaner* oder *vanear* Gen. *vaneroy* angewendet, sondern auch *vanoreay* und *vanoreaiḱ*, *vanōreaiḱ*. Zu *art* „campo“ gehört *artoraiḱ*, *artoreay*, *artoreaiḱ* „campi“; auch andere analoge Bildungen kommen vor.

Dass *-er*, *-ear* ein stammhaftes, collectives Suffix ist, wird endlich dadurch bestätigt, dass auch andere, formell ganz verschiedene stammhafte collective Suffixe die Bedeutung des Pluralis geben können. So z. B. *xužan* „plebaglia, barbari“ von *xuž* „barbaro“, *xozean* „porci, greggia di porci“ von *xoz* „porco“; *mankti* „fanciulli“ von *manuk* „fanciullo“.

Arm. Bildungen wie *orear* lassen sich formell vielleicht mit gr. Substantiven wie τύλαρος neben τύλος „Wulst“, οἴναρον „Weinlaub, Weinstock“ zusammenstellen.

Wenn *-er*, *-ner* im Vulg.-Arm. die gewöhnliche Pluralbildung geworden ist, muss dies als eine Neubildung aufgefasst werden, welche sich aus wenigen alten Mustern entwickelt hat. Das älteste Schrift-Armenische vertritt hier die ältere Entwickelungsstufe. Jedoch kann ich nicht bestimmen, nach welchen Mustern die vulg.-arm. Regel, dass einsilbige Stämme *-eṙ*, mehrsilbige dagegen *-ner* anfügen, gebildet ist. Im Agulis-Dialekte hat die Anwendung der Endung *-ner* einen grösseren Umfang; siehe Sargseanç I S. 75—77.

Das Etruskische scheint in Betreff der hier besprochenen Pluralbildung auf wesentlich derselben Entwickelungsstufe wie das Vulgär-Armenische zu stehen; denn im Etrusk. ist *-r* (beziehungsweise *-er*, *-ir*, *-r* nach einem Consonanten oder *-ar*) die gewöhnliche (wenn auch nicht die einzige) Endung des Nom.-Acc. pl. geworden. Dagegen habe ich die Endung *-ner* im Etr. nicht gefunden.

---

1) Enthält *irear* dagegen als zweites Glied *ail* „alius“, dessen *l* zu *r* geworden ist?

Im Vulg.-Arm. werden an die Endung des Nom.-Acc. pl. *-er*, *-ner* Casussuffixe gefügt, um die andern Casus des Pluralis zu bilden. Diese Casussuffixe sind gewöhnlich die des Singularis. So z. B. in der Achalzich-Mundart *gini* „Wein“ (Tomson S. 52 f.):

	Singularis	Pluralis
Nom.-Acc.	*kini*	*kininer*
Gen.-Dat.	*kinu*	*kininēru*
Abl.	*kinič*	*kininērč*
Instr.	*kinov*	*kininērov*.

Nach Cirbied fügen einige Vulgärdialekte im Gen. pl. das class.-arm. Suffix des Gen. pl. an die Nom.-Acc.-Form auf *-er*. So führt er z. B. an: *cov* „Meer“, Gen. sg. u. a. *covu*, Nom.-Acc. pl. *cover*, Gen. pl. *coveru* und *coveroç* (S. 745); *gini* „Wein“, Gen. sg. u. a. *ginu*, Nom.-Acc. pl. u. a. *gininer*, Gen. pl. u. a. *gnineru* und *gnineruç* (S. 746).

Im Etr. kann der Gen.-Dat. pl., wie im Vulg.-Arm., so gebildet werden, dass das Casussuffix an die Form des Nom.-Acc. pl. auf *-r* gefügt wird: Nom.-Acc. sg. *clan*, Nom.-Acc. pl. *clenar*, Gen.-Dat. pl. *clenaraśi*. An dieser Stelle gehe ich auf die etr. Bildung des Gen.-Dat. pl. nicht näher ein.

Etruskische Zahladverbia.

Etruskische Zahladverbia enden meistens auf *-z*, *-zi* oder *-śi*. Sie erscheinen neben Beamtentiteln oder davon abgeleiteten Wörtern. Belege: F. Spl. I, 387 (Vulci): .... *zilχnu* : *cezpz purtśvana* : *ϑunz* —. F. 2057 (Viterbo): .... *marunuχva* : *cepen* · *tenu* · *eprϑnevc* · *eslz* *te*[*nu*] | *eprϑ̣neva* · *esl*z̧ —. G. 740 (Viterbo): .... *zilχ* · *marunuχva* · *te*[*nϑas* ·] | **rϑz* · *zince* ...... F. 2339 (Corneto): .... *cizi* · *zilaχnce* · | *meϑlum* · *nurϑzi* · *canϑce* · .... F. 2055 (Viterbo): .... *elśśi* · *zilaχnu* · ...... G. 912 bis (Foiano bei Chiusi): .... *zeleśulzi* ..... (Verf. Beitr. I, 64—66). Hierher gehört auch F. 2335 b (Poggio del Castelluccio bei Corneto): .... *marunuχ* · | *cepen* · *zilc* · *ϑufi* · *tenϑas* · .... Das hier vorkommende *ϑufi* ist wahrscheinlich aus **ϑunzi* entstanden (Beitr. I, 67).

Der Zusammenhang entscheidet nicht, ob diese Zahladverbia „zweimal“ „dreimal“ u. s. w. oder „zum zweiten Male“ „zum dritten Male“ u. s. w. bedeuten (Beitr. I, 64).

Im Armenischen enden Zahladverbia auf *-içs*: *erkiçs* 2 mal, *eriçs* 3 mal, *hngiçs* 5 mal u. s. w. Oft steht noch *angam* „Mal" dabei. Das *-s* dieser arm. Adverbia ist wol vom enklitischen Pron. demonstr. *-s* nicht verschieden. Dies hat Hübschmann zu lit. *szi-s*, ksl. *sĭ* u. s. w. gestellt. Hiernach könnte das *-s* der arm. Zahladverbia *erkiçs*, *eriçs* u. s. w. dem Suffixe -κι (wozu -κις) der gr. Zahladverbia ἑπτάκι u. s. w. entsprechen. Vgl. über dies Wackernagel in Kuhns Z. 25, 280 f.; Baunack ebend. 236—244; Osthoff Morph. Unt. IV, 241[1]). Allein ich führe das arm. Pron. *-s* auf einen idg. Stamm *ḱo-* zurück. Das pronominale enklitische *-s* ist in den arm. Zahladverbien an eine Form auf *-iç*, die von der Form des Gen. pl. auf *-ç* dem Ursprung nach kaum verschieden ist, gefügt; z. B. *ereḱ* 3, Gen. *eriç*, Adv. *eriçs* 3 mal. Die ursprünglichere Genetivform von *erku* 2 ist *erkuç*. Die spätere Genetivform *erkiç* verdankt ihr *i* dem Genetive von 3 *eriç*.

Die Bildung der etr. Zahladverbia scheint mir mit der der arm. Zahladverbia verwandt zu sein. Allein man kann darüber Zweifel hegen, wie das Verhältniss genau zu bestimmen ist. Irrig würde nach meiner jetzigen Erachtung die Annahme sein, dass das *-z*, *-zi*, *-śi* der etr. Zahladverbia mit dem *-s* von arm. *eriçs* u. s. w. und mit gr. -κι identisch wäre, sodass das Suffix, welches im Arm. an die Form des Gen. pl. gehängt ist, im Etr. an den Stamm oder an die Nominativ-Accusativ-Form der Cardinalzahlen getreten wäre[2]). Gegen diese Annahme streitet der Umstand, dass in den Zahladverbien 6 mal in südetr. Inschriften und 1 mal in der altertümlichen Inschrift aus Foiano bei Chiusi *z* geschrieben ist, nur 1 mal in einer Inschrift aus Viterbo *ś*. Dem aus idg. *ḱ* entstandenen *s* entspricht dagegen regelrecht etr. *s*, südetr. *ś*, auch *s*; siehe *suϑi*, südetr. *śuϑi* und *lusχnei*.

Die Form würde es nicht verbieten, das *-z* der etr. Zahladverbia mit dem *-ç* des arm. Gen. pl. ohne folgendes *-s* zu identifiziren. Allein der Gen. pl. von Zahlwörtern ohne ein angefügtes *-s* wird im Arm. nicht angewendet um „(2, 3 u. s. w.) mal" auszudrücken. Wenn hier überhaupt ein Zusammenhang mit dem

---

1) Wackernagel verbindet gr. -κι mit dem Pronominalstamme *-qi*. Dem widerspricht u. a. die Form -κι, nicht -τι.

2) So habe ich Academy 6. Mai 1882 das *-zi* der etr. Zahladverbia mit dem -κι der gr. Zahladverbia zusammengestellt.

Arm. besteht, wird es das richtige sein, das *-z* der etr. Zahladverbia dem *-çs* der arm. Zahladverbia gleichzustellen. Die Lautbezeichnung ist im Etr. wahrscheinlich ungenau. Ich stelle hiernach etr. *eslz* mit arm. *eriçs* „dreimal“ zusammen und übersetze jetzt *eslz* „dreimal“, nicht „zum dritten Male“ [1]). Ich nehme an, dass in *eslz* vor dem *z* ein *i* ausgefallen ist, während dies im arm. *eriçs* erhalten ist. So ist im etr. *zaϑrums*, wie namentlich aus *zaϑrmisc* erhellt, ein *i* vor *s* ausgedrängt. Das sonstige gegenseitige Verhältniss des etr. und des arm. Zahlwortes für 3 erörtere ich nicht in diesem Zusammenhange.

Auch über das Verhältniss der etr. Form auf *-zi* zu der auf *-z* kann Zweifel obwalten. Entweder ist *-zi* die ältere Form woraus *-z* entstanden ist, oder aber *-z* ist durch die enklitische Anfügung eines neuen Elementes *-i* zu *zi* geworden. Für die erstere Annahme könnte das folgende sprechen: 1) Wenn die Zusammenstellung mit den gr. Adverbien auf -κι und mit dem lit. Pronomen *szi-s* u. s. w. richtig ist, folgte nach dem *-z* der etr. Zahladverbia früher ein *i*. 2) Die älteste etr. Inschrift, welche ein Zahladverbium erhalten hat, ist gewiss G. 912 bis, allein diese hat eine Form auf *-zi*: *eśulzi*.

Für die andere Annahme, dass *-z* durch die Anfügung eines neuen Elementes *-i* zu *-zi* geworden ist, spricht dagegen das folgende. Die Vocale, welche in idg. mehrsilbigen Wortformen der Schlusssilbe angehörten, sind im Armen. ausgefallen. In Übereinstimmung hiermit ist nach dem *-s* von *eriçs* „dreimal“ ein Vocal geschwunden. Ich habe viele etr. Wortformen behandelt, für welche dies arm. Auslautsgesetz ebenfalls gilt, und sogar die ältesten etr. Inschriften sind von diesem Auslautsgesetze nicht unberührt.

Die hier berührte Frage steht mit der Frage von dem Verhältniss der Form des Gen.-Dat. *-śi* zu *-ś*, der Locativendung *-ϑi* zu *-ϑ* in Verbindung. Auch in diesen Endungen *-śi*, *-ϑi* möchte ich das *-i* als ein eigenes Element auffassen; allein auf diese Frage gehe ich hier nicht näher ein.

---

1) Die Beitr. I, 172 gegebene und von Deecke (Bleiplatte von Magl. 17) angenommene Erklärung nehme ich jetzt zurück. Mit Unrecht, wie mir scheint, verglich Deecke Fo. VII, 31 die Bildung der etr. Zahladverbia mit gr. νεωστί.

nurϑzi.

F. 2339, Wandinschrift eines Grabes, Corneto (vgl. Deecke Fo. VII, 8): *larϑ · ceisinis · velus · clan · cizi · zilaχnce | meϑlum · nurϑzi · canϑce*, u. s. w. Pauli Etr. St. V, 145—147 hat in *nurϑzi* richtig ein Zahladverbium gesehen; allein seine Deutung „zehnmal“ hat keine hinreichende Stütze, vgl. Verf. Beitr. I, 147 f. Ich deute *nurϑzi* als „zum neunten Mal“. Im Arm. werden die meisten Ordinalzahlen durch das Suffix *-erord* gebildet, und „der neunte“ heisst *innerord*. In *-erord* ist das Suffix *-ord*, welches in mehreren andern Anwendungen im Armen. vorkommt, enthalten. Das Suffix *-ord* bildet u. a. Personenbezeichnungen, z. B. *kçord* „Genosse“. So auch *yajord* „Nachfolger“, wovon *naxayajord* „Vorgänger“; *ařajnord* „Vorsteher, Führer“ von *ařajin* „der erste“. Diese Wörter betrachte ich als die Muster der arm. Ordinalzahlen. Arm. *erkrord* „der zweite“ ist von *erkir* „der zweite“ durch das Suffix *-ord* gebildet; ebenso *errord* „der dritte“ von *erir* „der dritte“ [1]). Hieraus folgere ich, dass das ältere arm. Suffix der Ordinalzahlen *-ord* war, welches später zu *-erord* erweitert wurde. Das arm. Suffix *-ord* habe ich im etr. *tusurϑir* als *-urϑ* nachgewiesen. Dasselbe Suffix finde ich in **nurϑ* „der neunte“, wovon *nurϑzi* „zum neunten Mal“. Dem etr. **nurϑ* würde ein arm. **innord* wesentlich entsprechen. Ich nehme an, dass das Suffix *-urϑ* im Etr. betont war. Dadurch ist die Form der Zahl 9 in *nurϑ* zu erklären. Analog ist poln.-arm. *nusùn* = class. *innsun* 90 (Wiener Zeitschr. I, 295).

Das Suffix *-zi* ist von den Zahladverbien, welche von den Cardinalzahlen gebildet sind (z. B. *cizi*), auf die von den Ordinalzahlen gebildeten Adverbien übertragen worden. Das Etruskische weicht hier vom Armenischen ab. Mit Pauli (Etr. St. V, 71) finde ich es jetzt wahrscheinlich, dass *canϑce* (wie *camϑi*) sich auf die Function des Beamten bezieht. Bei *nurϑzi canϑce* ist „bei seinem Tode“ hinzuzudenken.

---

1) Arm. Beitr. S. 41 f. habe ich arm. *er-ku* aus älterem **ku* statt *dṷō* erklärt. Hiernach setzt *erkir* „der zweite“ ein älteres **kir* aus **dṷitero-s* voraus. Vgl. *krkin*, das wol aus **kir-kin*, nicht, wie ich früher vermutete, aus **kur-kin*, entstanden ist. Arm. *erir* „der dritte“ ist nach **kir* (woraus *erkir*) gebildet.

Wenn in der Inschrift eines *alcϑna*-Sarges G. 740 Z. 2: *•rϑz · zince* richtig gelesen ist, muss *•rϑz* ein von einer Ordinalzahl auf *-rϑ*, *-urϑ* abgeleitetes Adverbium sein. Ob aber eben [*nu*]*rϑz* zu ergänzen ist, bleibt unsicher.

max.

Auf den Würfeln von Vulci F. 2552 ist *maχ* eines von den Zahlwörtern 1—6. Nach der alphabetischen Reihenfolge sind diese: *ci*, *zal*, *huϑ*, *ϑu*, *śa*, *maχ*. In einer Inschrift aus Corneto (Pauli Etr. St. V, 8 Nr. 15) erscheint *maχ* in einem Ausdrucke, welcher angiebt, wie viele Jahre der Verstorbene gelebt hat: *maχ · cezpalχ · avil* | *svalce* —, d. h. . . . -ginta annos vixit.

Der Genetiv findet sich F. 2340 (Corneto) in der Verbindung: . . . *lupum · avils* [*· m*]*aχs · mealχlsc ·* . . . d. h. et mortua (est) annorum . . . et nonaginta. F. Spl. I, 388 (Vulci): . . . *lupu · avils · maχs · zaϑrums* —, d. h. mortuus (est) annorum . . . triginta. F. 2070 (Viterbo): . . . *avils* : *maχs semφalχls lupu* —, d. h. annorum . . . septuaginta mortuus (est). Welche von den Zahlen 1 bis 6 durch *maχ* bezeichnet wird, ist weniger sicher. Bereits Campanari hat *maχ* als 1 gedeutet. Deecke Bezz. Beitr. I, 269 bemerkt: „*ci* und *zal* können nicht = 1 sein, da sie beide mit dem Plural *clenar* = Söhne vorkommen, *ci* zweimal, *zal* einmal. Auch *śa* heisst schwerlich „ein“, denn erstens scheint auch in *tivrs* . . . . ein Plural zu stecken [F. 2119: . . . *avils* : XX : *tivrs*: *śas* —] und zweitens wäre dann *larϑi ceisi* [F. 2104: . . . *avils · śas · amce ·* . . . .] im zweiten Jahre gestorben, während sonst bei Kindern unter 4 Jahren das Alter niemals angegeben ist, vgl. Fabretti Osservazioni paleographiche e grammaticali C. J. P. Spl. p. 243, Note 1.“ Dass *ϑu* nicht „eins“ ist, hat Deecke u. a. aus *ϑu-χ iχutevr* Magliano gefolgert; denn *iχutevr* scheint eine Pluralform zu sein „Priester“. Ich folgere dasselbe aus *ϑuluṭr* und *tusurϑir*, worin ich *ϑu* „zwei“ finde.

Endlich bedeutet *huϑ* kaum „eins“. F. 346 werden zwei verstorbenen Personen von mehreren Verwandten *huϑ* : *naper* geschenkt. Nach meiner Vermutung bezeichnet *naper* Libation (Libationen). Allein dass mehrere Personen zwei verstorbenen Verwandten zusammen eine Libation weihen sollten, ist nicht wahrscheinlich, da *naper ci* und *naper zl* sonst genannt werden. Dass *hut* nicht „eins“ bedeutet, finde ich ebenfalls nach F. 1914 A 16 *relϑina·hut·naper·penezś* wahrscheinlich, denn ich werde die Ansicht begründen, dass *penezś* mehrere verstorbene Verwandten angiebt. Vgl. Verf. Beitr. I, 139—141.

Ich finde es also höchst wahrscheinlich, dass *maχ* „eins“ bedeutet. Dasselbe nimmt Deecke jetzt an. Auch Pauli sagt Altit. St. III, 61, dass für *maχ* „die Bedeutung „eins“ fast so gut wie sicher steht“. Er benutzt dies um *meχl* F. Spl. I, 399; F. 2033 bis Ea, vgl. F. 2335 b, als „confoederationis“ zu deuten. Vgl. Pauli Inschrift von Lemnos S. 33.

maχ „eins“ zeigt dasselbe Suffix wie etr. Ethnica *rumaχ* Romanus, *cusiaχ* Cosanus u. m. Auch sonst finden wir bei etr. Zahlwörtern das Suffix *-aχ*. So erkenne ich in der Pluralform *mecaχr* und in *meuaϑa* aus **meuaχ-ϑa* ein **mevaχ* „Anzahl von neun“ „neun“.

Im Armen. werden von den Cardinalzahlen Substantive und Adjective auf *-ak* und *-eak* gebildet. Vom arm. *mi* „eins“ ist *miak* „die Zahl eins“, auch adjectivisch „einzig“ abgeleitet.

Mit diesem arm. *miak* stelle ich etr. *maχ* „eins“ zusammen [1]). Für die Bedeutung ist das folgende hervorzuheben. Nach Cirbied 197, 502 werden die arm. Zahlwörter auf *-ak*, welche er „nombres séparatifs“ nennt, zuweilen mit der Bedeutung der Cardinalzahlen angewendet. Sie stehen dabei gewöhnlich vor dem Substantive ohne Concordanz der Zahl und des Casus; z. B. *k̄aȓeak drambk̄* „mit vier Türen“.

In Betreff des formellen Verhältnisses des etr. *maχ* zum arm. *miak* kann man zwischen zwei Erklärungen schwanken. Arm. *miak* ist von *mi* „eins“ abgeleitet und arm. *mi* kann dem gr. μία, aus *σμία, entsprechen. Im Arm. ist also, wie es scheint, die Femininform verallgemeinert worden. Man könnte nun daran denken, etr. *maχ* aus einer idg. Grundform **sm-āqó-s* zu erklären. Bei dieser Erklärung würde die etr. Form in so weit ursprüng-

---

1) Robert Ellis (The Asiatic Affin. of the old Ital. 51) hat bereits etr. *maχ* mit arm. *miak* zusammengestellt. Allein in „Sources“ 42, 44 vergleicht er unmethodisch georgische und africanische Zahlwörter neben arm. *mek* mit etr. *maχ*. Ich kam unabhängig von Ellis auf die Zusammenstellung von etr. *maχ* und arm. *miak*.

licher als die arm. sein, als jene nicht von der Femininform (= arm. *mi*, gr. μία) abgeleitet wäre[1]).

Eine andere Auffassung ist mir jedoch wahrscheinlicher. Im Etr. kann *i* vor *a* schwinden, z. B. *arnϑal* = *arnϑial*. Daher vermute ich, dass etr. *maχ* aus **miaχ* entstanden und mit arm. *miak* identisch ist. F. 2070 und F. Spl. I, 388, worin *maχs* vorkommt, haben zugleich *larϑal* für *larϑial* (dagegen *nevtnial* und *pumplialχ*). Im Arm. kann ein *i* ausserhalb der Endsilbe auch in der ersten Silbe mehrsilbiger Wörter schwinden. Cirbied 670 nennt vulg.-arm. *mēkmal* = *mēkmial* „un autre“. Diese Form, die aus *mēk mi ail* entstanden ist, lässt sich in Betreff des Ausfalls von *i* vor *a* mit etr. *maχ* aus **miaχ* vergleichen. Dass **miaχ* zu *maχ* wurde, setzt voraus, dass der Hauptton auf der Endsilbe lag. Wegen des *χ* von *maχ* dem arm. *k* von *miak* gegenüber vgl. z. B. etr. *lusχnei* = vulg.-arm. *lusnkay*.

Etr. *maχ* hat wie arm. *miak*, *mi* vor *m* ein anlautendes idg. *s* verloren.

Beitr. I, 148 habe ich bereits gegen Pauli nachgewiesen, dass diese Annahme nicht dadurch gehindert wird, dass anlautendes *sm* im Etr. vorkommt (*sminϑe* mit Verwandten). Die ursprünglichen Formen von *sminϑe* und *maχ* brauchen, selbst wenn man *maχ* aus **sm-* erklärt, nicht in Betreff des Anlauts und der Betonung analog zu sein. Das Griechische hat anlautendes σμ (σμίνϑος, σμίλη, σμύχω u. m.); gleichwol ist μία aus **σμία* entstanden. Ebenso ist arm. *mi* aus **smia* entstanden, obgleich anlautendes *sm* im Armen. vorkommt (*smin* u. m.).

Etr. *maχ* bildet den Gen. *maχs*; arm. *miak* kann den Gen. *miaki* bilden. Wie etr. *zaϑrums* aus *zaϑrumis* entstanden ist, so kann *maχs* aus **maχis* entstanden sein. Die Endung dieser Form kann mit der Endung des arm. *miaki* auf eine Grundform *-ĭos* (*ịos*) zurückgeführt werden; vgl. etr. *śeχiś* = arm. *iyi*, vulg.-arm. *ēgi*.

---

1) Etr. *maχ* ist oft, zuerst von Campanari, mit gr. μία zusammengestellt worden. Lattes (Numerali etruschi, Rendiconti d. Reale Ist. Lomb., vol. XII, III della serie III) vergleicht kret. ἀμάκι = ἅπαξ Hesych. und bemerkt: „stimo che pure di *ma-χ* il solo *m-* spetti esclusivamente alla base, e che il *χ* appartenga esclusivamente al suffisso“. Vgl. Pauli Etr. St. V, 15, 127 f.; Verf. Beitr. I, 148; Deecke Bezz. Beitr. XII, 323; XIV, 210.

kurpu und *krankru*.

Ein Wandgemälde des Golinischen Grabes bei Orvieto zeigt zwei vornehme Etrusker in weissen Mänteln mit Kränzen auf dem Haupte und Trinkschalen in den Händen auf einem Ruhebette lagernd. Unten am Kopfende desselben sieht man eine kleine Mannsgestalt mit struppigen, emporgesträubten Haaren und mit der Beischrift: *kurpu* — F. 2033, 2, par. 7, c. Conestabile (Pitture mur. Orviet. p. 91) hat in diesem kleinen Manne einen Dämon vermutet; allein Corssen I, 320 sieht in ihm mit grösserer Wahrscheinlichkeit einen Bettler beim Mahle der Vornehmen, einen etruskischen Iros.

Ich verbinde etr. *kurpu* mit arm. *kṙup*, Gen. sg. *kṙpi*, Nom. pl. *kṙupḱ*, Gen. pl. *kṙpaç*, „Faust, Faustschlag"; z. B. *hanel umeḱ kṙups i gluxn* „dar de' pugni sulla testa". Davon ist *kṙpem* „percuotere coi pugni" „affliggere", *kṙpim* „esser percosso co' pugni" abgeleitet. Darnach bezeichnet etr. *kurpu* etymologisch „ein Mann der Faustschläge bekommt". Hierunter ist ein armer Schmarotzer zu verstehen. Die neuere griechisch-römische Komödie hebt wiederholentlich als etwas für den *parasitus* charakteristisches hervor, dass er ein ψωμοκόλαφος ist, dass er Faustschläge unzählige Male bekommt. Siehe z. B. Plaut. Capt. I, 1, 20—22:

> Et hic quidem hercle, nisi qui colaphos perpeti
> Potis parasitus frangique aulas in caput,
> Vel extra portam trigeminam ad saccum ilicet.

Persa I, 2, 8 sagt der Parasit, wo er seine Vorväter erwähnt:

> eis cognomentum erat duris capitonibus.

Das etr. Appellativ *kurpu* bezeichnet eben einen solchen „durus capito, qui colaphos perpeti potis". Etr. *kurpu* ist von einem dem etr. *kṙup* entsprechenden Substantive durch das Suffix *-u* abgeleitet. Ein Suffix *-u* kommt im Etr. oft vor. Vgl. *hinϑiu* F. 1915 „für die Verstorbenen bestimmt" von *hinϑia* „Totenschatten"; *sacniu* F. 2182 von *sacni*. Im etr. *matu* oder *masu* vermute ich ein Adjectiv, das von einem dem etr. *mah* „Tod", Gen. *mahu*, entsprechenden Substantive abgeleitet ist. Im Armen. finden sich mehrere Nomina auf *-u*, die von Nomina abgeleitet sind.

Die, welche von *u*-Stämmen abgeleitet sind, dürfen mit etr. *kurpu* nicht verglichen werden, so z. B. *meλu* Gen. *meλui* „Biene" von *meλr* Gen. *meλu* „Honig"; *k̇aλçu* mosto von *k̇aλçr* Gen. *k̇aλçu* dolce. Zuweilen ist das arm. Suffix *-u* eine Nebenform zu *-oy*: *azdu* neben *azdoy* efficace, attivo von *azd* „Wirksamkeit?" Im etr. Suffixe *-u* können mehrere ursprünglich verschiedene Suffixe verschmolzen sein. Da auslautendes arm. *n* im Etr. schwinden kann (*ei*, *culśu* u. m.), so ist es möglich, dass das Suffix *-u* des etr. *kurpu* dem arm. Suffixe *-un* entspricht. Vgl. z. B. arm. *ererun* vacillante von *erer* vacillamento, Gen. *yereri*.

Das *p* des etr. *kurpu* entspricht dem *ṗ* des arm. *kṙuṗ*. Im Etr. wechselt *p* mit *φ*; z. B. *φerse* neben *perse* Περσεύς, *φulnice* neben *pulunice* Πολυνείκης. Etr. *p* kann in Lehnwörtern dem gr. *φ* entsprechen, z. B. *φersipnai* Περσεφόνεια. Im Arm. wechselt *ṗ* mit *p*, z. B. *ṗor* „Schwan" neben *por* (Patk. Arm. Spr. § 2; Verf. Arm. Beitr. 32). Das *c* des etr. *cana* entspricht dem *k̇* des arm. *k̇andak*.

Das Verhältniss des etr. *ur* von *kurpu* zum arm. *ṙu* von *kṙuṗ* erinnert an das Verhältniss zwischen etr. *φurseϑni* und *pruśaϑne*, etr. *petursi* F. 806 und lat. *Petrusius*. Vgl. poln.-arm. *Kirkor* = class. *Grigor* Wiener Z. II, 305. Ausserhalb der Endsilbe fällt im Arm. das *u* von *kṙuṗ* aus: *kṙṗem*. Ebenso setzt etr. *kurpu*, ins Arm. übertragen, eine Form **kṙṗ(u)* voraus. Das erste *u* von *kurpu* ist secundär entwickelt, wie im Poln.-Arm. oft ein *u* zwischen zwei anlautenden Consonanten: *gudzù* „Branntwein" = class. *kcu* „bitter" von *kic* „Biss"; *dźundźulùx* „Sperling" = class. *čnčλuk* (Wiener Z. II, 296).

Meine Deutung von *kurpu* als „der welcher Faustschläge bekommt" wird durch eine parallele Inschrift bestätigt. Am Fussende desselben Ruhebettes scheint ein weibliches Tier, das einem Panther ähnlich ist, mit herabgebeugtem Kopfe beschäftigt, die beim Gastmahle herabgefallenen Brocken aufzulesen. Dabei steht die Inschrift F. 2033, 2, par. 7, d: *krankru* —. Ich verbinde dies mit arm. *kerakur* „cibo, vivanda, pasto", poln.-arm. *giragùr* „gekochtes Fleisch". Das Tier am Fussende des Ruhebettes „welches Futter bekommt" bildet einen Gegensatz zum armen Schlucker am Kopfende „welcher Faustschläge bekommt". *krankru* ist wie *kurpu* durch das Suffix *-u* abgeleitet. Im etr. *krankru* neben dem arm. *kerakur* ist das *e* zwischen *k* und *r* ausgefallen, wahrscheinlich nachdem es zuerst zu *ę* erleichtert war, wie in Achalz. und poln.-arm. *vęra* = class. *veray* über, poln.-

arm. *xelkòr* „verständig" von *xelk* „Verstand". Ebenso ist nach meiner Vermutung das *e* der ersten Silbe vom etr. *tnucasi* Magliano, neben *tenu*, synkopirt, nicht nur das *e* von Lehnwörtern wie *mnele* Μενέλαος. Arm. *kerakur* verliert sein *u* regelmässig ausserhalb der Endsilbe, z. B. im Gen. *kerakroy*. Ebenso ist das *u* im etr. *krankru* ausgefallen; vgl. *turce* aus *turuce*. Über die Erklärung des *n* von *krankru* kann man zweifeln. Es ist mir nicht wahrscheinlich, dass das *n* eingeschoben sei; denn ich habe den arm. Compositionsvocal *a* im Etr. nicht gefunden. Ich vermute vielmehr, dass etr. *krankru* von einem Compositum abgeleitet ist, dessen Vorderglied nicht arm. *ker* „Nahrung, Frass" ist, sondern ein damit synonymes **keran*. Arm. *ker* bedeutet zugleich, als zweites Glied von Compositis, „essend", und in dieser Bedeutung kommt vulg.-arm. *keran* (s. Wtb.) vor.

Sowol arm. *ker* als *kur* gehört zu derselben Wurzel wie gr. βιβρώσκω, βορά, βορός, aind. *girāmi* u. s. w., siehe Hübschmann Grundz. Nr. 143.

taliϑa.

Auf einem Spiegel aus Vulci (Gerh. T. CDXIII = F. 2154) sieht man einen Jüngling und ein junges Mädchen, beide ganz nackt, einander gegenüber. Indem die gesenkte Rechte des Jünglings ein Alabastron, die gesenkte Linke des Mädchens ein Henkelkörbchen hält, scheint der Jüngling mit der Linken dem Mädchen eine Blume darzubieten, während sie ihm die Wange streichelt. Das Bild stellt nach Gerhard eine Begegnung nach dem Bade vor. Die Beischrift des Mannes hat man verschiedentlich gelesen, warum ich dieselbe hier nicht bespreche; die Beischrift des Mädchens ist *taliϑa* [1]).

Dies *taliϑa* ist mit dem arm. *talitay* „junges Mädchen" fast gleichlautend; denn arm. *-ay* wird *-ah* oder in Dialekten *-a* ausgesprochen, und etr. *-a* entspricht mehrfach dem arm. *-ay*. Auch die Bedeutung des arm. Wortes passt trefflich für das etruskische. Allein arm. *talitay* ist nicht ein ursprünglich armenisches Wort [2]),

---

1) Eine frühere Vermutung über dies Wort (Beitr. I, 28) nehme ich zurück.
2) Dies habe ich in meinen Arm. Beitr. S. 33 irrig angenommen.

sondern aus dem Aramäischen entlehnt: ταλιθά d. h. κοράσιον Marc. 5, 41, eigentlich zartes Lamm (Gesenius Wörterbuch).

Hiernach wage ich nicht zu entscheiden, ob die Übereinstimmung zwischen dem etr. *taliϑa* und dem arm. *talitay* zufällig ist oder nicht [1]). Ich stelle nur an die Kenner der semitischen Sprachen die folgende Frage: Kann die armenisch-etruskische Sprache bereits vor der Übersiedelung der Etrusker nach Italien das syrische Wort ταλιθά „junges Mädchen" in Kleinasien aufgenommen haben? Wenn etr. *taliϑa* aus dem Semitischen entlehnt sein kann, lässt sich fragen, ob nicht auch gr. τᾶλις Acc. τάλιδα (d. h. μελλόγαμος παρθένος) denselben Ursprung hat.

Die Endungen *-sa* und *-sla*.

Man nahm früher etr. Ehefraunamen auf *-sa* an. Dass dies unrichtig ist, haben Moriz Schmidt im Index schol. hibern. in Univ. Jenensi 1877—8 p. 3 und Deecke Müll. II, 484 ff. bewiesen. Diese Gelehrten haben gezeigt, dass die etr. Endung *-sa* mit der Genetivendung *-ś* wesentlich gleichbedeutend ist. So z. B. *aϑ : canzna : velϑurusa* — F. 887 „Arnth Canzna, (der Sohn) des Velthur", wie *vipinanas · velϑur · velϑurus ·* u. s. w. F. 2117 „Velthur Vipinanas, (der Sohn) des Velthur". F. 606: *larϑi : heli : cainal : ucrsa :* — „Larthi Heli, (die Tochter) der Cainei, (die Gattin) des Ucr"; vgl. F. 761: *ϑania : veleϑnei : ucurs* — „Thania Velethnei, (die Gattin) des Ucr". Ebenso sind die Formen auf *-alisa* mit den Genetivformen auf *-al* und auf *-alś* wesentlich gleichbedeutend, z. B. F. 730: *arnza : tlesna : arnϑalisa : camarinesa* — „Arnza Tlesna, (der Sohn) des Arnth Camarine".

Jedoch ist die syntaktische Anwendung der Formen auf *-sa* und der übrigen Genetivformen (auf *-ś* oder *-al*) nicht ganz dieselbe. Wo der Genetiv von einem daneben stehenden Substantive regirt wird, werden die Genetivformen ohne *-sa* weit häufiger als die Formen auf *-sa* angewendet. So wird z. B. eine Form auf *-sa* nie von *lautni*, *lautniϑa*, *etera*, *lautn·eteri* regirt. Dagegen heisst es z. B. F. 131: *sleparis : alfnis : l : | aχlesa* — „Sleparis, des

1) Wenn *taliϑa* ein ursprünglich etruskisches Wort ist, muss es wie *lautniϑa* gebildet sein.

Alfni Freigelassene, des Achle (Gattin)". *alfnis*, das von dem daneben stehenden *l(autniϑa)* regirt wird, hat die Genetivendung *-is*; dagegen hat *aχlesa*, neben welchem kein regirendes *puia* steht, die Form auf *-sa*. In F. Spl. III, 178: *nicipur · pāulisa* — zeigt das Facsimile Tab. II am Schluss Reste eines Buchstabens; Pauli Etr. St. IV, 2 vermutet daher, dass hier noch *lautni* oder eine Abkürzung davon folgte. Eine Form auf *-sa* neben *lautni* kommt sonst nicht vor. Die Inschriften F. Spl. III, 85—93, welche bei Chiusi zusammen gefunden sind, haben Genetivformen auf *-ś*, *-s* und *-sa*. Die Formen auf *-sa* finden sich in diesen Inschriften nicht da, wo ein regirendes Wort dabei steht. Ähnlich ist das Verhältniss z. B. bei F. Spl. III, 110 und 111 mit 106 verglichen; F. 547 vgl. 546; F. 559 vgl. 555, 556, 558; F. 560 ter c vgl. F. 560 ter d. Ebenso öfter. Diese Verschiedenheit der Anwendung ist jedoch nicht absolut. Die Formen auf *-sa*, *-śa* finden sich auch, obwol weit seltener, bei einem daneben stehenden regirenden Worte; z. B. F. Spl. III, 367: *velϑur* : *partunus* : *larisališa* : *clan* : *ramϑas* : *cuclnial*: u. s. w.; F. 2033 bis E (par. 7) a, u. öfter.

Mit Unrecht sahen Mor. Schmidt und Deecke in *-sa* (*-śa*) die vollere und ursprünglichere Form von *-s* (*-ś*), welche letztere Form aus *-sa* abgestumpft sein sollte. Diese Auffassung wird dadurch widerlegt, dass die Genetivendung *-s* (*-ś*) einen andern *s*-Laut, als die Endung *-sa* (*-śa*) hat, wie Pauli dies hervorgehoben hat. In Nord- und Mittel-Etrurien wird gewöhnlich *-ś* neben *-sa*, in Süd-Etrurien umgekehrt *-s* neben *-śa* geschrieben. So z. B. F. 422 a (Siena): *arnt · vete · arnϑalisa* | *caiaś* —. F. 422 b (Siena): *arnt · vete · arnϑa* | *lisa · caiaś* —. F. 1491 (Perugia): *aulevelimnaś ϑefrisa* | *nufrznalclan* —. *marcnisa* F. 503 (Chiusi), allein F. 505 in demselben Grabe *marcniś*. G. 789 (Corneto): *vel* : *aties* : *velϑurus* | *lemniśa* : *celati* : *cesu* —. Man muss annehmen, dass die Genetivendung *-ś* ein stimmhaftes *s*, *-sa* dagegen ein stimmloses und wahrscheinlich geminirtes *s* hatte. Hierfür sprechen die Formen *presntessa* F. 337 bis, *aesialissa* F. 452, *cauślinissa* F. 775, 740, wo ein *s* über *-isa* gesetzt ist; in lateinischer Umschreibung *hannossa* F. 857 bis e neben etr. *hanusa* F. 612 bis a u. b; *cargossa* CIL. XI, 2326.

Andererseits hebt Deecke mit Recht den lautlichen und begrifflichen Parallelismus zwischen *-ś* und *-sa* hervor: *ucurs* —

ucrsa; *latiniś* — *latinisa*; in demselben Grabe *marcniś* und *marcnisa*; *tutnaś* — *tutnasa*, *auleś* — *aulesa*, *velϑuruś* — *velϑurusa*, *larϑalś* — *larϑalsa*, *larϑalisa*, u. s. w. Es ist hiernach höchst unwahrscheinlich, dass die Endung *-ssa*, *-sa* mit *ś*, wie Pauli annimmt, gar nichts zu tun haben sollte. Daher ist *tutnasa* nach meiner Ansicht aus *tutnaś* + *sa* entstanden; *latinisa* aus *latiniś* + *sa*; *ucrsa* aus *ucurs* + *sa*; *aulesa* aus *auleś* + *sa*; *velϑurusa* aus *velϑuruś* + *sa*. Ebenso ist *larϑalsa* aus *larϑalś* + *sa* entstanden. Aus *larϑialisa* folgere ich, dass *larϑalś* aus **larϑialiś* entstanden ist. Dieselbe Erklärung ist bei den andern männlichen und weiblichen Formen auf *-alisa* anzuwenden.

Die etr. Genetivendung *-ś* verbinde ich mit idg. Genetivendungen, die auf *-s* enden. Deecke Fo. I, 75 f. hat bereits vermutet, dass ein Suffix *sa* in den obigen Formen an Genetivformen getreten ist. Allein was ist dies *sa*? Ich sehe darin nicht mit Deecke Fo. V, 11 Anm. eine Genetivendung, welche der aind. *-sya* entspricht.

Das Etruskische wendet als die Endung eines Genetivus genetivi *-sla*, südetr. *-śla* an, jedoch, wie es scheint, fast nur, wo „des Sohnes" als regirendes Wort hinzu zu denken ist. Z. B. F. Spl. II, 104 (bei Viterbo): *eca mutna arnϑal ϑveϑlies* | *velϑuruśla* — „Dies (ist) der Sarg des Arnth Thvethlie, des (Sohnes) des Velthur." Dagegen F. 887 (Montepulciano): *aϑ* : *canzna* : *velϑurusa* — „Arnth Canzna, (der Sohn) des Velthur". F. 352 (Volterra): *mi* : *ma* : *veluś* | *rutlniś* | *avlesla* — „Dies hier (ist) des Vel Rutlni, des (Sohnes) des Aule". Dagegen F. 861 (Montepulciano): *aule* · *amφare* · *aulesa* — „Aule Amphare, (der Sohn) des Aule".

Wie *-sa* (*aulesa*) aus *-ś* + *sa* entstanden ist, so muss *-sla* (*avlesla*) aus der Genetivendung *-ś* + *sla* entstanden sein. Was ist nun *-sla*? Dies enthält dasselbe anlautende *s* und dasselbe auslautende *a* wie *-sa*. Nur durch das *l* ist *-sla* von *-sa* lautlich verschieden. Die specielle Function, welche der Endung *-sla* im Gegensatz zu *-sa* zukommt, muss also durch dies *l* ausgedrückt sein. Mit andern Worten: das anlautende *s* gehört dem den Formen *-sa* und *-sla* gemeinsamen Stamme an; in *-sa* und *-sla* ist das auslautende *-a* dasselbe enklitische Element, und in *-sla* ist *l* Casussuffix, während *-sa* kein Casussuffix hat. Im Griechischen lässt sich *aulesa* mit ὁ (υἱός) τοῦ Αὔλου, *avlesla* mit τοῦ (υἱοῦ) τοῦ

Αὔλου übersetzen. Hiernach erkläre ich das *l* von *-sla* als Genetivsuffix, und in *-sla* sehe ich den Genetiv zu dem Nominative *-sa*. Ich identifizire etr. *-sa* mit dem arm. Nominative *sa* „dieser, er“. In *aulesa* aus *auleś-sa*, *latinisa* aus *latiniś-sa* entspricht also *-sa* der Function nach dem gr. ὁ, ἡ und die Gen. *auleś*, *latiniś* sind davon abhängig. Der Umstand, dass ein regirendes Nomen neben den Formen auf *-sa* selten vorkommt, stimmt damit, dass arm. *sa* substantivisch ist, überein. Wo der im Genetiv gesetzte Name des Vaters oder des Gatten aus einem Vornamen und einem Familiennamen besteht, kann entweder nur der eine von diesen die Endung *-sa* haben oder beide. Z. B. *vel* : *aties* : *velϑurus*|*lemniśa* : . . . . G. 789 (Corneto). Dagegen z. B. *arnza* : *tlesna* : *arnϑalisa* : *camarinesa* — F. 730. Das letztere ist wahrscheinlich zu einer Zeit entstanden, wo man *-sa* nur als Genetivendung auffasste und das Bewusstsein davon, dass die Endung *-sa* einen Genetiv auf *ś* mit dem diesen regirenden Nominative eines Pronomens *sa* enthielt, verloren hatte.

Etr. *-sla*, z. B. in *avlesla*, aus *avleś* + *sla*, identifizire ich mit arm. *sora*, in dem Dialekte von Tiflis *sra* (Petermann S. 72), dem Gen. von *sa*.

Des Lautübergangs wegen vergleiche man arm. *slanam* „ich fliege“ aus dem synonymen *sranam*. Ich habe im vorhergehenden bereits nachgewiesen, dass das inlautende etr. *l* öfter aus *r* entstanden ist: *tuntle* Τυνδάρεος; *mestleś* aus **mestreś*, siehe unter *cina*; **falnϑ* „Himmel“ neben arm. *barjunk*; *falaś* neben arm. *barj*. Ich werde später mehrere andere Wortformen besprechen, in denen wesentlich derselbe Lautübergang statt gefunden hat. Die Form *-sla* statt *-*sra* trat zuerst wol nur bei gewissen Vornamen ein und wurde später verallgemeinert. Die Wiederholung des *l* in den Formen *avlesla*, *velusla* hinderte wenigstens nicht den Übergang von *r* in *l*; denn das Etruskische scheut so wenig wie das Armenische die Wiederholung des *l*. Man vergleiche etr. Wortformen *lala*, *lulaś* F. 451, *lalan* F. 2478 (wenn die Lesung richtig ist), *titlaluś*, *slel*, *clel*, *tul·l·* F. 2033 bis F a Z. 6 mit arm. *lal*, *lieal*, *cleal*, *slaçeal* u. ähnl. Ich entscheide nicht, ob der Trieb der Dissimilation oder der der Assimilation bei dem Übergange von *-*sra* in *-sla* bei *arnϑialisla* (*arnϑaliśala* mit Svarabhakti-Vocal), *larisalisla*, *larϑalisla*, *velϑurusla* u. ähnl. mitgewirkt hat.

Wenn ich Recht habe, dass die etr. Sprache wie die altarmenische zwei verschiedene *l*-Laute (arm. *l* und *λ*) kannte, muss man fragen, ob das *l* des etr. *-sla* wie altarm. *l* oder *λ* gesprochen wurde. Sowol arm. *slanam* = *sranam* als Formen wie arm. *lal*, *lieal* u. s. w. sprechen mehr für das erstere. Dagegen wurde das *l* von etr. *tuntle*, *mestleś* wahrscheinlich wie das *λ* des arm. *astλ* ausgesprochen.

Die etr. Form *-sla* stimmt darin, dass ein Vocal zwischen *s* und *l* fehlt, mit dem Vulg.-Arm. im Gegensatz zu der class. arm. Sprache überein.

Das enklitische Element *-a* der arm. Wortformen *s-a* und *sor-a* erscheint auch in den arm. demonstrativen Pronom. *na* und *da*. Arm. *na* habe ich im etr. *cina* F. 346, arm. *da* im etr. *meuaϑa* F. 346 wiedergefunden.

Das Genetivsuffix *r* des arm. *so-r-a* kommt in der arm. Pronominalflexion häufig vor: *mer* nostri, *jer* vestri, *iur* sui, *ainr* Gen. von *ain*, u. s. w. Es ist eigentlich das adjectivische Suffix *-ro* der Pronomina possessiva, welches auch in den germanischen Possessiven *unsar*, *izvar* u. s. w. erscheint.

Bei den etr. Formen auf *-sa* ist gewöhnlich das Wort für „Sohn“ oder für „Gattin“ im Nominativ hinzu zu denken, bei denen auf *-sla* fast immer das Wort für „Sohn“ im Genetiv. Im Arm. kann in längeren genealogischen Reihen das Wort für „Sohn“ fehlen, wenn der Name des Vaters im Genetive dabei steht, z. B. Mos. Choren. I, 5. Der griech. Ausdruck Λέαρχος ὁ Καλλιμάχου ist bekannt. Aristophanes sagt: Τὴν Σμικυθίωνος οὐχ ὁρᾷς Μελιστίχην.

Der Umstand, dass *-a* in *-sla* ein enklitisches Element ist, erklärt die Bildung etruskischer Formen wie *nusteślisa* (nicht *nusteślasa*) neben *nusteśla*.

Die Elemente der etr. Wortformen auf *-sa* und *-sla* sind im Arm. vorhanden, allein diese Bildungen selbst sind nur etruskisch, nicht armenisch.

Nur in einem Falle finde ich bei einem etr. Gen. genetivi den Genetiv von *clan* „Sohn“ hinzugefügt, wie das regirende Substantiv zuweilen neben einem Genetive auf *-sa* steht. F. 347 Tab. XXV., Volterra, auf einer Bronzetaube: *fl · supri · manince* : *cipinaltra · ulunisla* | *clz · tatanupp* —. Vielleicht ist *vipinaltra* zu lesen (Pauli Altit St. III, 54). Statt *tatanupp* hat eine andere

Abschrift *tatanuś*. In *clz* sehe ich den Genetiv von *clan*. Dies wird öfter abgekürzt *cl·* geschrieben; siehe Fabretti Glossarium. Als Genetivendung wird auch sonst *z* geschrieben; siehe Deecke Müll. II, 432. Andere Beispiele, wo der Stamm vor der Genetivendung verkürzt geschrieben ist, habe ich oben S. 24 angeführt. Der Genetiv *clz* hat hier die Function des Dativs. Also *ulunisla clz* „dem Sohne des Uluni".

Die Endung *-sla* ist von Deecke Fo. V, 9 und Fo. VI, 95 f. anders erklärt worden; wieder anders von Pauli Etr. St. V, 56 und 83. Das *cles* von *velϑuruscles* F. Spl. III, 306 scheint mir mit *clan* „Sohn", Gen. *clenś* zusammenzugehören und von *-sla* etymologisch ganz verschieden zu sein, wenn auch *velϑuruscles* mit *velϑuruśla* functionell gleich ist.

Auch die Endungen *-alisa* und *-ssa, -sa* erklärt Pauli Etr. St. V, 83 anders als ich.

Die in Alt-Volsinii vorkommende Genetivform *larisa* von *laris* ist mit den im vorhergehenden besprochenen Genetivformen auf *-sa* nicht gleichartig.

Die Endungen *-tla* und *-tra*.

Meine Erklärung der etr. Endung *-sla* wird durch die Endungen *-tla* und *-tra* bestätigt.

Der Bronzehund von Cortona trägt die Inschrift F. 1049: *ś : caluśtla* —. Pauli (Altit. St. III, 53—55) deutet wol mit Recht *ś* = *śeϑreś*, *caluś* als den Genetiv des Familiennamens *calu* und *tla* als den Genetiv eines Pronomens. Allein wenn er übersetzt „unserem Sethre Calu", so hat dies keine hinreichende Stütze. Nach meiner Erklärung setzt die Genetivendung *-sa*, mit der Endung des Gen. genetivi *-sla* verglichen, ein Pronom. demonstr. Nomin. **sa* = arm. *sa*, Gen. **sla* = arm. *sora*, dial. *sra* voraus. Ebenso ist das *tla* von *caluśtla* nach meiner Vermutung der Gen. des etr. Pron. dem. *ta* (= arm. *da*) und mit dem arm. Genetive *dora*, in den Dialekten von Tiflis (Petermann S. 71 f.) und Dschulfa *dra* (Patkanow Dialekte 89) identisch. Ich sehe hiernach in *caluśtla* einen Genetivus genetivi und übersetze *ś : caluśtla* „dem Sethre, dem (Sohne) des Calu". Es kommt im Etr. oft vor, dass der Familienname nicht mit dem Vornamen in Congruenz steht, sondern im Genetive von „Sohn“ regirt wird; z. B. *vel : cesusa : χeritnal clan* : — G. 231 bis „Vel, des Cesu und der Cheritnei Sohn“; siehe Schaefer in Pauli's Altit. St. II, 25 ff.

Wie das arm. Pron. demonstr. *da* (iste) mit *sa* (hic) der Bedeutung nach nicht identisch ist, so war die Bedeutung des etr. Gen. genetivi *-sla* (aus *-*śsla*) ursprünglich gewiss eine etwas andere als die des *-śtla*.

Die Bronzetaube von Volterra hat die Inschrift F. 347: *fl · supri · manince* | *cipinaltra* (oder *vip-*) · *ulunisla* | *clz · tatanupp* (oder *tatanuś*) —. *fl ·* ist wol *flave*, vgl. *φlavi* in der volterranischen Inschrift F. 314 B 9, *φare* B 12. *supri* ist gewiss mit dem volterranischen Namen *supni* F. 314 A 1—4 gleich. Ähnlich findet sich nach der Mitteilung Danielsson's derselbe clusinische Name bald *cnepni* bald *crepni* geschrieben, sogar so, dass eine Olla *cnepni* hat, die dazu gehörige Ziegel dagegen *crepni*. Vgl. arm. *ankanurd* = *ankarurd*. *manince* ist ein Verbum, das ungefähr „weihte“ bedeuten muss; auf das nähere gehe ich hier nicht ein. Das *-tra* von *cipinaltra* oder *vipinaltra* haben Deecke und Pauli mit dem *-tla* von *caluśtla* gleichgestellt, und in *cipinal* oder *vipinal* hat Pauli den weiblichen Genetiv eines Familiennamens gesehen. Ich deute *cipinaltra* oder *vipinaltra* als einen Genetivus genetivi und ich übersetze: „Flave Supri weihte dem Sohne der Cipinei (oder Vipinei) (und) des Uluni . . .“ Nach dem arm. *dora*, *dra* nehme ich an, dass das *r* des etr. *-tra* ursprünglicher als das *l* von *-tla* ist. Dass die Mutter vor dem Vater genannt ist, kommt auch sonst zuweilen vor. Siehe G. 253, V (Chiusi): *larϑ : latini : clanti : latinial : larϑal* | *scires : clan* —.

F. 585 (Chiusi): *vl : arntni : tutnal : larϑal* : — „Vel Arntni, der Tutnei (und) des Larth (Sohn)“.

Die Vergleichung von *ulunisla* mit *caluśtla* zeigt, dass die Endung *-sla* und die seltene, wol auch veraltete Endung *-śtla* in Betreff der Bedeutung zusammengefallen waren [1]).

menitla auf der Bleiplatte von Magliano A ist mir nicht klar.

1) Dass eine Form auf *-tra* in derselben Inschrift wie eine Form auf *-sla* und damit copulirt vorkommt, ist, wie mir scheint, wenig auffallend, da der Genetivus genetivi bei weiblichen Namen überhaupt wenig gebräuchlich war, so dass die Bildung des masculinen Gen. gen. nicht für dieselben bindend zu sein brauchte.

ta.

Ein etr. demonstratives Pronomen *ta* ist von verschiedenen Gelehrten längst erkannt worden.

F. 348, Volterra, Cippus von Tufstein: · *ta* · *suti* | · *mucetiś* · | *cneunaś* · | *lautuniś* —. Ich übersetze mit Deecke Bezz. Beitr. III, 46: „Dies (ist) das Grab des Muceti, des *lautni* des Cneuna". Pauli Etr. St. IV, 14 übersetzt: „.... des Mogetius Cneuna, des *lautni*", weil „des lautni des Cneuna" im Etr. vielmehr *cneunaśla lautuniś* heissen müsse. Allein die Form auf *-aśla* ist nur, wo von einem Sohne, nicht wo von einem lautni die Rede ist, nachgewiesen.

F. 367, Siena, eine jetzt verschwundene Inschrift aus einem Grabe: *larϑl* : *cvenleś* : *tasuϑi* | *manalcu* |·*lce* —. „Des Larth Cvenle (ist) dies Grab ....." Schaefer in Pauli's Altit. St. II, 23 übersetzt *ta suϑi*, *eca suϑi*, *ca suϑi* mit „hier (ist) das Grab". Allein dagegen spricht der Umstand, dass *ta* von *suϑi* in F. 348 nicht getrennt ist, obgleich die Worttrennung hier sonst angewendet ist. Auch würde die Wortstellung „des Larth Cvenle (ist) hier das Grab" weniger natürlich sein. Ferner widerspricht der Deutung Schaefers der Umstand, dass man nie *ϑui suϑi* findet, umgekehrt nie *eca* (*ca*, *ta*) *ceśu*.

Da *ta* F. 367 mit *suϑi* zusammengeschrieben ist, darf man hier schwerlich „dies (ist) das Grab" übersetzen, dem auch die Wortstellung widerspricht. Was in F. 367 nach *tasuϑi* folgt, ist dunkel. Deecke Fo. III, 241 vermutet *meϑlnal cl*[*enś*] |; Pauli Etr. St. III, 27 schlägt dagegen *mϑlnalc*.. „und der Methlnei" vor.

F. 1994, auf einem am trasimenischen See gefundenen Steine: *t·sutih* | *asles* —. Nach der Zeichnung bei F. Tab. XXXVIII kann für *h* auch *ϑ* gelesen werden. Pauli Etr. St. III, 27 ändert den überlieferten Text in: *t*[*a*]*sutih*|*afleś*, und er versteht *h* als *hastia* (wenn nicht *ϑ* d. h. *ϑana* zu lesen ist). Nach der Zeichnung ist zwischen dem ersten *t* und *suti* für ein *a* nicht Raum genug. Ein Nominativ *hastia* oder *ϑana* ist hier syntaktisch unstatthaft. Vielleicht ist hier ein mit lat. *Faustulus*, *Foslus* und mit dem etr. Vornamen *fasti*, *hasti* verwandter Gentilname *hasle* anzunehmen.

Ich vergleiche das etr. Pron. demonstr. *ta* „dieser" mit dem arm. Pron. demonstr. *da* „dieser da“. Formell entspricht das armen. Wort dem etr. so genau wie möglich, denn wir haben unter etr. *tez*, *tece* gesehen, dass in Nordetrurien und Mitteletrurien *t* dem arm. *d* entspricht.

Arm. *da* wird auch als Partikel angewendet, der Bedeutung nach ungefähr dem gr. ὃς entsprechend; siehe de Lagarde Stud. § 1579. Dieser arm. Partikel *da* entspricht nach meiner Vermutung das *ϑa* des etr. *meuaϑa* F. 346. Wie sich die etr. Partikel *na* in *cina* F. 346 dem vorhergehenden Worte angeschlossen hat, so hat sich das *ϑa* in *meuaϑa* an **meuaχ* (eine Anzahl von neun) angeschlossen. In Betreff des Anlauts verhält sich etr. *ϑa* zu *ta* wie *ϑes* zu *tez*.

Der Genetiv des etr. Pron. demonstr. *ta* ist nach meiner im vorhergehenden begründeten Vermutung *tra* (= arm. *dora*, dial. *dra*) in *cipinaltra* oder *ripinaltra* F. 347, *tla* in *caluśtla* F. 1049.

Arm. *da* Gen. *dora* enthält, wie die Flexion desselben zeigt, ein Schlusselement *-a*, welches an Casusformen vom Stamme *do-* gefügt worden ist. Der Stamm *do-* entspricht dem idgerm. *to-*; vgl. Verf. Arm. Beitr. S. 39.

Dasselbe Schlusselement *-a* habe ich im vorhergehenden in etr. *cina* und in den Endungen *-sa*, *-sla* gefunden. Auch die demonstrativen Pronomina *ma*, *ca*, *eca* enthalten dasselbe *-a*.

Die arm. Pronomina *sa*, *da*, *na* sind substantivisch. Auch etr. *ma* kommt oft als Substantiv angewendet vor. Dagegen in F. 2183: *eca* : *śuϑic* : *velus* : *ezpus* : | *clensi* : *cerimu* — liegt es am nächsten, *eca* als Adjectiv zu *śuϑic* aufzufassen. Nach dem vorhergehenden scheint *ta* in F. 367 als Adjectiv angewendet zu sein. Ich finde es wahrscheinlich, dass die etr. Pronomina *ta*, *ca*, *eca* sowol adjectivisch als substantivisch angewendet wurden. Jedenfalls liegt darin, dass etr. *ta*, wie es scheint, als Adjectiv vorkommen kann, kein Grund, dasselbe vom arm. *da* zu trennen, denn analoge Verschiedenheiten finden sich auch sonst in Sprachen, die unter einander nahe verwandt sind. So heisst es z. B. im Altfranz. *cele plume*, allein im Neufranz., wo *celle* nur als Substantiv angewendet wird, muss man dafür *cette plume-là* sagen.

Im Armen. wird *da*, wie *sa* und *na*, am häufigsten von belebten Wesen gesagt; allein die Anwendung dieser Pronomina von unbelebten Gegenständen ist nicht ausgeschlossen.

Genetivformen auf *-sl.*

Etruskische Götternamen, die im Nom. sg. auf *-s* (*-ś*) enden, bilden den Gen. sg. auf *-sl* (*-śl*). Gen. *fuflunsl* F. Spl. III, 402 und auf der Placent. Bronze Reg. 7, *fuflunsul* F. 2250 (vielleicht mit G. 30 identisch), *fuflunl* F. Spl. I, 453 (F. 2250 sicher aus Vulci, woher die übrigen zwei Inschriften gewiss ebenfalls stammen), vom Nom. sg. *fufluns*, *fufluns̀*, auch *fuflunus*, und unvollständig *fuflunu* geschrieben, dem etruskischen Namen des Dionysos.

cilensl auf der Placentiner Bronze Reg. 14, Gen. vom Nom. *cilens* F. 2095 a (De. Fo. IV, 49 f.).

Der Gen. *selvansl* F. 2582, F. 2334 (Corneto), *śelanśl* F. 1052 (Cortona) setzt einen Nomin. **selvans* voraus. Der Name dieses etr. Gottes ist wahrscheinlich aus dem Ital. entlehnt. *Silvanus* erscheint häufig in den lat. Inschriften Etruriens.

Genetivformen von Götternamen sind wahrscheinlich ferner nach der Vermutung Pauli's *klaninśl* F. 2608 bis und *muantrnśl* (oder *puantrnśl*) F. 1055 bis (Cortona).

Die Götternamen *seϑlans* oder *śeϑlanś*, *isminϑians* und *turms*, *turmś* oder *turmus* sind bisher nicht im Genetiv nachgewiesen.

Ferner gehören hierher *marisl* F. 807 (Chiusi) und auf der Placentiner Bronze 23, Gen. vom Nomin. *maris*, *mariś*, welchen Namen ich jetzt als Lehnwort aus dem lat. *Mars* betrachte. Die Änderung der Wortform ist wol durch den Einfluss etruskischer Formen wie *laris* bewirkt.

cetisl Plac. Bronze 13, Gen. von **cetis*, das aus dem Italischen (lat. *Vedius*) entlehnt ist.

Diese Genetivformen sind bei Deecke Fo. V, 21—24 zusammengestellt.

Die Götternamen auf *-s*, welche ursprünglich etruskisch sind, z. B. *śeϑlans*, sind nach meiner Vermutung durch das Suffix *-s* (vgl. *laris*, *erus*), das mit dem arm. Pron. demonstr. affixum *-s* identisch ist, weitergebildet. Wie diese werden die entlehnten Götternamen auf *-s* (**selvans*, *maris* u. m.) flectirt; auch in diesen ist das auslautende *-s* ein stammhaftes Element geworden, während das auslautende *-s* der ital. Urformen Nominativendung war.

Im vorhergehenden habe ich die Endung des Genetivus genetivi *-sla* aus der Genetivendung *-ś* + *sla* erklärt und dies *-sla* habe ich mit dem arm. *sor-a*, dial. *sra*, dem Gen. sg. von *sa*, zusammengestellt. In der etr. Endung *-sla* erscheint also eine Genetivendung *l*, die mit der arm. Genetivendung *r* identisch ist. Das *-s* der etr. Götternamen auf *-s* (z. B. *cilens*) ist von eben demselben demonstrativen Pronomen wie arm. *s-a* gebildet. Daher muss das *l*, welches als Genetivendung der Götternamen auf *-s* erscheint (z. B. in *cilensl*), mit dem *l* des etr. *sla* und mit der Genetivendung *-r* des arm. *sor-a*, dial. *sr-a* (wozu die etr. Endung *-sla*) identisch sein. Ferner enthält das arm. Pron. dem. *ais* (*ai-s*) als zweites Glied dasselbe *-s* wie die etr. Götternamen *cilen-s*, *śeϑlan-s* u. s. w. Arm. *ais* bildet den Genetiv *aisr*. Damit ist die Bildung der etr. Genetive *fuflunsl*, *cilensl* u. s. w. ihrem Ursprung nach identisch [1]).

Hiernach kann ich der Meinung Pauli's (Etr. St. III, 81), dass die Genetivformen auf *-sl* (*marisl* u. s. w.) aus *-sal* (**marisal* u. s. w.) entstanden (so auch Deecke Gött. g. Anz. 1880 S. 1416 und Schaefer in Altit. St. II, 8) und nach der Analogie von *larisal*, *lecetisal* u. s. w. gebildet seien, nicht beitreten. Ich gebe zu, dass statt der Genetivendung *-al* zuweilen *-l* geschrieben wird, z. B. *larϑl*, *satnl* u. m. Allein bei den menschlichen Namen auf *-s* (*larisal*, *lecetisal* u. s. w.) scheint das *a* vor *l* nie zu fehlen, bei den Götternamen fehlt es immer. Dieser Unterschied kann nicht auf einem Zufall beruhen. Auch die Formen *fuflunsul* (vgl. *pul* neben *epl*, *eśulzi* neben *eslz*) und *fuflunl* sprechen dagegen, dass *fuflunsl* aus **fuflunsal* entstanden sein sollte. Endlich spricht hiergegen der arm. Genetiv *aisr*.

Beweise dafür, dass die etr. Genetive auf *-sl* aus *-sal* entstanden seien, finden Deecke und Pauli in *lasl* auf der Placentiner Bronze 4 [1], statt **lasal* Gen. von *lasa*, und in *lesl* Plac. Bronze 11 [1], statt **lesal*. Allein etr. *lasa* ist gewiss, wie Pauli

---

1) Das arm. Pron. demonstr. affixum *-s* lässt sich von dem *-s* des arm. *ai-s* und des arm. *s-a* nicht trennen. Daher beweist die Flexion von *ais* (Gen. *aisorik*) und *sa* (Gen. sg. *sora*, Gen. pl. *soça* u. s. w.), dass *-s* nicht, wie Hübschmann angenommen hat, auf einen Stamm *ki-*, sondern vielmehr auf einen Stamm *ko-* zurückgeht. Derselbe Stamm erscheint auch sonst in der idg. Wortbildung, z. B. aind. *yuvaçá-s*.

Altit. St. IV, 65 annimmt, aus dem Italischen entlehnt. Da nun Marcianus Capella in der vierten Region *Lar caelestis*, *nec non etiam militaris* hat, scheint es statthaft, in *lasl* den Gen. von **las* = lat. *Lar* zu sehen. Jedoch selbst wenn *lasl* sicher Genetiv von *lasa* wäre, könnte dieser entlehnte Göttername seinen Genetiv nach der Analogie der echtetr. Genetivformen auf *-sl* von Götternamen gebildet haben. Auch etr. *lesl*, mit *Lynsa* bei Marcianus Capella verglichen, beweist kaum, dass die ursprünglichere Form **lensal* sei, denn man kennt weder die echt etr. Nominativform noch den Ursprung dieses Götternamens.

Die Genetivendung *-l* der etr. Götternamen auf *-s* ist also nach meiner Ansicht von der Flexion der Pronomina auf die der Substantiva übertragen worden. Das *-s* dieser Götternamen ist seinem Ursprung nach ein Pronomen, das gewiss in der Zeit der besondern Entwickelung des Etruskischen (und nicht in der Zeit der idgerm. Ursprache) hinzufügt wurde, und dasselbe hat die ursprünglich pronominale Genetivendung *-l*, welche dem *r* des arm. Genetivs *aisr* vom Pron. *ai-s* entspricht, behalten.

Die Genetivformen *larisa, larisal.*

Der älteste etruskische Genetiv vom Namen *laris* ist *larisa*, nicht *larisal*. In Alt-Volsinii wird, wie Pauli Etr. St. II, 56 erkannt hat, *-a*, nicht *-al*, geschrieben[1]). Belege: *milarisaplaisinas* — F. Spl. III, 294 = Deecke Fo. III, 179 No. 22 (Orvieto). *milarisalarecenaski* — Notizie 1880 S. 445 (Orvieto); d. h. *larisa larecenas*. *larisalatiniesmamacres* — Notizie 1880 S. 443 (Orvieto); d. h. *larisa latinies*. Analog ist *milarisaaχis* — F. 2609 = Corssen I, 764, auf einer Amphora (orig. inc.). Mit diesen alten Inschriften gleichartig ist auch: *[m]imalarisahekinaś* — G. 48, auf einer Grabsäule von Volterra. Sowol durch die Sprachformen als durch die Anwendung des Buchstabens *k* hat diese Inschrift ein altertümliches Gepräge. In den hier angeführten Beispielen haben wir sicher einen mit *larisal* gleichbedeutenden Genetiv von *laris*, der

1) G. 581: . . . . *arisal*: — Orvieto, „Cippo a cono sopra colonnetta trovato nella necropoli Mancini presso la gran tomba dei vasi dipinti". Hier ist wol *[l]arisal* zu ergänzen; allein die Inschrift ist wol jünger als die obigen Inschriften aus Orvieto.

mit den Genetivformen auf *-ia* von *arnϑ* und *larϑ* (*aranϑia*, *larϑia*) analog ist.

In Alt-Volsinii kommen Genetive auf *-l* von *arnϑ*, *larϑ* so wenig wie von *laris* vor, wie Pauli dies bereits hervorgehoben hat, und die ältesten etr. Inschriften haben überhaupt die Formen ohne *l*. Daher scheint mir die Annahme unberechtigt, dass in *larisa*, *aranϑia*, *larϑia* der ältesten etr. Inschriften ein auslautendes *l* abgefallen sei, wie Pauli Etr. St. II, 56; III, 8 u. 134; IV, 71 f. und Deecke Fo. VI, 96 dies behaupten. Noch weniger kann ich glauben, dass *larϑial*, wie Deecke Fo. V, 13 annimmt, aus **larϑialis* entstanden sei, oder, wie Pauli Etr. St. V, 83 meint, aus *larϑiale*, **larϑiali*, so dass die in den ältesten Inschriften allein vorkommende Form *larϑia* auf **larϑialis* oder auf **larϑiali* zurückgehen sollte. Vielmehr ist in *larisal*, *arnϑial*, *larϑial* das *-l* nach meiner Ansicht ein später hinzugekommenes Element. Bei der Erklärung der hier besprochenen Genetive müssen wir von den ältesten Formen auf *-a* ausgehen.

Ich vergleiche die Genetivendung *-a* des etr. *larisa* mit der arm. Genetivendung *-ay*. Diese wird eben speziell bei Eigennamen angewendet. So findet sich in dem arm. alten Testamente *Amovsay* (d. h. *Amōsay*) von *Amovs*. Nach Ciakciak und Cirbied S. 80 bildet der Personenname *Armayis* den Gen. auf *-ay*[1]. Ebenso führt Sargseanç (I S. 79, 85) aus dem Agulis-Dialekte die folgenden Genetivformen an: *Pitrúsay* von *Pitrus*; *T'omásay* von *T'ümas*; *Aretisäy* von *Avetis*. Ich habe nachgewiesen, dass auslautendes etr. *-a* öfter dem arm. *-ay* entspricht; so z. B. etr. *etera* = arm. *caṙay*; etr. *-a* als Endung der 3ten Ps. sg. des Präs. Ind. = arm. *-ay*. Ebenso haben arm. Dialekte *-a* für *-ay*, z. B. poln.-arm. *vẹrà* über = class. *veray*.

Die arm. Genetivendung *-ay* ist wahrscheinlich mit dem Stammsuffixe *-ay* identisch, also dem Ursprung nach ein Adjectivsuffix *-ai̯i̯o-s*, Fem. *-ai̯i̯ā*.

Zu der Zeit, als *larisa*, *aranϑia*, *larϑia* ohne ein auslautendes *l* noch die einzig vorkommenden Genetivformen von *laris*, *arnϑ*, *larϑ* waren, muss die etruskische Sprache bereits in andern

---

1) Bei Mos. Choren. finde ich nur das Patronymikon *Aramaiseay* I, 5 S. 26 Florivals Ausg.).

Wörtern *l* als Genetivendung angewendet haben. Dies nehme ich z. B. bezüglich der Götternamen auf *-s* (*cilens* u. s. w.) an. Dies *l* ist seinem Ursprung nach mit der arm. Genetivendung *r* identisch. Auch vermute ich, dass das Etruskische Genetivformen auf *-l*, welche den arm. Genetiven *aisr*, *aidr*, *ainr* der Pronomina *ais*, *aid*, *ain* entsprachen, hatte.

Durch Übertragung aus andern Wortformen wurde nun diese Genetivendung *l* später auch in den Genetiven von *laris*, *arnϑ*, *larϑ* angefügt, so dass *larisa*, *aranϑia*, *larϑia* in *larisal*, *arnϑial*, *larϑial* geändert wurden.

Im Armenischen lässt sich eine ganz analoge Erscheinung nachweisen. Bei den *o*-Stämmen kommt statt der Genetivform *-oy* auch *-oir* vor, worin das später hinzugekommene *-r* dem Einfluss der Pronominalflexion sein Entstehen verdankt. Nach den pronominalen Genetiven *ainr*, *aisr*, *iur*, *oir* (von *o*) u. s. w. und dem seltenen *noir* bildete man von *mard* den Gen. *mardoir* statt des älteren *mardoy*. Diese Formen auf *-oir* kommen bei David dem Philosophen im 5. Jahrh. und in gewissen arm. Dialekten vor.

Wenn der etr. Genetiv *larisal* aus der älteren Form *larisa* durch die Anfügung der Genetivendung *l* entstanden ist, darf man die mit *larisal* gleichartigen etr. masculinen Genetive auf *-al* von Familiennamen und Beinamen auf *-s* (Deecke Fo. V, 19—22) ebenso erklären. Für Genetive wie *lecetisal* von *lecetis*, *pultusalisa* von *pultus* setze ich also ältere Formen auf *-sa*, **lecetisa*, **pultusa*, voraus.

Etr. Genetivformen auf *-a*, die mit Formen auf *-al* gleichbedeutend sind, finden sich nicht nur in den ältesten Inschriften aus Alt-Volsinii und andern Städten, sondern zugleich, wie Pauli Altit. St. III, 120 bemerkt, nicht selten im späteren Gemeinetruskischen. So bei *laris*. Aus dem Familiengrabe der *secu* unweit Chiusi: *velia* : *se|cui* : *larisa* — G. 503 *laris secu* : *larisa* | *sepana can* — G. 513 „Laris Secu, des Laris (und) der Seplanei Sohn". Dagegen: *larza* : *secu* | *larisal* — G. 501. Das sind, wie Pauli Etr. St. IV, 72 sagt, ohne Zweifel Geschwister, und es ist hier absolut sicher, dass *larisa* mit *larisal* gleichbedeutend ist. In dieser Verbindung können auch die folgenden Beispiele von *larisal* genannt werden: *lalarisa* — F. 163 (jetzt in Florenz); *larisa ṭalpiuś* — F. 2588 (or.

inc.). In F. Spl. III, 83 (Chiusi): *ϑa · cainei* | ... *aluni* | .. *risa* — ergänzen Corssen und Deecke [*la*]*risa*, was mir wenig sicher scheint.

In diesen späteren Inschriften liegt es wol am nächsten, den Abfall eines *l* mit Pauli anzunehmen und *larisa* als aus *larisal* entstanden aufzufassen. Dafür spricht der Umstand, dass G. 513 nicht nur *larisa*, sondern auch *sepana can* (= *seplanal clan*) hat. Allein in den späteren etr. Inschriften ist das Fehlen des *l* nach *a* im Genetive sporadisch, in den ältesten Inschriften dagegen fest und, wie es scheint, ausnahmslos. Daher ist die Auffassung der Genetivendung *-a* in den späteren Inschriften für die ältesten nicht beweisend.

Die Genetivformen *aranϑia, larϑia.*

Die verschiedenen Genetivformen von *arnϑ* und *larϑ* sind nach den grundlegenden Bemerkungen Deecke's in Fo. I namentlich durch die trefflichen Untersuchungen Pauli's in Etr. Stud. II, III, IV erläutert worden. Über das gegenseitige lautliche und etymologische Verhältniss dieser Formen muss ich einer abweichenden Auffassung huldigen.

Die ältesten etr. Inschriften haben von *arnϑ* und *larϑ* Genetivformen auf *-ia*, nicht auf *-ial*. Pauli Etr. St. II, 57 hat bereits mit Recht behauptet, dass die Formen *aranϑial* und *larϑial* in Alt-Volsinii gar nicht vorkommen; allein dasselbe gilt für die allerältesten etr. Inschriften überhaupt. So findet sich *larϑia* F. 2400 a—b, 2405, 2406 (womit F. 2587 nach Fabretti identisch ist) auf silbernen Bechern, welche bei der Regulini-Galassi'schen Ausgrabung zu Cäre gefunden wurden und deren Ursprung man in die erste Hälfte des 6. Jahrhunderts verlegt.

Aus Orvieto stammen die folgenden altertümlichen Inschriften, die Genetivformen auf *-ia* von *arnϑ* oder *larϑ* enthalten:

miaranϑialaẹrsinas — F. Spl. III, 292 = G. 571.

miaraϑiuarạϑenas — F. Spl. III, 293 (Deecke Fo. III, 39).

milarϑiaamanas — F. Spl. III, 297.

milarϑiasaupinas — F. Spl. III, 305 (Pauli Etr. St. II, 54). In Annali 1877 S. 113 wird ... *srupinas* gelesen.

milarϑiastramenas — F. Spl. III, 307.

milarϑia : *hulχenas* : *velϑuruscles* — F. Spl. III, 306.

milarϑ|iaśuϑienas — Deecke Bezz. Beitr. I, 93, No. 1, nach Körte = G. 599.

. . *aranϑiakap* . . . . . F. 2051 = G. 640. Vorn ist *mi* zu ergänzen; G. giebt *cap*.

*miaranϑiaha*irnas* — Notizie 1880 S. 143, 2. Gamurrini vermutet *ha*[*t*]*irnas*; ich vermute *ha*[*p*]*irnas*.

[*mia*]*ranϑiakalaprenas* — S. 444, 10.

miaranϑiaφlavienas — S. 444, 14a.

milarϑiiacamusśuϑihcϑu — S. 444, 14b.

miaranϑiaramaitelas — S. 444, 15.

miaranϑiaϑanursie[*s*] — S. 444, 16.

miaranϑiatequnas — S. 444, 18.

miaranϑiatuwmenas — S. 444, 20 (das *r* ist zuerst umgekehrt, dann richtig geschrieben).

milarϑianuv . . . . . . S. 444, 29.

larϑeupuresaranϑia — auf einem Steincippus, der in einem Grabe zu Orvieto gefunden wurde (Notizie 1881 S. 50, Bull. dell' Inst. 1881 S. 264); *ϑ* hat hier die Form ⊕. Der Cippus stellt einen behelmten Kopf dar. Derselbe wurde mit Bruchstücken von gemalten Vasen, die dem 5. Jahrh. angehören sollen, zusammen gefunden.

Abweichend *larϑa* in einer orvietanischen Inschrift: *milarϑaramϑurnas* — Notizie 1880 S. 443, 1.

Ich habe die obigen Beispiele sämmtlich vollständig mitgeteilt, um ein recht anschauliches Bild der in Alt-Volsinii vorkommenden wollautenden Sprachform und der dort angewendeten festen Schreibweise mit vollausgeschriebenen Wortformen zu geben. Man findet in diesen Inschriften gar keine Stütze für die Annahme, dass die Genetive von *arnϑ* und *larϑ* im Auslaute ein *l* haben sollten, dessen Klang so schwach und dumpf wäre, dass dasselbe in *larϑia* und *aranϑia* nicht geschrieben wäre. Und dass *larϑia* (*larϑiia*), welche Form die einzige ist, die in den ältesten Inschriften erscheint, gar durch *larϑial* aus der in einer späteren Inschrift vorkommenden Form *larϑiale* (F. Spl. I, 398, wo sie die Function des Dativs hat) oder aus dem in *larϑialiśla* enthaltenen *larϑialis* verstümmelt sein sollte, scheint mir mit der Sprachform der orvietanischen Inschriften absolut unvereinbar. Eine solche Annahme lässt sich dadurch nicht rechtfertigen, dass tyrrhen. *φokiasiale* (nach meiner Vermutung ein Adjectiv in einer Casusform, welche die Function des Dativs hat) auf dem lemnischen Steine vorkommt.

Vielmehr sind etr. *larϑia* und *aranϑia* als die ursprünglichsten uns erhaltenen Genetivformen von *larϑ* und *arnϑ* aufzufassen.

Genetive von *arnϑ* und *larϑ* auf *-ia*, welche den Zusatz von *-l* noch nicht erhalten haben, finden sich auch in altertümlichen Inschriften aus mehreren etr. Städten ausser Cäre und Alt-Volsinii.

miarunϑiamalumenas — F. 451 bis c, bei Siena, Deckel eines Ossuariums.

milarϑiakurṭenaś — F. 467 ter, Arezzo, in einen grossen Stein eingehauen (eine andere Abschrift hat *kurpenaś*).

miaraϑiavelaveśnaś . . . . F. 806, Chiusi, Goldspange; *ϑ* ist hier ⊕ geschrieben. Die zweite Zeile der Inschrift endet, wie es scheint, mit *ṿipịa*, dem Gen. sg. fem. eines Gentiliciums, auf *-a*, nicht *al* auslautend.

mimalenalarϑiapuruhenas — F. Spl. III, 72, Sestino, Bronzespiegel.

larislarϑiia — F. 2311, Wandinschrift in dem Grabe der Matve, Corneto.

miarunϑịakusiunaś — G. 542, Urne, bei Chiusi.

milarϑiasụrmieś — F. 2609 bis, Trinkschale, or. inc.

In F. 984 bis a, auf einem runden Steine, bei Chiusi: *miaratia · ṭau∗amenei* — (oder *ịa* für *ṭa*) ist *aratia* wol Gen. von *arnϑ* mit der Bedeutung des Dativs; *ṭa* ist hier vielleicht Präs. 3. Ps. sg. = arm. *tay* „giebt“; *u∗amenei* Subject (*utamenei*?). Mit arm. *tay* identisch ist wol auch *ϑa* in F. 560 ter g, Chiusi, Deckel eines Ossuariums: *lϑ · cae · lϑ · epl* | *ϑa* —.

miaraϑsia φila — F. 2605 (Corssen I, Taf. XX, 1), Aschentopf (orig. inc.). Die Lesung des letzten Wortes ist nicht sicher. Ob *araϑsia* hier = *aranϑia* ist, weiss ich nicht; vgl. Pauli Etr. St. III, 56 f.

Bei der etymologischen Erklärung der Genetive der Namen *arnϑ* und *larϑ* ist also von den ältesten Formen *aranϑia* und *larϑia* auszugehen. Wie die Genetivendung *-a* des etr. *larisa* dem arm. *-ay* entspricht, so setze ich die Endung *-ia* der etr.

Genetive *aranϑia, larϑia* mit der arm. Endung *-eay* gleich. Diese arm. Genetivendung *-eay* gehört eigentlich den Eigennamen auf *-ē* und *-i* an; z. B. *Vahē* (Personenname), Gen. *Vaheay*; *Ałi* (Ortsname), Gen. *Ałeay* (Cirbied 81). Allein dieselbe wird auch auf andere Stämme übertragen. So *Aŕest* (Ortsname), Gen. *Aŕesteay* (Cirbied 81). Der fremde Name Arkadios wird bei Mos. Chor. *Arkad* Gen. *Arkadeay* flectirt. *Avgostos* hat im Gen. *Avgosteay* nach Petermann Gramm.² 38[1]). Diese Genetivendung ist ihrem Ursprung nach wahrscheinlich mit dem Suffixe der Patronymika *-eay* identisch; z. B. *Gamer Yabeŧeay*, Gomer der Sohn des Japhet.

Dass das Etruskische *ia*, das Armenische *ea* hat, begründet keine eigentliche Verschiedenheit. Einerseits findet sich im Etruskischen später auch *ea* in den Genetiven von *arnϑ* und *larϑ*: *arnϑeal* F. 2327 ter a und wahrscheinlich F. 1408; etr.-lat. *arnthcal* F. Spl. III, 264 bis; *larϑeal* F. 2045 bis — ter. Andererseits ist arm. *-eay* von Wörtern auf *-i* aus *-*iay* entstanden. Cirbied S. 11 bezeichnet die Aussprache des arm. *-ean* durch franz. *-ian*, und im Poln.-Arm. findet sich die Aussprache *-ian* für class. *-ean* (Wiener Z. I, 301).

Später wurde die ursprünglich der Pronominalflexion angehörige Genetivendung *-l* durch Analogie auf etr. *aranϑia, larϑia* übertragen, so dass *arnϑial, larϑial* statt dieser in Gebrauch kamen. Die Zeitgrenze wird sich wol durch nähere Untersuchungen ziemlich genau bestimmen lassen. Im 6. Jahrh. kamen wol nur die Formen auf *-ia* vor, und diese waren noch im 5. Jahrh. die gewöhnlichen. Die Inschrift F. 2311, worin *larϑiia* vorkommt, findet sich in der sogenannten Grotta delle camere finte bei Corneto. Die Inschriften dieses Grabes sind nach Corssen II, 572 „etwa in die Zeit des fünften bis vierten Jahrhunderts v. Chr. zu setzen“[2]). Die Inschriften der Mancini'schen Necropole

---

1) Allein bei Mos. Chor. (ed. Florival) II, 26: *Avgostosi*.

2) Die Sprachformen der tarquiniensischen Grotta delle camere finte sind, wie mir scheint, entschieden älter als die des Familiengrabes der *tarχnas* zu Cäre. Diese setzt Corssen in dieselbe Zeit; Gardthausen (Mastarna S. 25) vermutet, dass sie zwischen 425 und 388 v. Chr. geschrieben sind. In dem Grabe der *tarχnas* finden sich die Formen *larisalisa* F. 2350, *larϑal* F. 2353, *larϑalisa* F. 2357.

bei Orvieto, die gewiss aus dem 5. Jahrh. sind, haben Genetive auf *-a* (nicht *-al*); die der Golini'schen Gräber, welche wol dem 4. Jahrh. angehören (vgl. Körte Annali 1877 S. 170—178), Genetive auf *-al* (nicht *a*).

larϑia und *larϑial* waren wol gleichzeitig neben einander lange in Etrurien (wenn auch in verschiedenen Gegenden) gebräuchlich. Helbig (Annali 1884 S. 130) bezeichnet zwei volcentische Inschriften mit der Form *larϑal* als sehr altertümlich. Dieselben sind auf Steindeckeln geschrieben, die zu Aschentöpfen von Nenfro gehören. Die Form dieser Töpfe ist mit der thönerner Gefässe, welche in den „tombe a pozzo" als Aschenbehälter dienen, verwandt, und die Deckel sind den Thonschalen, die über diesen Gefässen gewöhnlich liegen, ähnlich. Auch sollen die Gräber, worin die Inschriften gefunden wurden, den Typus der „tombe a pozzo" gehabt haben.

Davon, dass diese Inschriften nicht zu den ältesten etruskischen gehören, zeugt jedoch nicht nur *larϑal*, sondern auch die Form O für *ϑ*.

Mit Pauli nehme ich an, dass die Formen *arnϑal*, *larϑal* aus den gleichbedeutenden *arnϑial*, *larϑial*, wahrscheinlich durch *-eal* entstanden sind. Pauli (Etr. St. II, 1 f.) vergleicht *petrnal* = *petrnial*, *calisnal* = *calisnial*, *percumsnal* = *percumsnial*, *atnal* = *atnial*. Vgl. ferner *tina* neben *tinia*; *hinϑa-cape* neben *hinϑia*. Derselbe Übergang findet sich im Armenischen: Achalzich *derulan* = class. *teruṫean* (Tomson S. 30); poln.-arm. *Derderànc* aus **tēr-tēr-eanc* (Hanusz Wiener Z. I, 174); vulg.-arm. *yirars* neben class. *yirears*. Pauli (Etr. St. II, 68) bestimmt das Vorkommen der Formen auf *-ial*, *-eal*, *-al* folgendermaassen: 1. perusinisch: männlich *-ial* (selten *-eal* und *-al*). 2. gemeinetr.: männlich *-al* und, jedoch viel seltener, *-eal* und *-ial*. 3. südetr.: männlich *-al* und *-ial*.

Das *-l* der Genetivformen von *arnϑ* und *larϑ* fehlt sporadisch in späteren etr. Inschriften, wie auch das *-l* der femininen Genetivendung *-al*. So z. B. *la* : *anei* : *larϑia* : — F. 1088, Perugia (F. Spl. I p. 101). . . . *uhtavevelχeini*|*larϑiiavipiścasp*|*reś* — F. 1382, Spl. I, Tav. XA, Perugia. Ein Duplicat dieser Bleiplatte hat: *uhtavvelχ* . . . | *s* · *larϑiavipiśc* . . F. Spl. I, 340. *larϑa* : *arnϑia* — F. 2413, Bomarzo. *larϑipump* : *arnϑa* : *pumpra* — F. Spl. III, 157,

Chiusi „Larthi Pumpui, (Tochter) des Arnth (und) der Pumpui.“ *larϑputuearǀnϑa* — F. Spl. II, 68, Chiusi. Ich wage nicht zu entscheiden, ob *larϑiia* F. 1382 eine erhaltene altertümliche Form ist (wofür *ii* sprechen kann). Dagegen z. B. in F. Spl. III, 157 scheint *arnϑa* aus *arnϑal* und *pempru* aus *pempral* entstanden zu sein. Allein die Formen dieser und gleichartiger Inschriften beweisen jedenfalls nicht, dass *aranϑia*, *larϑia* in den ältesten etr. Inschriften aus **aranϑial*, *larϑial* entstanden seien.

Pauli (Etr. St. II, 69—71 und Etr. St. IV, 72—74) meint, dass männliche Nominativformen *arnϑi* und *larϑi* in mehreren Inschriften vorkommen, und er sicht in *arnϑi*, *larϑi* die Grundformen von *arnϑ*, *larϑ*. Diese männlichen Nominativformen auf *-ϑi* sind, wie mir scheint, wenig sicher. Wenn sie sicher wären, würde ich nicht *arnϑ*, *larϑ* als aus *arnϑi*, *larϑi* entstanden betrachten.

Ich habe die etr. Genetivendung *-ia* mit der arm. *-eay* zusammengestellt. Ebenso entspricht das etr. Suffix *-ia* männlicher Familiennamen und Beinamen dem arm. Suffixe *-eay*. *vilia* war ein Beiname der *seiantie*, siehe Deecke Fo. VI, 50 f., kann aber an die Stelle des Familiennamens treten, Deecke Fo. VII, 20. Der männliche Beiname *pecia*, *peχia* wird auch *pecea* geschrieben, Pauli Etr. St. IV, 82 f. Vgl. *arnϑeal*. Hierher gehören ferner die männlichen Namen *apia*, *matia*. Die arm. Wörter auf *-eay* können den Stamm, von welchem ein Mann ist, angeben, Cirbied 149 f.

Auf eine Untersuchung, ob einige der etr. Namen auf *-a* aus Namen auf *-ia*, wie *arnϑal* aus *arnϑial*, entstanden sein können, gehe ich hier nicht ein.

Genetivformen auf *-aia*.

Mit den Genetivformen *larisa*, *larϑia*, *uranϑia* sind die weiblichen Genetive auf *-aia* analog. Auch diese gehören den ältesten Inschriften an.

mirелeliashirminaia — F. Spl. III, 300, Frontinschrift der alten Necropole zu Orvieto, „Dies (ist) der Velelia Hirminai“. Pauli Etr. St. II, 55 hielt *velelias* für ein Versehen des Steinhauers statt *velias*. Allein dies wird durch die orvietanische Inschrift: *miveleliasvries* — Notizie 1880 S. 143 widerlegt. Ich betrachte *velelia* als eine ältere Form statt *velia* und vermute, dass *velelia* durch Assimilation aus **venelia* entstanden ist; vgl. *mulsle* Magl. B, das nach meiner Vermutung = *munsle* F. Spl. I, 398 ist.

miramuϑaskansinaia — F. 2184 bis (De. Fo. III, 299, No. 34), Thongefäss, Vulci.

mimukiśrapanaia — schwarze Thonschale von Chiusi, F. Spl. II, 84, T. I. „Dieser Becher (ist) ... der Rapanai". Vgl. den Namen *rapalnisa* G. 287. Wahrscheinlich ist *muk* als ein eigenes Wort abzutrennen, vgl. *muχ*. Über *iś* entscheide ich nichts. Kann es = arm. *inj* (d. h. *indz*) „mir" sein?

minevikumuluevnekeariaśkamaia — F. Spl. I, 234; Spl. II S. 28; De. Fo. III, 260. „Dies weihte Veliku der Arnthia (?) Kamai".

mitesanteiatarχumenaia — F. 808, Topf, Chiusi. „Dies weihte (eig. setzte) Anteia der Tarchumenai".

milarϑatartinaia — F. 2333 ter = G. 834, thönernes Phallusamulet, Corneto. Hier teile ich mit Deecke, gegen Pauli, *tartinaia* als eigenes Wort ab und verstehe es als Gen. fem. Sonst ist die Deutung zweifelhaft. Nach Deecke: „dies (ist) der Larthia Tartinai". In dieser Inschrift ist ⊕ = ϑ.

mivefartiianaia — Thonschale aus Bieda, Corssen Taf. XX, 2a = F. Spl. I, 384. „Dies (ist) der Velia Fartianai".

Vielleicht ist hiernach die oben S. 22 genannte Inschrift *minianϑiaia* — als „Dies (ist) der Anthiai" zu verstehen. Dasselbe Gefäss hat die Inschrift: *minianϑaiavminiver tun* —. Hier müsste man dann *anϑaia* als Genetiv und persönliches Object, *v* und *ver* als Subjecte zu *tun* „gaben" verstehen. *v* müsste dann = *venel* (später *vel*) und *ver* ein davon verschiedener Vorname sein. Dies *ver* kommt auf einer campano-etruskischen Schale G. 60 allein vor. Dasselbe ist in dem Familiennamen *veratru* enthalten [1]).

Auch feminine Genetivformen auf *-eia* kommen mehrfach vor.

mihustileia — F. 2608, Gefäss (or. inc.).

miraquvus : *lariceia* — Krug, Civitavecchia, F. Spl. I, 444.

---

1) Ein Genetiv auf *-aia* ist nicht mit Pauli Etr. St. II, 55 in F. 2019 zu finden. Siehe über diese lat. Inschrift CIL. XI, 2065.

Dass die Inschrift sehr alt ist, beweist das *q.* *raquvus* muss der Gen. eines weiblichen Vornamens sein.

In den femininen Genetiven auf *-aia* und *-eia*, welche in altertümlichen etr. Inschriften vorkommen, ist *-a* dieselbe Genetivendung wie in *larisa* und entspricht der arm. Genetivendung *-ay*. Bisher ist die Genetivendung *-a* in altetr. Inschriften nur bei Eigennamen gefunden worden. Hierin erscheint eine bedeutsame Übereinstimmung mit dem Armenischen, denn in dieser Sprache erscheint die Genetivendung *-ay* nur bei Eigennamen, wenn wir von *i veray* „über, oben“ und von einigen Genetiven auf *-vay* in dem Dialekte von Tiflis, z. B. *tarvay* (class. *tarvoy*) von *tari* „Jahr“ (Petermann S. 68 f.), absehen.

Jedoch haben die arm. weiblichen Namen auf *-ay* abweichend vom Etr. im Gen. *-ayi*, z. B. *Sařayi* Mos. Chor. II, 68 Gen. von *Sařay*.

Später finden sich im Etr. feminine Genetive auf *-eial*; jedoch *-eia* in der wenig altertümlichen Inschrift F. 563 = 839 bis t, Chiusi, „arca“: *an* : *afrceịa* : *larϑiạl* —, wenn man dies so verstehen darf: „Dies (ist) der Larthi Africci“. Ob zur Entstehung der Genetivformen auf *-al*, *-ial* statt der älteren auf *-a*, *-ia* nicht nur die Genetivendung *-l* in andern Wörtern, sondern auch die Adjectivendung *-al* (z. B. *spural*) mitwirkte, muss hier unentschieden bleiben.

Bei Adjectiven fand sich vielleicht früher als bei Substantiven die Genetivendung *-al*. Dafür könnte tyrrhen. *vamalasial* auf dem Steine von Lemnos sprechen, da das Suffix *-asi* dieses Gen. sg. fem. wol eigentlich adjectivisch ist; ebenso *φokiasiale* in derselben Inschrift, das ich als einen Dat. sg. masc. eines Adjectivs verstehe. Auf Lemnos kann jedoch die Neubildung früher als in Etrurien eingetreten sein.

Die Lage des Haupttons im Etruskischen.

Fast alle Sprachforscher, die sich über die etruskische Betonung geäussert haben, stimmen darin überein, dass der Hauptton im Etruskischen auf der ersten Silbe lag. So u. a. Otfried Müller (Etrusker [1] I, 59 f.); L. Steub; Th. Mommsen (Röm. Geschichte. Erster Band, 2te Aufl. S. 109); Corssen (Spr. d. Etr. II,

366 ff.)[1]; Deecke (Bezz. Beitr. II, 176); Verf. Beitr. I, S. X, 58, 175, 183 (wo ich annahm, dass das Etr. früher eine freie Betonung gehabt hatte); Pauli (Altit. St. III, 128 und Inschr. nordetr. Alph. 108). Ich führe die Worte Deecke's an: „Die Hauptveränderung in der Vocalisation [der griech. Lehnwörter im Etr.] ist durch das Zurückweichen des Tones auf die Anfangssilbe verursacht worden, und zwar fand dieses . . . überall statt, ausgenommen die wenigen Fälle, wo der Vocal der ursprünglich ersten Silbe synkopirt wurde und so die ursprünglich zweite Silbe zur ersten und damit zur Tonsilbe ward."

Das Armenische hat dagegen den Hauptton regelmässig auf der letzten Silbe. Da ich eine sehr nahe Verwandtschaft der etruskischen und der armenischen Sprache annehme, fordert dieser vermeintliche Gegensatz des Etruskischen und des Armenischen in Betreff der Betonung eine Erklärung.

Im Gegensatz zu den oben genannten Äusserungen hebe ich hier hervor, dass mehrere Erscheinungen der etruskischen Sprache sich, soweit ich sehe, nur daraus erklären lassen, dass der Hauptton nicht auf der ersten Silbe lag.

Der gewöhnliche Name *arnϑ* wird regelmässig mit *ϑ* geschrieben; auch die Abkürzungen *arϑ·* und *aϑ·* zeigen das *ϑ*. Eine altertümliche Form ist *arunϑ*, selten *araϑ*. Die Schreibung mit *t* ist in etruskischer Schrift ohne Vergleich seltener und findet sich nur in verhältnissmässig späteren Inschriften: *arnt* F. 350 (eine andere Inschrift desselben Grabes hat *aϑ*); F. 416; F. 422 a—b (hier neben *arnϑalisa*); F. 436; F. 858; F. Spl. I, 135 (in Inschriften desselben Grabes *arnϑ* und *larϑ*); F. Spl. I, 277; F. Spl. II, 10 (2 mal), 11 und 12 (in demselben Grabe als Namen von 2 Personen); G. 243 (auf einem Deckel, wo die dazu gehörige Olla G. 242 *aϑ* hat); G. 953; F. 213 (wo das Geschlecht nach Deecke Fo. III, 40 unsicher ist).

Die Genetivform ist in Alt-Volsinii *aranϑia*, in alten Inschriften erscheint auch *araϑia*, *arunϑia*, *arnϑalisa*. Die gewöhnlichen späteren Genetivformen sind *arnϑial* und *arnϑal*; da-

---

1) Jedoch nimmt Corssen an, dass in etr. Formen griechischer Namen, welche drei- oder viersilbig waren und die vorletzte Silbe lang hatten, diese vorletzte lange Silbe hochbetont wäre, z. B. *pultuke* Πολυδεύκης (II, 374).

neben *arϑal* und andere Nebenformen mit *ϑ*. Ganz isolirt steht *aratia* F. 984 bis a, in einer wahrscheinlich ziemlich alten Inschrift, welche Form wol der Genetiv von *arnϑ* ist.

Dagegen wird, wie Pauli (Etr. St. II, 4 f.) dies nachgewiesen hat, der von *arnϑ* abgeleitete Familienname *arnti*, den er in 7 Inschriften anerkennt, überall mit *t* geschrieben. Auch der häufiger vorkommende Familienname *arntni*, *artni*, Gen. fem. *arntnal*, *artnial* wird immer mit *t* geschrieben. Ebenso das Deminutiv des Vornamens *arntiu*, *arntu* und das Gentilicium *arntile*, *arntle*.

Dieser Wechsel des *ϑ* mit *t* ist zu regelmässig, um zufällig oder nur graphisch sein zu können. Der hier vorkommende Wechsel von *ϑ* und *t* muss phonetisch sein und einen phonetischen Grund haben. Der Übergang von *arnϑ-* in *arnt-* steht offenbar mit der Anfügung der Suffixe *-i*, *-ni* (aus *-ini*), *-iu*, *-ile* in Verbindung.

Man könnte nun daran denken, dass der Übergang dadurch bewirkt wäre, dass der Vocal zwischen *r* und *nϑ* in den durch *-i*, *-ni*, *-iu*, *-ile* abgeleiteten Namen früher als im Vornamen (*arunϑ* Gen. *aranϑia*) synkopirt wurde, und dass *ϑ* in der Verbindung *rnϑ* in *t* überging, während es in den Lautverbindungen *runϑ*, *ranϑ* ungeändert blieb. Allein diese Erklärung befriedigt nicht. Die später gewöhnliche Form *arnϑ* zeigt, dass die Lautverbindung *rnϑ* für die Etrusker nichts anstössiges hatte. Ausserdem zeigt die orvietanische Inschrift F. Spl. III, 293 (De. Fo. III, 39) einen Familiennamen *aruϑenas*, worin Synkope gleichwie in dem Genetive des Vornamens *aranϑia* nicht eingetreten ist.

Vielmehr setzt der Übergang von *ϑ* in *t* bei *arnti*, *arntni*, *arntiu*, *arntile*, welcher durch die Anfügung der Suffixe (*-i*, *-ni*, *-iu*, *-ile*) bewirkt ist, nach meiner Ansicht voraus, dass die Betonung durch die Anfügung der Suffixe geändert und dass die Lage des Haupttons dadurch verschoben wurde. Folglich lag in *arnti*, *arntni*, *arntiu*, *arntle* zu der Zeit, wo *ϑ* in *t* überging, der Hauptton nicht auf der ersten Silbe. Wenn dagegen *arnϑial*, *arnϑal* regelmässig mit *ϑ* geschrieben werden, so ist dies wahrscheinlich aus dem Einfluss der Nominativform *arnϑ* zu erklären (was durch *arnϑalisa* neben *arnt* in der späten Inschrift F. 422 nicht widerlegt wird).

Die für Ableitungen von *arnϑ* geltende Regel zeigt sich auch bei *larϑ*. Während *larϑ* regelmässig *ϑ*, selten *t*, hat, wird dagegen *lartiu* mit *t* geschrieben. Dass *lartiu* wie *arntiu* durch das Suffix *-iu*, nicht etwa durch ein Suffix *-*tiu*, abgeleitet ist, wird durch *auliu* F. Spl. III, 103 erwiesen. Charakteristisch für den Wechsel des *ϑ* mit *t* ist F. Spl. I, 438: *lartiucuclnies · larϑal · clan* | *larϑialceinanal* ...... Dass der Übergang von *ϑ* in *t* nicht mit der in *lartiu* nach *r* eingetretenen Vocalsynkope in Verbindung steht, ist klar, da der Vocal nach *r* auch bei *larϑ* Gen. *larϑia* bereits in den ältesten uns erhaltenen etr. Inschriften synkopirt ist. Ich erkläre also den in *lartiu* im Gegensatz zu *larϑ* eingetretenen Übergang von *ϑ* in *t* daraus, dass der Hauptton in *lartiu* nicht auf der Anfangssilbe lag.

Man vergleiche hiermit die Inschrift einer Schale aus Arezzo: *sez χuarϑe χartillaś* — F. 466 bis. Hier ist das nach dem betonten Vocale folgende *t* des lat. *Quartus* durch etr. *ϑ* wiedergegeben, während das etr. *t* dem vor dem betonten Vocale stehenden *t* des lat. (in den lat. Inschriften Etruriens oft vorkommenden) Namens *Quartilla* entspricht.

Ein gewöhnlicher Familienname ist *latiϑe*, Fem. *latiϑi*. Dieser Name, der gewiss von *larϑ* abgeleitet ist, findet sich in Cortona, in Perusia, in und um Clusium. Eine seltene Schreibung ist *larϑite* F. Spl. I, 286 (Perugia). Wenn *larϑ* gewöhnlich mit *ϑ*, seltener mit *t* geschrieben wird, der davon durch das Suffix *-iϑe* abgeleitete Gentilname umgekehrt gewöhnlich mit *t*, so erkläre ich dies, der Form *lartiu* wegen, nicht als Dissimilation, sondern daraus, dass die Silbe *larϑ-*, wenn das Suffix *-iϑe* hinzutrat, nicht länger den Hauptton behielt. Darin wird es gewiss auch begründet sein, dass der Ausfall des *r*, der in *larϑ* seltener vorkommt, in *latiϑe* dagegen gewöhnlich ist. Hierfür spricht der Umstand, dass das *r* in dem zweisilbigen femininen *larϑi* weit häufiger als in dem einsilbigen männlichen *larϑ* fehlt. Vgl. zugleich *laϑal* F. Spl. I, 194 in derselben Inschrift wie *larϑ*.

Allein die Erscheinungen, welche ich hier bespreche, sind überhaupt darum so schwer erklärbar, weil die lautlichen Übergänge nicht überall in den geschriebenen Formen einen consequenten Ausdruck gefunden haben. Der Einfluss verwandter Formen stört in den schwankenden Schreibungen oft die lautlichen Gesetze. Während so z. B. der häufige Ausfall des *r* in *larϑi* dafür spricht, dass die erste Silbe nicht den Hauptton trug, weist das *ϑ* (nicht *t*) in die entgegengesetzte Richtung hin. Blieb das *ϑ* in dem Vornamen *larϑi* durch den Einfluss des männlichen Vornamens *larϑ* erhalten?

Neben *leϑari*, *leϑaria*, *letaria*, *leturinal* finden sich die Formen *heϑaria*, *hetaria*, *hetari*, *hetarias*, *eϑari*. Neben den verwandten Formen *leϑam*, *leϑms*, *leϑns*, *leϑe*, *leϑial*, *letial*, *leϑiu*, *leϑanei*, *letanei* finden sich dagegen nie Formen mit anlautendem *h*. Dies setzt, wie es scheint, voraus, dass der Übergang von *l* zu *h* in *heϑaria* neben *leϑaria* mit der Anfügung des Suffixes *-aria* in Verbindung steht. Daraus ist weiter zu folgern, dass in *leϑaria* damals, als *l* zu *h* wurde, der Hauptton nicht auf der Anfangssilbe lag. Allein da die Formen *leϑaria*, *letaria*, *heϑaria* neben einander in demselben Grabe vorkommen, scheint der Übergang von *l* in *h* ziemlich spät zu sein oder wenigstens spät schriftlich bezeichnet zu sein. Die Schreibung schwankt hier, auch in Betreff des *ϑ*—*t*, zwischen älteren und jüngeren (oder zwischen etymologischen und phonetisch genaueren) Formen. Da *h* bei dem mit *hetaria* verwandten Familiennamen *leϑe* nicht vorkommt, muss das *le-* in *leϑaria* von dem Hauptton weiter als in *leϑe*, *leϑial* entfernt sein. Hieraus folgere ich, dass der Hauptton in *leϑaria*, *hetaria* auf der Schlusssilbe lag.

Dem entsprechendes folgere ich aus *hamφna*, *hanφina*, statt *lanφina, neben *lamφe*, *lanφe*, *laφe*.

Es könnte jemand die hier besprochenen Erscheinungen aus der italischen Betonung erklären wollen, also z. B. das *t* (nicht *ϑ*) von *arntni*, *arntile* daraus, dass lat. Namen auf *-inius*, *-ilius* den Hauptton nicht auf der Anfangssilbe hatten. Allein eine solche Erklärung lässt sich nicht bei sämmtlichen von mir behandelten Formen anwenden. So z. B. nicht bei *hamφna*, *hanφina*; denn das Suffix *-na* ist echt etruskisch, nicht aus dem Italischen entlehnt. Das entsprechende gilt bei *hetaria* und bei mehreren andern, im vorhergehenden behandelten Formen.

Neben etr. *clan* erscheinen Gen.-Dat. sg. *clensi*, Nom.-Acc. pl. *clenar*, Gen.-Dat. pl. *clenaraśi*. Die zwei letzten Formen zeigen, dass *clensi* nicht, wie Pauli Etr. St. V, 51 und Schaefer in Pauli's Altit. St. III, 87 meinen, durch den umlautenden Einfluss des *i* aus *clansi entstanden sein kann. Vielmehr entspricht, wie mir scheint, dem *a* der einsilbigen Form das *e* der mehrsilbigen Formen;

clan ist ausserhalb der Endsilbe zu *clen-* geworden, und dies setzt wieder voraus, dass der Hauptton auf der Endsilbe lag. Dass die Form *clenś* hiergegen nicht streitet, werde ich im folgenden nachweisen. Durch meine Erklärung löst sich eine andere Schwierigkeit. Der Ausdruck *clen ceχa* findet sich in zwei Inschriften. F. 2613 (Pauli Altit. St. III, 19 f.), bronzene Apollostatue: *mi* : *flereś* : *spulare* : *aritimi* | *fasti* : *ruifriś* : *trce* : *clen* : *ceχa* —. F. 1055 (De. Fo. IV, 30), Bronzestatuette eines Knaben, Cortona: *veliaś · fanacnal · ϑufl ϑaś* | *alpan · menaχe · clen · ceχa* : *tuϑineś · tlenaχeiś* —. *ceχa* bezeichnet ein gewisses Opfer, nach meiner Vermutung ein Sühnopfer für Verstorbene. In F. 2613 und F. 1055 finde ich ein Compositum *clen-ceχa*. Die Bronzestatuen werden als „Sühnopfer für einen verstorbenen Sohn" bezeichnet. Dies wird dadurch bestätigt, dass F. 1055 auf der Statuette eines Knaben angebracht ist. *clen-* ist die Zusammensetzungsform von *clan*; *clan* ist auch hier zu *clen-* geworden, weil es ausserhalb der haupttönigen Endsilbe stand. F. 1914 A 12 ist vielleicht ebenso ein Compositum *clen-ϑunχulϑe* anzunehmen.

In Inschriften namentlich aus Orvieto erscheint der Familienname *ceiϑurna* oder *ceϑurna*. Gen. m. *ceϑurnas* F. 2045 ter; Gen. fem. *ceiϑurneal* F. Spl. III, 309b, 309c und 308 (in 308 ist *u* nach Etr. Sp. 5. Bd. nachträglich über den andern Buchstaben geschrieben); *ceϑurnal* 309a. Auf einer clusinischen Ziegel findet sich *ceϑurnei* F. Spl. III, 215 = G. 231, Nom. fem. Dieser Familienname steht mit dem Vornamen *cai*, *cae* in Verbindung. Man muss einen Vornamen **caiϑur* voraussetzen, welcher sich zu *cai* wie *velϑur* zu *vel* verhalten hat. Auch andere analoge Vornamen auf *-ϑur* haben die Etrusker gehabt. Vom Vornamen **caiϑur* ist wieder der Familienname *ceiϑurna, ceϑurna* abgeleitet, wie *velϑurna* von *velϑur*.

Nun wird aber der Vorname *cai*, *cae* immer mit *a*, nie mit *e* geschrieben; der Familienname *ceiϑurna*, *ceϑurna* findet sich dagegen nur mit *ei*, *e* in der ersten Silbe. Dieser Unterschied kann nicht zufällig oder bloss graphisch sein. Derselbe kann nicht darauf beruhen, dass im Familiennamen ein *ϑ* folgt; denn im Etr. findet sich einerseits *ai* vor Dentalen, andererseits *ei* vor Vocalen und im Auslaute. Dass das *ai* von *cai* (aus *caie*) in *ceiϑurna, ceϑurna* zu *ei*, *e* geworden ist, muss vielmehr darauf beruhen, dass der Diphthong im Familiennamen vom Haupttone weit entfernt war, während dies im Vornamen nicht der Fall war. Ich folgere also, dass der Hauptton in *ceiϑurna* zu der Zeit, als *ai* in *ei* überging, auf der Endsilbe lag.

Auch der Familienname *caie*, *cai*, *cae*, *χaiie*, *χaie*, *χae*, Fem. *cai*, *caiia*, *caia* wird regelmässig mit *a* geschrieben. So auch gewöhnlich die namentlich in Clusium häufig vorkommende, durch ein *n*-Suffix erweiterte Femininform *cainei*, Gen. *cainal*. Dies erkläre ich so, dass das *ai* in *cainei* vom Hauptton nicht so weit wie in *ceϑurnei* entfernt war. Jedoch finden sich von *cainei* Formen mit *ei*: *ceina* F. 154 (jetzt im Florentiner Museum), vgl. *ceineal* F. Spl. II, 95 (Bolsena). Diese Abweichung von *caie* erklärt sich so, dass die Betonung dadurch, dass das Suffix *-nei* an *caie*, *cai* trat, verschoben wurde. In *cainei* entfernte sich dadurch der Hauptton von *ai* weiter als in *cai*. Hieraus folgere ich also, dass der Hauptton zu der Zeit, als das *ei* der Formen *ceina*, *ceineal* aus *ai* entstand, auf der Endsilbe lag[1]).

Diese Folgerungen sind durch die gegenseitige Vergleichung etruskischer Wortformen gewonnen; dieselben werden aber durch das Vulgär-Armenische bestätigt. Im Poln.-Arm. geht class. *ay* nur ausserhalb der letzten (haupttönigen) Silbe in *e* über (Wiener Z. I, 285).

Das für sich in einem Gefässe F. 2597 geschriebene *tru* habe ich „zum Geschenk" gedeutet und mit *turu*, *turu-ce* „schenkte", eigentlich „im Geben", verbunden, so dass *tru*, aus *turu*, der Dat.-Loc. eines Substantivs **tur* sein soll. Diese Deutung setzt voraus, dass der Hauptton in *turu* zu der Zeit, als dasselbe zu *tru* wurde, auf der Endsilbe lag.

Ich gehe jetzt zu einer Classe von etr. Wortformen über, die für die Endbetonung einen vollen Beweis nicht geben und die vielleicht anders besser erklärt werden. Es scheint mir jedoch richtig, dieselben hier zu berühren. In etr. Inschriften kommen

---

1) Gegen meine Folgerungen streitet nicht das auslautende, aus *ai* entstandene *ei* von *ceϑurnei*. Denn erstens lässt es sich nicht beweisen, dass das auslautende *ei* aus *ai* gleichzeitig mit dem *ei* der ersten Silbe entstanden ist. Zweitens ist das auslautende *ei* wahrscheinlich aus ursprünglich kurzem *ai* entstanden, während das *a* der ersten Silbe ursprünglich lang war; vgl. lat. *Gārius*.

Wortformen oft vor, in denen der Vocal (der Sonant) einer Silbe nicht durch ein Vocalzeichen ausgedrückt ist. Dass hierin zum Teil nur eine verkürzte Schreibung, nicht eine sprachliche Erscheinung zu sehen ist, kann nicht zweifelhaft sein. Allein über die Grenzen des Graphischen und des Sprachlichen hat man gezweifelt und kann man mit Grund ungewiss sein. Ich bespreche hier zunächst nur die Fälle, wo ein Vocal in der ersten Silbe mehrsilbiger Wortformen nicht geschrieben ist. Z. B. *prcesa* F. 644 bis neben *pricesla* F. 760; *flznal* G. 516; *spltur* G. 304 neben *splaturia* G. 305; *lris* G. 608 = *laris*; *hrcle* G. 652; *trce* F. 2613 = *turce*, u. ähnl.

Wenn man es für sicher hält, dass alle etr. Wortformen den Hauptton auf der Anfangssilbe haben und immer gehabt haben, liegt die Auffassung am nächsten, dass in *prcesa* und den andern hier angeführten Wortformen nur eine graphische Verkürzung vorliegt. Die Möglichkeit dieser Auffassung will ich nicht bestreiten. Sicher scheint mir dieselbe nicht. Ich möchte annehmen, dass wir hier eine Erscheinung vor uns haben, welche in ihrem Anfang phonetisch ist, allein später über die Grenzen der Lauterscheinung hinaus verbreitet und graphisch geworden ist. Ich vermag jedoch nicht, diese Grenzen sicher zu ziehen. Der Umstand, dass der hier in der ersten Silbe vorkommende Schwund der Vocale anscheinend mit der im Innern der Wörter eingetretenen Synkope analog ist, könnte dafür sprechen, dass der Schwund nicht ausschliesslich graphisch ist. Wenn ferner *tru* aus *turu* entstanden ist, spricht dies ebenfalls dafür, dass das Fehlen auch des ersten *u* in dem aus *turuce* entstandenen *trce* eine Lautschwächung voraussetzt.

Wenn das Etruskische eine mit dem Armenischen nahe verwandte Sprache ist, lässt sich noch mehr dafür anführen, dass das Fehlen des Vocales der ersten Silbe in etr. Formen wie *trce*, *prcesa* u. m. nicht nur graphisch ist. Im Class.-Arm. bleiben *i* und *u* lautgesetzlich nur in der letzten, haupttönigen Silbe erhalten; ausserhalb derselben fallen sie aus oder werden zu *ḙ*. Im Vulg.-Arm. werden auch *a*, *e*, *o* ausserhalb der Endsilbe oft zu *ḙ*. R. Ellis (Sources 134) vergleicht die Elision des *u* im etr. *trce* = *turce* mit der Elision des *u* im arm. *trovk* von *tur* „Gabe“. Es scheint möglich, dass das Fehlen des *i* im etr. *prcesa* im

Gegensatz zu *pricesla* nach der arm. Lautregel zu erklären ist. In diesem Falle ist *preesa* wahrscheinlich wie arm. *prkoç* mit *ę* in der ersten Silbe ausgesprochen worden. Man beachte ferner arm. Schreibungen wie *lrik*, *lrkēz* u. ähnl., wo in der ersten Silbe ein *ę* gehört wird.

Allein ich wiederhole, dass ich aus etr. Schreibungen wie *trce*, *precsa* nicht mit Sicherheit Endbetonung folgere; bei *trce* um so weniger, als *-ce* = vulg.-arm. *kę*, *gę* in nicht betonten Silben entstanden scheint.

Nach dem, was ich im vorhergehenden begründet habe, ergiebt die Vergleichung vieler etruskischer Wortformen untereinander Lauterscheinungen, welche darauf hinweisen, dass der Hauptton nicht auf der Anfangssilbe, sondern vielmehr auf der Schlusssilbe lag. Anderes derselben Art halte ich hier zurück.

Noch deutlicher ergiebt sich dasselbe aus der Vergleichung des Etruskischen mit dem Armenischen. Die etr. Sprache teilt mit der arm. zahlreiche Lautänderungen, die im Armen. darin begründet sind, dass der Hauptton auf der letzten Silbe lag. Wenn etr. *tru* s. v. a. etr. *turu* und s. v. a. arm. *troy* ist, muss das *u* im etr. *tru* gleichwie im arm. *troy* darum ausgefallen sein, weil der Hauptton auf der Endsilbe lag; vgl. S. 62 f. Dieselbe Lage des Haupttons ergiebt sich durch die Vergleichung mit dem Arm. ferner aus den folgenden etr. Wortformen:

Etr. *cina* = vulg.-arm. *ki na* neben *kē* (S. 24—26).

Etr. *snenaϑ* vgl. arm. *snndakan* von *snund* aus **sunund* (S. 53—55).

Etr. *penϑna* vgl. arm. *pndan* von *pind* (S. 87 f.).

Etr. *fras(-t)* = arm. *brac* aus **birac* (S. 92—94).

Etr. *cepana* = arm. *ęmpanak* zu *ump* (S. 44 f.).

Etr. *eϑuna*, *ituna* = arm. *ęndunak* vgl. gr. ἀντί (S. 40—44).

Etr. *tevaraϑ* vgl. vulg.-arm. *tęv-* (S. 55—58).

Etr. *ta* vgl. arm. *da* aus **do-a* (S. 135 f.).

Etr. *maχ* aus **miaχ* = arm. *miak* (S. 122—124).

Etr. *krankru* aus **kerankru*, vgl. arm. *kerakur* Gen. *kerakroy* (S. 126 f.).

Von den im Innern der etr. Wortformen vorkommenden Synkopen sehe ich hier ab, und bemerke nur im allgemeinen, dass dieselbe mit den im Arm. vorkommenden Synkopen so nahe übereinstimmen, dass sie denselben Grund haben müssen; vgl. z. B. etr. *lusχnei* = vulg.-arm. *lusnkay*.

Es giebt also im Etrusk. eine Reihe von Lauterscheinungen, welche nach meiner Ansicht beweisen, dass der Hauptton im Etr., wie im Arm., auf der Endsilbe lag. (Auf die Frage von den Nebentönen gehe ich hier nicht ein.)

Allein es kann nicht geleugnet werden, dass wir auf der andern Seite im Etr. viele Wortformen finden, deren Lauteigentümlichkeiten in die entgegengesetzte Richtung weisen. Freilich ist nicht alles, woraus man gefolgert hat, dass der Hauptton im Etr. auf der Anfangssilbe läge, dafür beweisend. So folgt dies z. B. nicht aus dem Ausfall der griechischen Endsilbe in Lehnwörtern: *meliacr*, *melacr* Μελέαγρος; *epiur*, *epeur* ἐπίουρος; *pulϑisφ* *πολύθεσπις u. ähnl. Denn das Armenische, welches den Hauptton auf der Endsilbe hat, besitzt die folgenden Lehnwörter: *diakon* διάκονος; *zepiuř* ζέφυρος; *hiuperēt*, *hiperēt* ὑπηρέτης, u. s. w. Auch die Synkopen im Innern der etr. Wörter beweisen nicht, dass der Hauptton auf der ersten Silbe läge; denn dieselben lassen sich, wie bereits hervorgehoben ist, aus dem Hauptton der Endsilbe erklären.

Allein in mehreren echt etr. Wortformen ist der Vocal der Endsilbe ausgefallen, während derselbe in andern analogen etr. Wortformen beibehalten ist. Dieser Ausfall scheint mir unbegreiflich, wenn der Hauptton auf der Endsilbe lag. So z. B. *zaϑrums* F. Spl. I, 388, *zaϑrms* F. 2071 neben *zaϑrmisc* Deecke Bezz. Beitr. I, 260; vgl. G. 658, wo Deecke *aϑrum:s* in *zaϑrumis* gebessert hat. *iχuterr*, *mevaχr* neben *pupalser*, *ϑulutçr*, *armpicr*; *arc* neben *arce*; *arnϑ* aus *arunϑ*. Ferner [*la*]*utneterś* aus **lautn-eteriś*. *clenś*, *clens* erklärt sich aus *clénis* (und dies wieder aus älterem **clenis*, **clanis*). Ebenso erkläre ich *eslz* aus **esliz*, *esals* aus **eslis*. Viele analoge Fälle könnten angeführt werden; allein es scheint überflüssig, eine allgemein angenommene Meinung weiter zu stützen.

Ich nenne nur noch, dass im etr. *prumaϑś* = *prumts*, *prumfts*, das aus dem lat. *pronepos* entlehnt ist, die Lautform mit *ma* dafür spricht, dass der Hauptton hier auf der Anfangssilbe lag. Auf dasselbe deuten vielleicht auch die beiden ersten Zeilen von G. 799 hin:

laris · pulenas · larces · clan · larϑal · ratacs ·
velϑurus · nefts · prumts · pules · larisal · creices

Hier sind, wie es scheint, die Worte mit Rücksicht auf die Allitteration geordnet. Namentlich ist dies bei *prumts pules* wahrscheinlich. Ob jede der beiden Zeilen, worin Allitteration angewendet ist und worin die Vornamen voll ausgeschrieben sind, einen Saturnier bildet, lasse ich hier unentschieden. Wenn die Worte mit Rücksicht auf die Allitteration geordnet sind, spricht dies dafür, dass der Hauptton auf der Anfangssilbe lag.

Einige etruskische Lauterscheinungen erklären sich also nach meiner Ansicht nur daraus, dass der Hauptton auf der Endsilbe lag; andere dagegen daraus, dass die Anfangssilbe den Hauptton trug. Dieser Gegensatz der Lauterscheinungen lässt sich nicht durch die Annahme erklären, dass der Hauptton in einigen Wörtern auf der Anfangssilbe, in andern auf der Endsilbe läge. Die Entstehung der Genetivform *clenś* aus **clenić* erkläre ich aus der Anfangsbetonung; dagegen weist das *e* von *clenś*, **clenić* aus **clanić* auf die Schlussbetonung hin.

Die entgegengesetzten Lauterscheinungen lassen sich nur durch die Annahme vereinigen, dass entgegengesetzte Betonungsgesetze zu verschiedenen Zeiten in der etruskischen Sprache galten. Ich nehme an, dass der Hauptton im Etrusk. früher, wie im Armen., auf der Endsilbe lag. Später, nachdem die vorderasiatische Sprache der Etrusker sich örtlich von der Sprache der Armenier getrennt hatte, nach Italien übersiedelt und von italischen Nachbarsprachen mehrfach beeinflusst worden war, änderte dieselbe, wahrscheinlich unter dem Einfluss der italischen Sprachen, ihre Betonung. Im Etruskischen drang nun (ich entscheide nicht, durch welche Mittelglieder) das neue Gesetz durch, dass die Anfangssilben am stärksten betont wurden. Accentrevolutionen lassen sich auch aus der Geschichte anderer Sprachen nachweisen. „Im Italischen, Keltischen und Germanischen wurde auf der ersten Wortsilbe ein exspiratorischer Accent entwickelt, der den uridg. freien Accent verdrängte". Das Lettische und das Čechische haben, im Gegensatz zu ihren nächsten Verwandten, die Anfangsbetonung angenommen. Vgl. Brugmann Grundriss I, S. 539 f. Es ist klar, dass die gebundene Accentuation des Lettischen jünger ist als die freie des Litauischen (Brugmann S. 561).

Es entsteht also die Frage: Wann ist das neue etr. Betonungsprinzip eingetreten? In den ältesten etr. Gefässinschriften aus dem 6. Jahrhundert und in den ältesten Grabschriften von Orvieto wahrscheinlich aus dem 5. finde ich keine Wortformen, welche darauf deuten, dass der Hauptton damals in nicht zusammengesetzten Wörtern auf der Anfangssilbe läge [1]). Aus *aranϑia* ist diese Betonung nicht zu folgern, denn diese Form ohne *l* ist nach meiner Ansicht ursprünglicher als *arnϑial* mit *l*. Auch aus dem Schwund des im Arm. auslautenden Consonanten bei *eϑuna* = arm. *ęndunak* darf ich diese Betonung nicht folgern.

In den ältesten Inschriften von Orvieto finden sich feminine Nominative auf *-i*; z. B. der Vorname *larϑi* G. 588 (Annali 1877 S. 116); von Familiennamen Formen auf *ui*. Vielleicht wird jemand aus solchen Formen folgern wollen, dass der Hauptton damals auf der ersten Silbe läge, weil das *-i* derselben nach Deecke Müll. II, 475—477 und Pauli Etr. St. IV, 70 aus dem im Etr. sonst vorkommenden *-ia* abgestumpft ist. Allein auch hier betrachte ich die Form der ältesten Inschriften als die ursprünglichste von den uns erhaltenen. Die etr. Femininbildung, welche den Nomin. auf *-i* bildet, entspricht der arm. auf *-i*, z. B. arm. *mari* „Henne" aus **margia*, **mṛgia* vgl. aind. *mṛgī-* „Hirschkuh" (Verf. Arm. Beitr. S. 32); arm. *ḱeni* „Schwester der Frau" (Hübschm. Grundzüge Nr. 290); *Vardeni*, Schwester oder Tochter oder Gattin des Vard; das arm. Femininsuffix *-uhi*, z. B. *arḱayuhi* „Königin" von *arḱay* „König". Das Etruskische stimmt mit dem Armen. auch darin überein, dass es die Motion anwendet, allein einen sonstigen grammatischen Unterschied verschiedener Geschlechter nicht kennt. Mit Unrecht hat Pauli (Etr. St. V, 114) behauptet, dass das etr. Femininsuffix *-ia* (= *-i*) aus einer italischen Sprache entlehnt wäre. In den italischen Sprachen wird ja *-ia* so nicht angewendet.

Dieser etr. und arm. feminine Nominativ auf *-i* ist in einer vorhistorischen Sprachperiode wieder aus *-ia* = gr. *ιᾰ* abgestumpft. Allein hiermit lässt sich die Annahme wol vereinigen, dass die in den erhaltenen etr. Inschriften erscheinende Nominativform

---

1) Jedoch finde ich dies in Rufformen, z. B. *arunϑ*, möglich; vgl. S. 50.

auf *-ia* weniger ursprünglich als die auf *-i* ist. Durch welche Einflüsse *-i* zu *-ia* umgeändert wurde, untersuche ich hier nicht.

Die Accentrevolution des Etruskischen ist gewiss in Italien und wahrscheinlich nach der Zeit der ältesten uns erhaltenen Inschriften durchgedrungen; vielleicht ungefähr im 4. Jahrhundert.

Eine Inschrift aus Orvieto (F. Spl. III, 293; Deecke Fo. III, 39) hat den Familiennamen *araϑenas* (Gen.). Hier ist, wenigstens in der schriftlichen Bezeichnung, die Consonantenänderung, welche in den Familiennamen *arnti*, *arntni* dem Vornamen *arnϑ* gegenüber erscheint, noch nicht eingetreten. Dies spricht dafür, dass der Factor, der diese Consonantenänderung hervorgerufen hat, nämlich die Schlussbetonung, noch zur Zeit der ältesten uns erhaltenen etruskischen Inschriften bestand. Denn wenn die Schreibungen *arnti*, *arntni* aus der Schlussbetonung zu erklären sind, und wenn diese Schreibungen, wie aus *araϑenas* hervorzugehen scheint, jünger als die ältesten orvietanischen Inschriften sind, so muss die Schlussbetonung zur Zeit dieser Inschriften und noch etwas später bestanden haben.

In der tyrrhenischen Sprache des lemnischen Steins finde ich nichts, das auf eine Anfangsbetonung deuten könnte. Aus dieser Inschrift ist also kein Grund gegen die Annahme, dass die Anfangsbetonung des Etruskischen erst in Italien eintrat, zu holen.

Ich glaube erwiesen zu haben, dass das Etruskische früher, wie das Armenische, die Schlusssilben betonte. Allein daraus, dass das Etruskische eine indogermanische, mit dem Armenischen nahe verwandte Sprache ist, folgt, dass dieser gebundenen Betonung der Schlusssilben ein anderes Betonungsprinzip, nämlich das der freien urindogermanischen Betonung, vorausging. Auch aus diesem Betonungsprinzipe sind etruskische Spracherscheinungen zu erklären; allein darauf gehe ich hier nicht ein.

Nachträge und Berichtigungen.

Seite 9. Hier wäre noch zu nennen F. 255 (Florenz, Bronzestatue einer Frau mit einer Schale): *larce ⁝ lecne : turce flereśuϑurlan ueiϑi* — „Larce Lecne schenkte das Ehrenbild . . . . .“ Vgl. Verf. Beitr. I, 41 f.

Seite 13, Z. 9 v. u. Für „schlafen“ ist im Class.-Arm. *knel* eine seltene Form, *kunel* die gewöhnliche.

Seite 20, Z. 12 v. u. Über die hier behandelte Inschrift vgl. S. 148.

Seite 20, Z. 5 v. u. Man streiche „𐌌 *m* und“.

Seite 22—24. Wenn *ma* in *tanma*, wie in *ϑentma* (S. 92), Partikel ist, dürfte der Wechsel von *t* und *ϑ* bei *tanma* — *ϑamce* nur ein örtlicher sein.

Seite 29. Osthoff (Morph. Unt. V, 116) erklärt arm. *tun* aus **turn*, **tumn*.

Seite 30. Ein zu Marzabotto gefundener grosser Stein trägt die folgende von links nach rechts geschriebene Inschrift: *milavtunieś* — (Notizie d. sc. 1889 S. 146) „dieser (ist) des Lavtunie“. Auch die hier vorkommende Namensform hat wie *lautuniś* vor dem *n* ein *u*.

Seite 52, Z. 11. F. 726 quater b hat *prestial*, nicht *prestiesa*.

Seite 69, Z. 12 f. Da die etr. Locativendung *-ϑ* oft nach Vocalen vorkommt, kann dieselbe nicht aus idg. *-ti* entstanden sein (vgl. Präs. Indic. 3. Ps. sg. *-e* aus idg. *-eti*). Ich nehme daher jetzt entschieden an, dass die etr. Locativendung *-ϑ* auf idg. *-dhi* zurückgeht. Z. 21 lies: *mardoir*.

Seite 80, Z. 6 ff. Auch aus dem folgenden Beispiele erhellt, dass das Armenische in unmittelbarer Verbindung mit *u* Consonanten, die idg. palatale Verschlusslaute vertreten, zeigt, wo die arischen und die slavisch-baltischen Sprachen dagegen velare Verschlusslaute voraussetzen lassen: Armen. *usanim* Aor. *usay* „lerne“, *usuçanem* „lehre“. Vgl. kslav. *vyknąti* „lernen“, *ukü* „doctrina“; lit. *jaukinti* „gewöhnen, dressiren“, *junkstu junkti* „gewohnt werden“; got. *bi-ūhts* „gewohnt“; aind. *uc-*, *ucyati*, *uvōca* „Gefallen finden an —“, „gewohnt sein“. Ich führe arm. *usanim* auf eine Wurzel *eu̯k̑-*, *ou̯k̑-* zurück.

Seite 85, Z. 14 f. Arm. *cic* (d. h. *tsits*) „Weibsbrust“. Fast gleichlautende Wörter mit derselben Bedeutung kommen in vielen Sprachen Westasiens und Europas vor.

Seite 94, Z. 8. Statt *braç* lies: *brac*. Z. 9. Statt **biraç* lies: **birac*. Z. 11. Statt *-aç* lies: *-ac*.

Seite 95. Vgl. jedoch über gr. βρέμω, βροντή Osthoff. Morph. Unt. V, 93—97.

Seite 98, Z. 7 und 11. Statt *falzati* lies: *falzaϑi*.

Seite 108 Anmerk. Osthoff (Morph. Unt. V, 64 Anm.) vermutet gleichfalls drei ursprachliche Reihen palato-velarer *k*- und *g*-Laute.

Seite 116 f. Jetzt finde ich es wahrscheinlicher, dass die armenische Collectiv- und Pluralendung *-r* (*-er*, *-ear*, *-ar*) unter dem Einfluss einer nicht indogermanischen kaukasischen Sprache entstanden ist. Hierfür ist einerseits hervorzuheben, dass griech. Bildungen wie οἴναρον, denen die arm. Endung formell entsprechen könnte, nicht Collectivbedeutung haben und wenig zahlreich sind. Andererseits finden sich, wie ich aus der Sprache der Kürinen angeführt habe, *-er*, *-ar* in den nicht-idg. kaukas. Sprachen als Pluralendungen. Im Arm. erweist sich *-er*, *-ear* als ein Collectiv-Suffix dadurch, dass die singularen Casusendungen daran gefügt werden (z. B. *orear* la nobiltà, Gen. *oreroy*). Allein nach arm. *-ear*, *-er* kann auch die gewöhnliche Endung des Nom. pl. *-k̑* folgen (*išeark̑* von *ēš* „Esel“; *vaneraik̑* von *van* „Kloster“). So sind in der Sprache der Tschetschenzen (zu der nördlichen Abteilung der Kaukasier gehörig, im Nordwesten und Norden der Flüsse Sulak und des Andischen Koisu) *-ar* (*-er*) und *-ir* Endungen, welche einen Collectiv- und Intensivbegriff enthalten und an welche die gewöhnlichen Pluralendungen gefügt werden, um einen Collectivplural auszudrücken (Schiefner Studien § 58). In der Thusch-Sprache, welche mit der Sprache der Tschetschenzen am nächsten verwandt ist, findet sich (wie in der Sprache der Suanen, welche zur südlichen Abteilung der Kaukasier gehören) *-ar* als Pluralendung; daneben erscheinen in der Thusch-Sprache Pluralendungen, welche durch Zusammensetzung dieses *-ar* mit einer andern Pluralendung entstanden sind (Schiefner Versuch § 94, 95). In der Sprache der Uden (eines lesghischen Stammes im Süden des Kaukasus) erscheint die Pluralendung *-ur* (zuweilen *-or*), woran in allen obliquen Casus des Plur. ein neues Element tritt. Auch in andern kaukasischen Sprachen kommen verwandte Pluralendungen vor. Eben diese weite Verbreitung der Collectiv- und Pluralendung *-r* (*-ar*, *-er*) in den kaukasischen Sprachen spricht dafür, dass dieselbe seit sehr alter Zeit gewöhnlich gewesen ist. Dadurch gewinnt die Auffassung, dass die arm. Collectiv- und Pluralendung *-er*, *-ear*, *-ar* einer nicht-idg. kaukasischen Sprache ihre Entstehung verdankt, an Wahrscheinlichkeit. Für das Etruskische wird diese Auffassung wichtig, indem wir hiernach vermuten dürfen, dass auch die etr. Pluralendungen *-ar*, *-er*, *-ir*, *-r* nach einem Consonanten den Einfluss nicht-idg. kaukasischer Sprachen voraussetzen. Hierbei ist daran zu erinnern, dass die Stämme, welche jetzt im Kaukasus zusammengedrängt sind, früher wahrscheinlich über weitere Strecken verbreitet waren.

Indices.

Etruskischer Index.

Nominalflexion:

Verbalflexion:

Nominalsuffixe (Stammendungen):

Armenischer Index.

Nominalflexion:

Verbalflexion:

Nominalsuffixe (Stammendungen):